营销策划——策略与方法

（第二版）

主　编　周　明
副主编　李　婷　陈娟娟　高莹莹

内 容 简 介

本书吸收了国内外营销策划理论的先进成果，结合中国本土市场的特点，有针对性地在理论阐述中穿插实际案例供读者分析研究，在探究中将理论与实践有机地结合在一起，注重理论在具体运用中的要点、方法和技术操作，体现了理论和实践的紧密结合、相互促进的特征。在内容上，阐述了营销策划的基本知识、营销策划的策略和方法，以及在不断变化的经济技术背景下的营销策划创新。

本书既适合用作高等院校市场营销、工商管理及其他相关专业的教材，也适合用作工商企业管理者和企划人员培训及自学用书。

图书在版编目(CIP)数据

营销策划：策略与方法／周明主编．—2版．—北京：北京大学出版社，2018.10
ISBN 978-7-301-29360-7

Ⅰ.①营… Ⅱ.①周… Ⅲ.①营销策划–高等学校–教材 Ⅳ.①F713.50

中国版本图书馆 CIP 数据核字（2018）第 036093 号

书　　　名	营销策划——策略与方法（第二版） YINGXIAO CEHUA——CELÜE YU FANGFA（DIERBAN）
著作责任者	周　明　主编
策划编辑	周　伟
责任编辑	周　伟
标准书号	ISBN 978-7-301-29360-7
出版发行	北京大学出版社
地　　　址	北京市海淀区成府路 205 号　100871
网　　　址	http://www.pup.cn　新浪微博：@北京大学出版社
电子信箱	zyjy@pup.cn
电　　　话	邮购部 010-62752015　发行部 010-62750672　编辑部 010-62754934
印　刷　者	北京鑫海金澳胶印有限公司
经　销　者	新华书店
	787 毫米×1092 毫米　16 开本　14.5 印张　341 千字 2010 年 11 月第 1 版 2018 年 10 月第 2 版　2018 年 10 月第 1 次印刷
定　　　价	38.00 元

未经许可，不得以任何方式复制或抄袭本书之部分或全部内容。
版权所有，侵权必究
举报电话：010-62752024　电子信箱：fd@pup.pku.edu.cn
图书如有印装质量问题，请与出版部联系，电话：010-62756370

第二版前言

随着科学技术的进步和人们需求的变化，营销策划也在不断地发展着，既有理念的发展又有实践的发展，营销策划教材中的内容也需要不断地更新才能与不断变化的市场环境相适应。

在教学过程中，很多同事、学生为本书提出了许多宝贵的修改意见和改进建议，这些是非常具有参考价值的。与此同时，我自己也感觉到本书第一版中的部分内容还需要进行仔细的推敲。

为此，我对本书的部分章节进行了改写，本次再版虽然在内容体系上没有较大的改动，但是更加突出了应用导向的思想，删除了一些前导课程中已经讲述过的内容，依然保留了一些重要的基础知识和概念。

在新形势下，市场营销领域的创新创业越来越重视营销策划的运用，如何在这个领域进行高效且有创造力的策划，使得企业或者创业者面对种种问题能够"运筹帷幄，决胜千里"，更好地为社会创造满足需求的方案并将方案付诸实施，完成价值的传递，这是营销策划所必须面对的一个问题。在本书第二版中，我们更加重视案例分析以及知识的迁移和应用，通过探索式的学习，为学生提供学习的平台，为企业提供理论指导与技术参考。

本书由周明担任主编，李婷、陈娟娟、高莹莹担任副主编，周明总纂定稿。同时，在编写和出版过程中，我们得到了众多同人的大力支持与帮助，在此向他们表示衷心的感谢！

本书既适合用作高等院校市场营销、工商管理及其他相关专业的教材，也适合用作工商企业管理者和企划人员培训及自学用书。

周　明

2018年4月于相思湖畔

目 录

第一章 营销策划总论 (1)
  第一节 策划概述 (1)
  第二节 营销策划的主要内容 (3)
  第三节 营销策划的误区 (7)
  第四节 策划人的知识水平和业务素养 (9)

第二章 营销策划基础 (14)
  第一节 策划人的自我完善 (14)
  第二节 营销策划的功能、作用和原则 (20)

第三章 营销策划书 (29)
  第一节 营销策划书编制的原则 (29)
  第二节 营销策划书的撰写方法 (30)
  第三节 营销策划书的撰写技巧 (36)

第四章 营销策划书的推销与实施 (42)
  第一节 营销策划书的推销 (42)
  第二节 营销策划书的实施 (47)

第五章 市场营销调研策划 (54)
  第一节 市场营销调研的基础 (54)
  第二节 市场营销调研的步骤 (56)
  第三节 市场营销调研的技术 (60)
  第四节 市场营销调研人员的选派 (64)

第六章 市场营销战略策划 (74)
  第一节 市场经营战略策划 (74)
  第二节 市场竞争战略策划 (80)
  第三节 目标市场战略策划 (84)
  第四节 选择目标市场 (95)
  第五节 定位 (98)

第七章 市场营销组合策划(一) (107)
  第一节 市场营销组合概述 (107)

第二节　市场营销组合的实践要点 ·· (111)
　　第三节　产品策划 ·· (114)
　　第四节　价格策划 ·· (124)

第八章　市场营销组合策划(二) ·· (133)
　　第一节　渠道策划 ·· (133)
　　第二节　促销策划 ·· (144)

第九章　品牌策划 ·· (154)
　　第一节　品牌策划基础 ·· (154)
　　第二节　品牌的定位策划 ·· (158)
　　第三节　品牌策略的选择 ·· (161)
　　第四节　品牌管理 ·· (164)

第十章　服务营销策划 ·· (170)
　　第一节　服务的本质和类型 ·· (170)
　　第二节　服务营销策划 ·· (174)
　　第三节　服务质量的测量 ·· (177)
　　第四节　服务营销组合 ·· (181)

第十一章　文化营销策划 ·· (192)
　　第一节　文化营销概述 ·· (192)
　　第二节　文化营销在传统营销中的应用 ·· (195)
　　第三节　文化营销应注意的问题 ·· (199)
　　第四节　文化营销的发展趋势 ·· (200)

第十二章　网络营销策划 ·· (204)
　　第一节　网络营销概述 ·· (204)
　　第二节　网络营销的方式 ·· (210)
　　第三节　网络营销的策略组合 ·· (212)
　　第四节　网络营销的成功因素 ·· (221)

参考文献 ·· (226)

第一章　营销策划总论

> 　　策划成为一个行业在我国是近年来的事，但是作为一项活动，策划却由来已久。策划是人类最古老的活动之一，甚至可以说有了人类就有了策划。随着人类社会的发展，策划在政治、经济、军事等许多的领域盛行不衰，对社会的进步和发展起到了巨大的推动作用。
> 　　因此，策划是无所不在的，从某种意义上来讲，懂得策划正是人与动物的区别之一。策划是通过策略性地整合各种资源，达到实现预期利益目标的过程，是一种创造性的社会活动过程。

第一节　策划概述

一、策划的含义

古人云："凡事预则立，不预则废。"预，就是要事先做好准备，并进行必要的策划。然而，当前对"策划"一词的解释可以讲莫衷一是，至今尚无定论。

"策划"一词最早出现在《后汉书·隗嚣传》中"是以功名终申，策画复得"之句。其中，"画"与"划"相通互代，"策画"即"策划"，意思是计划、打算。

"策"这个词在古书中有的写为"策"，有的写为"筴"，在《辞源》中有这么几个意思：一是当名词用，指古代的一种马鞭子，这种马鞭子头上有尖刺，如鞭策；二是当动词用，如鞭打马匹向前走，"策马""策动"就是用鞭子打马的意思；三是指古代编连好的竹简，如"简策"或"策书"；四是指古代考试的一种文体、对策、策论，就像现在的论说文。"策"最主要的意思还是指计谋，如决策、献策、下策、束手无策。

"划"这个词：一是指用刀或其他东西将别的东西分开或从上面划过，把这个东西划开，如划火柴，当动词用；二是用桨拨水、划船；三是合算，按利益情况计较相宜不相宜，如划不来、划得来；四是设计，如筹划、谋划、计划。在《辞源》中，"划"还有"忽然"的意思，也就是"出其不意"的意思，这种意向已经不多用了。

从中国古代"策"与"划"这两个词分开来看已经有今天"策划"的内涵。"策划"一词连用，显然就不是"策"与"划"分开使用的意思，它应该有了新的意思。"策划"一词在古代名词性较强，有谋划、筹划、策略、计划、计策和对策等意思。在现代，"策划"的动词性增强，信息、创意、点子、谋略和目标等要素为其内核。

目前,我们指的"策划"一词应该说比古代的理解既现代又深刻,其主要含义包括以下几种:

(1) 日本策划家和田创认为,策划是通过实践活动获取更佳效果的智慧,它是一种智慧创造行为。

(2) 美国"哈佛企业管理丛书"认为,策划是一种程序,"在本质上是一种运用脑力的理性行为"。

(3) 中国策划学创始人陈放的《策划学》一书认为,策划是指运用人的智能,对未来所做的事情进行预测、分析,使之有效完成。

(4)《组织与管理》一书认为,策划是在事前决定做何事。

(5)《公共管理》一书认为,策划在本质上是较佳决定手段,也是行动先决条件。该书认为,策划包括确定某机关或事业的目的,以及达到目的的最佳手段,策划在其运作过程中能影响管理者的决策、预算等,简言之,策划即是管理。

(6)《管理原理——管理功能的分析》一书认为,策划是管理者从各种方案中选择目标政策、程序及事业计划的机能。

(7) 有学者认为策划是一种对未来采取的行为做决定的准备过程。

(8) 有学者认为策划是一种构思或理性思维程序。

(9) 有学者认为策划是人类通过思考而设定目标,为达到目标最单纯、最自然的思维过程。

(10) 有学者认为策划就是策略、谋划,是为达到一定的目标,在调查、分析有关材料的基础上,遵循一定的程序,对未来某项工作或事件事先进行系统、全面的构思、谋划,制订和选择合理可行的执行方案,并根据目标要求和环境变化对方案进行修改、调整的一种创造性的社会活动过程。

以上中外学者对"策划"概念的述说已经给我们勾勒出"策划"一词的内在含义,即策划是通过策略性地整合各种资源,达到实现预期利益目标的过程,是一种创造性的社会活动过程。

二、策划的特点

(一) 策划必须是创新的

策划所要达到的最终目的是将企业的各类资源整合在一起,能不能产生新的绩效、有没有创新,这是策划的关键,没有创新的资源整合过程不是策划。策划的对象在特定时空条件的市场上具有唯一性、排他性和权威性。只有达到这"三性"才是一个优秀的策划,才能满足市场竞争创新的需要。

(二) 策划必须是有资源的

这里说的"资源"应该是指一切能够对策划有用的相关体,可能是物质资源,也可能是关系资源或是政府资源,所谓"巧妇难为无米之炊"就是这个意思。对于策划人来说,更多的是借助外界资源,而不是仅仅依靠自身的资源,因为资源总是有限的。这就要求策划人要用好资源,如果离开了资源的支撑,策划就只能停留在纸面上,不能转化为生产力。

(三)策划必须有整合的可能性

资源如果不可以整合,就必然是一个个单独的因素。策划本身的系统性非常强,它一般不会仅仅通过一种单一的手段来达到事先策划的目的,往往是多种手段、多种资源的整合,没有了这种资源上的整合,策划本身是不可能的,就是一种空想、想象。因此,整合资源的可能性是策划的条件。

(四)策划必须达到一定的预期目标

针对未来的预期,策划人在策划的时候必须考虑的问题是如何对策划进行整合以达到预期的目的。要做事,就应该有方向、有目标。策划是一个行为过程,它不仅是人的行为过程,也是资源配置的行为过程,因此,达到一定的预期目标是策划的目的,一个人、一个企业和一个国家在做一件事情时都是有目的性的,目的性在一定程度的量化过程就成为目标。因此,达到预期目标是策划的目的。

第二节 营销策划的主要内容

一、营销策划的内涵

营销策划是包含产品策划、价格策划、渠道策划和促销策划等方面的操作系统。它通过制订关于产品、形象等组织价值在市场上实现的方案来进行让渡价值的传递。营销策划是企业发展的重要手段之一。

策划虽然有很多的种类,如军事、政治、外交等,但是目前许多的策划人主要集中在营销策划这一领域。营销策划是中国策划人最活跃的领域,通俗地讲,战略策划管企业的经营过程,生态策划管企业的现状和状态,融资策划管企业引进资金,管理策划管企业资源的协调和利用,营销策划管企业价值让渡。营销策划是营销管理总体活动的核心,主要包括营销目标、营销定位、营销策略和短期营销战术等主要内容,营销的目的也是为了实现企业的管理目标。

市场营销是一种以交换为目的的经营活动,市场营销管理是一个复杂的过程。为了实现交换,达到预期的效益目标,作为市场营销者,企业必须设法创造性地建立、保持与市场的联系,发展、扩大与客户之间的交换关系。因此,这个过程就要求企业必须科学地分析市场及相关的各种影响因素,科学地制订营销方案,力求在适当的时间、适当的地点以适当的价格向适当的消费者或客户提供适当的产品,并用适当的促销方式与他们进行沟通。为了使这些"适当"从理想变为现实,市场营销人员所做的分析、判断、推理、预测、构思、设计、安排和部署等工作便是市场营销策划。

▎**阅读材料**

矿泉水投放市场

有一家矿泉水公司推出了一种优质矿泉水。公司决定抢占成都市场,全面打开销售局面。于是,他们在成都的电视台、报纸、广播电台大做广告,仅仅25天就投入广告费20多万元,可销售量并未见增长。矿泉水公司认为成都市场是"峨眉山"矿泉水一统天下,自己无力与之竞争,既不占天时,又不占地利,更没有人和。于是,矿泉水公司全线撤退,转向昆明市场,在昆明又进行了20多天的广告宣传,支出广告费20多万元,仍不见效果,他们终于泄气了,鸣金收兵退回原地。在他们看来还是窝边草好吃。为了扩大本地的销售量,矿泉水公司又出资数万元进行广告宣传。但因为本地市场狭窄,销售量仍不见增长。结果,一年的时间,矿泉水公司花去广告费50余万元,售出矿泉水800余吨,约合20万瓶,产值160万元,除去成本,亏损达30余万元。究其失败的原因非常简单:矿泉水公司根本就没有一套自己的营销方案,东一榔头,西一棍子,宣传费投入不少,却因为没有统一的计划,力量分散,没有产生良好的效果。[①]

通过阅读材料,我们可以看出营销策划包括以下两个要素:

(1) 必须有明确的主题目标。如果没有主题目标,策划就成了一些无目的的构思的拼凑,根本没有成功而言,更不用说解决问题了。

(2) 必须有崭新的创意。策划的内容及手段必须新颖、奇特、扣人心弦,使人观后印象深刻,能够打动人心。

二、营销策划的分类

营销策划贯穿营销活动的始终,是企业活动的重要组成部分,可以说,凡是涉及营销的企业活动都是营销策划所要研究的内容。

营销策划的内容是相当广泛和丰富的,从不同的角度出发,可以依据不同的标准做出不同的分类。

(一) 企业策划、产品策划和价格策划

依据策划的对象为标准,营销策划可以分为企业策划、产品策划和价格策划等。

1. 企业策划

企业策划是指对企业整体所进行的策划,主要目的在于树立良好的企业形象。

2. 产品策划

产品策划是指围绕某一产品的开发和销售所进行的策划,主要目的在于推广产品和扩大销路。

[①] 李蔚.营销策划[M].北京:中国经济出版社,1995,有改动。

3. 价格策划

价格策划是指以价格作为策划主题,从更好地满足客户和企业的需要出发而进行的策划。

(二)市场选择策划、市场进入策划、市场渗透策划、市场扩展策划、市场对抗策划、市场防守策划和市场撤退策划

依据市场变化的不同目标,营销策划可以分为市场选择策划、市场进入策划、市场渗透策划、市场扩展策划、市场对抗策划、市场防守策划和市场撤退策划等。

1. 市场选择策划

市场选择策划是指对如何有效地选定目标市场所进行的策划。

2. 市场进入策划

市场进入策划是指为产品成功地进入市场所进行的策划。

3. 市场渗透策划

市场渗透策划是指为争取现有市场增加购买所进行的策划。

4. 市场扩展策划

市场扩展策划是指为扩大现有产品的市场面、开拓新市场而进行的策划。

5. 市场对抗策划

市场对抗策划是指关于怎样与主要竞争对手相抗衡所进行的策划。

6. 市场防守策划

市场防守策划是指怎样抵制竞争产品、巩固现有市场所进行的策划。

7. 市场撤退策划

市场撤退策划是指怎样有计划地退出现有市场所进行的策划。

(三)目标市场策划、产品策划、品牌策划、包装策划、价格策划、分销策划和促销策划

依据市场营销过程为标准,营销策划可以分为目标市场策划、产品策划、品牌策划、包装策划、价格策划、分销策划和促销策划等。

1. 目标市场策划

目标市场策划是指为产品确定适当的市场位置所进行的策划。

2. 产品策划

产品策划是指对产品的开发、创新、改进、提高所进行的策划。

3. 品牌策划

品牌策划是指对产品品牌怎样赢得客户的欢心所进行的策划。

4. 包装策划

包装策划是指关于怎样进行科学包装、艺术装潢,使包装更加美观、方便、安全、经济所进行的策划。

5. 价格策划

价格策划是指确定恰当的价值策略的一种策划。

6. 分销策划

分销策划是指有效地选择分销路线的一种策划。

7. 促销策划

促销策划是指关于开展人员推销、广告、公共关系和营业推广的策划。

(四) 市场营销策略策划和战术策划

依据市场营销的不同层次为标准，营销策划可以分为市场营销策略策划和战术策划。

1. 市场营销策略策划

市场营销策略策划分为总体战略策划和经营战略策划两个层次。一般来说，总体战略策划的任务是从企业整体的角度明确企业任务，区分战略经营单位，决定企业的投资组合战略和成长战略。经营战略策划的任务则是站在战略经营单位的角度分析形势，制定目标和计划，明确市场营销职能的运行方向。市场营销人员依据经营战略的要求进行市场机会研究、市场细分、目标市场选择和市场定位策划。总体战略策划为经营战略策划指明方向，经营战略策划则为各职能战术策划建立一个基本框架。

2. 战术策划

战术策划是指市场营销人员在战略性市场营销策划的基础上，对市场营销的产品、价格、分销以及促销(即市场营销手段)所进行的组合策划和个别策划，目的在于把战略性市场营销规定的任务落实到实处。

(五) 整体营销策划和局部营销策划

依据企业营销活动的范围，营销策划可以分为整体营销策划和局部营销策划。

1. 整体营销策划

凡是策划内容涉及企业营销活动全过程的，也就是说既包括确定目标市场的活动，又包括占领目标市场的活动，即称为整体营销策划。整体营销策划因为涉及企业营销活动的全过程，所以它的策划时间跨度至少在一年以上，一般情况下以 3～5 年最为适宜。另外，整体营销策划还往往和一个企业的发展战略及中长期经营活动相结合，它规定了企业的发展方向及发展目标。同时，整体营销策划又可以看作是企业的行动指南或行动纲领，它对企业营销活动的质与量进行概括与规定。

2. 局部营销策划

所谓局部营销策划，是指凡是策划内容不涉及企业营销活动全过程的营销策划。如果从企业的营销活动范围来看，不同时涉及确定目标市场和占领目标市场的策划即为局部营销策划。也就是说，局部营销策划可以是仅对确定目标市场的策划，也可以是仅对占领目标市场的策划。甚至可以进一步缩小范围，就确定目标市场或占领目标市场内的某一内容进行局部营销策划。例如，对市场定位进行策划就是一种局部营销策划，它是对居于确定目标市场活动中的某一活动内容所进行的策划。而对企业的广告进行策划也是一种局部营销策划，它是对属于占领目标市场活动中的促销活动的某一活动内容所进行的策划。局部营销策划的时间跨度以一年内的短期为多，其策划往往集中于某一时段的具体营销活动。因此，对占领目标市场活动的策划形成了局部营销策划最为常见的内容。

必须特别指出的是，局部营销策划只有在企业的总体营销策略及营销目标的规定范围内进行。换句话说，局部营销策划必须符合总体营销策略及营销目标的要求。因此，企业在没有一个总体营销策略与营销计划的前提条件下要进行局部营销策划并取得成功是不大可能的。

第三节　营销策划的误区

对于营销策划的认识,很多人都从不同的角度提出了不同的看法,其中尤其在策划与点子、计划和决策、战略的认识上存在着很多的误区。

一、策划与点子

很多人往往将点子跟策划画等号,这与点子没有一个比较规范的概念有关,但是可以肯定地说,它们之间是不一样的。中外学者没有一个人认为点子是策划,有的人将点子视为策划,这是因为在早期计划经济向市场经济过渡中的中国,有的人通过为一些企业出点子、为企业提供服务取得了一定的成效,使许多人认为点子就是策划。虽然说策划离不开有创意的点子,但是它们也不完全是一回事,策划还应该有具体的实施方案,点子则是每个人都具备的,且策划是需要策划人具备专业知识的,这就是两者的本质区别。

由此可见,策划是一个系统工程,不是靠一两个点子就能够完成的。从策划的发展来看,策划已成为一个行业,目前这个行业正处于发展与规范之中,而点子显然不可能在未来的发展中变成一个行业。策划与点子的区别参见表1-1。

表1-1　策划与点子的区别

点子	策划
仅仅是一个点子	包含点子、面或体
名词	动词
策划的一个出发点	一系列的过程
强调的是中间体	强调的是结果

二、策划与计划

策划与计划是不同的。例如,计划是具体的实施步骤和实施细则。而策划必须有计划,但不是所有的计划都有策划。策划必须是有创意的,而计划则无需有创意。策划近似于英文的Mastermind,而计划则近似于英文的Plan。策划更表现为战略决策,包括分析情况、发现问题、诊断把脉、优化方案、整合优势。而计划往往是按部就班的工作流程。从对象上来看,策划一般运用于工商企业和商业性活动中,计划则一般运用于政府组织的指导性活动中。

策划与计划都面临着众多的信息处理和信息反馈,策划人事先要尽可能地获得足够的信息来源并对信息进行正确地运用和处理,才会获得理想的结果。一旦信息缺失或发生偏差,对计划造成的扭曲就会远远大于对策划造成的误差。

企业在制订计划时,有些计划可以只从企业本身的各种资料中获得信息来源,但策划一定是需要从企业以外的方方面面获得信息。也就是说,策划要求大量、多方面的信息资源,而计划可以仅凭借单一的信息资源就可以制订出来。策划与计划的区别参见表1-2。

表1-2 策划与计划的区别

策划	计划
必须有创意	无须有创意
范围不确定,没有固定步骤	范围确定,按部就班
掌握原则与方向	处理程序与细节
做什么(What to do)	怎么做(How to do)
灵活多变的	一成不变的
具有开创性	具有保守性
挑战性大	挑战性小
经过长期训练才能提高策划能力	通过短期训练就可以具备制订计划的能力
侧重于"策"	侧重于"划"

三、策划与决策、战略

决策就是做决定,是对现有方案和策略的择优。作为现代管理学上的一个术语,决策是美国首先使用的,意思是做出决定,表述得明确一些,决策就是个人或群体为实现目的而制订各种可供选择的方案并决定采取某种方案的过程。战略是对全局起决定性作用的计划和策略,它的研究对象一般是具有长远意义的问题。策划与决策、战略的区别参见表1-3。

表1-3 策划与决策、战略的区别

概念 性质和特点	策划	决策	战略
预谋性	一定有	不一定有	一定有
创新性	基本有	不一定有	不一定有
研究的问题	不受限制	不受限制	具有长远意义的问题
最主要的研究内容	方案	选择方案	方案
思维方法	强调直觉思维、形象思维与辩证思维	强调逻辑思维	强调逻辑思维与形象思维

四、策划与咨询

咨询业在西方被称为"智力服务业",它起源于英国,工程咨询是早期英国咨询业的主要对象,在当今世界咨询业中,英国仍为这一业务的魁首。咨询业自产生后大致经历了个体咨询—集体咨询—综合咨询—国际合作咨询四个阶段。管理咨询是从1895年弗雷德里克·温斯洛·泰勒做"效率"顾问工程师开始的,最初出现于美国,后来移植到西欧、日本。

在20世纪50年代以后咨询业有了很大的发展,在英语中,咨询具有磋商、会诊和评议的意思。在汉语中,咨询含有询问、谋划和商量的意思,两者的含义近似。而咨询企业在国外被称作"软件企业""头脑机构"或"智囊团",从这个意义上来看,美国的咨询业近似于中国的策划业。

战略咨询与管理咨询是咨询业涉及的两个主要领域,而策划包含的行业非常多,在企业经营活动中所有的项目都包含策划。如果深刻理解了"策划"一词,我们就可以理解咨询与策划还是有区别的,但同时我们也应该看到,策划所从事的业务包含咨询所从事的业务,而咨询从事的业务却不能完全涵盖策划所从事的业务。

第四节　策划人的知识水平和业务素养

近年来,随着经济形势的发展,策划越来越多地受到人们的关注,策划行业已成为一个炙手可热的新兴产业,其对企业发展的推动作用也已得到社会大众的认可。这种令人瞩目的行业升温随之带来的便是对策划人才需求的日益旺盛。

在这种背景下,许多人向往成为策划人队伍中的一员,梦想自己的绝妙创意与策划能给某个企业开辟一片广阔的天地,也为自己创造一个美好的明天。但是,策划工作是一个专业性较强、要求比较高的职业,需要从业人员对自己有一个全面的认识,以判断自己是否适合从事此项工作。

从事策划工作,除了要求从业人员具备思想道德和知识储备等方面的基本素质要求以外,还需要具备以下素质:

一、奇特的思维

策划人在进行策划活动时,其思维活动不能仅仅依靠历史累积知识的再组合,更在于思维的创新,才能够在众多的思维活动中找到具有自身独特的创新点,即"以正和,以奇胜",强调的是守正出奇。可以说,在商品经济社会和市场经济社会,创新的作用已为中外企业辉煌的历史所证明。在知识经济、信息社会中,创新将进一步发挥重要作用,并成为企业经营管理中最富有活力和潜力的一种资源。

二、渊博的知识

时下所有的策划,尤其是与企业的经营和管理有关的,几乎毫无例外地都是综合性的、复杂的、涉及众多部门和领域的问题。这就要求策划人必须具有"精"和"博"两个方面的知识,既精于专业知识,又博于非专业知识;既理论修养,又有实践经验,同时还能够根据实际需要不断地更新、丰富自己的知识。

三、丰富的阅历

广博的知识面和丰富的阅历是策划人长期的好奇心、观察习惯、体验生活的欲望形成的自然结果。由于策划人领悟了"理论源于实践"这个简单而至关重要的原理,所以越是对一种理论产生兴趣，就越是趋于投入相关的实践活动。他们是通过实践经历来获取关于实践对象的一切真知灼见的，这就使他们的知识面和阅历区别于那些浅薄的炫耀者而迸发着智慧的火花。

四、丰富的想象力

策划人应当具有丰富的想象力。所谓想象力，就是人运用发散思维将一个事物与其他许多事物联系起来加以思考的能力。想象的实质是人们对已有的知识、经验、记忆表象进行改造、重新组合，从而创造新的形象的过程。丰富的想象力是创造性思维的核心，是策划人产生奇谋良策的"金翅膀"和"合成器"。古往今来，凡思想活跃、善于策划和创造发明者无不具有丰富的想象力。

五、灵活的头脑

策划人必须有一个高度发达的头脑。书读得多，如果只是生吞活剥，形不成智慧，那最多是一个"两脚书橱"。能够把丰富的知识灵活多变地应用于社会实践，那才是一个现代"智多星"。

策划，其实就是为企业出谋划策。而企业的经营和管理从某种意义上来看就是斗智。没有睿智头脑的企业家，一定是一个"常败将军"；没有睿智头脑的策划人，一定做不出克敌制胜的策划来。

灵活多变地把知识应用于社会实践，这是对策划人的基本要求。

六、严密的操作能力

策划人要具有严密的操作能力，这是策划人与一般知识分子的不同之处。策划人要对自己的策划方案做到全面部署。例如，策划人对策划中的人际关系对策，策划实施中的资金对策、大众媒介关系对策、策划人障碍因素及消除对策，与策划实施有关的政府机构对策、有关的法律问题等都要做到心中有数、运筹有序。

七、良好的角色感

策划人所做的主要是整合性和综合性的工作，所以策划人要高屋建瓴、总揽全局。但是，策划人更多的是通才，而不是全才。策划人提出的是指导思想，具体问题则需要依靠具体领域的专家发挥所长、贡献所能。所以，策划人需要具有良好的角色感，善于分工协作，激发众人的积极性和聪明才智。

八、健康的心态

健康的心态既与策划人的先天遗传有关，更与策划人的后天修养有关。策划人良好的心理素质是其游刃于现代社会的资本，这促使其心理的正面因素能动地发育起来，即他们的包容力、承受力、忍耐力和等待力等，通过锻炼提升自己的修养，使自己的策划更具正能量。

九、非凡的文采

策划人有了思维能力,产生了好的想法,还必须要用文字清晰、准确、流畅地写出来。当然,策划人的文字表达能力与一般人的写作能力有所不同,可以毫不夸张地说远远不只是"笔头好"那么简单。这是因为表达过程本身就是一次绝好的再思考、再梳理与再系统化的过程。能把思维用语言符号(即文字)清晰、准确、流畅地表达出来,就说明策划人已经把问题想通理清了,而且更为重要的是,策划人的营销策划书必须能打动客户的心。

十、敏锐的信息捕捉能力

拥有良好的信息收集渠道,能够敏锐地把握点滴有用的信息,对于一个要同时从宏观局面和微观局面把握情况,以便从中寻求灵感进行创造与策划的策划人来说是至关重要的。这可能决定策划人的创意是新鲜的、先进的还是过时的、落伍的,是化繁为简解决问题而不是相反。因此,一个策划人必须具备良好的信息观察、捕捉能力。

基于以上要求,我们可以看出,策划人是"整合资源"的人,策划所需要的人才是"通才",要具备优秀的综合素质。

策划人的才能特征由于时代的要求显得更加明显。传统做学问强调在某个方面钻研很深,甚至皓首穷经,并且特别强调具有"独创性"和"纯洁性"。但这个方法在现代信息社会受到了极大挑战。信息社会各种资源不仅数量巨大,而且更新速度极快,特别是对于策划工作来说,它注重的是策划人的"组合利用"和"融会贯通"的素质和能力。要成为策划人才,就必须具备较强的综合素质,并在此基础上发挥创造力。因此,一个合格的策划人应该是"综合素质高且创造力强"的人。

十个经典的成功营销案例①

一、移位营销

上海工业缝纫机股份有限公司的传统产品缝纫机针,因成本高难以维持。该公司决定把在上海难以生产的缝纫机转移到生产成本低的其他省份去建立生产基地。这样,一包针的生产成本降到0.30元,大大增强了企业的市场竞争力,从而夺回了失去的市场。

二、逆向营销

山东某毛皮总厂在困境中不随波逐流。有一年,我国的毛皮生产出口压缩,内销不畅。许多的企业停止收购,竞相压价抛售。该毛皮总厂经过调查分析,审时度势,逆向营销,贷款400万元以低廉的价格大量收购毛皮。数月以后,市场需求回升,毛皮的价格上涨,该毛皮厂获得了一笔可观的利润。

---

① 作者根据相关资料整理。

三、文化营销

格兰仕集团生产的微波炉是新兴产品,为了挖掘潜在市场,该集团在全国各地开展大规模的微波炉知识推广活动,全方位介绍微波炉的知识。此外,格兰仕集团还编写了《微波炉使用大全及菜谱900例》,连同《如何选购微波炉》一书免费赠送了几十万册,使"格兰仕"微波炉深入人心,市场占有率遥遥领先。

四、启动营销

海信集团经过深入调查,了解到彩电在农村具有很大的发展潜力。因此,该集团制定全面启动农村市场的营销战略,并迅速付诸实施。针对农村的特殊状况,海信集团开发生产灵敏度高、电源适应范围宽、可靠性好、耗电量少、价格适宜的彩电,最大限度地满足了农民对产品价格、可靠性能的特殊需求,从而开拓了广阔的农村市场,取得了显著的经济效益。

五、限价营销

南京三星级的江苏美食城规定216种各种美味佳肴由名厨主理,顾客可以随意选用,数量不限。在收费结账时,该美食城实行"最高消费者限额",每人50元,超额消费部分不收费。如果每人消费不足50元,则按实际消费额收费。此举深受消费者的欢迎,该美食城每天顾客盈门,座无虚席。

六、限量营销

日本某汽车公司推出一款式样古典、风格独特的"费加路"新车,非常抢手。但是,该汽车公司没有因此拼命上产量、扩规模,而是公开宣布每年只生产2万辆,进行限量销售,结果订单激增到30多万辆。为公正起见,该汽车公司对所有的订购者实行摇奖抽签,只有中奖者才能成为购得此车的幸运儿。其结果造成产品供不应求的市场紧张气氛,使该品牌汽车始终保持优势。

七、定位营销

麦当劳成功的一个重要因素,就是市场营销定位明确——主要面向青少年,特别是儿童。他们针对青少年、儿童的特点开展各种促销活动,如开心生日会、赠送麦当劳玩具等,因此在市场竞争中占据了一定的优势。

八、远效营销

日本有家巧克力公司意欲培养日本的青年人过"情人节"的习惯,然而效果并不理想。但是,该公司认定了这个战略方向,坚持不懈地宣传"情人节",最后终于达到目的。现在,日本的青年人在"情人节"互赠巧克力已成风气,该公司的巧克力销售量骤增,生意越做越红火。

九、特色营销

美国有一家名不见经传的小店,在许多的服装店看好高档服装经营时,这家小店却反其道而行之,专门经营服装大厂生产多余、规格不配套而其他商店又不愿问津的零头单件服装。该店采取"一口价"的营销策略,即所有的服装不论式样、规格、颜色如何,全部以每件6美元的价格出售,满足了大多数消费者的需求,生意从此兴旺发达。

十、借名营销

约翰逊研制出"粉质化妆膏"时采用"借名生辉"的办法进行推销。他拟出一则广告:"当你用过佛雷公司的之后,再擦上约翰逊的粉质化妆膏,将会收到意想不到的效果。"这则广告貌似宣传佛雷公司,实质上却在宣传自己。不到半年,约翰逊声名鹊起,迅速占领了美国黑人化妆品市场。

讨论题

1. 请你谈谈你对营销创意的看法。
2. 策划是种谋略,市场充满竞争,在竞争的环境中不排除"阳谋"与"阴谋"的存在,试谈谈你是如何认识这两种存在的。

第二章　营销策划基础

> 营销策划并非天马行空的设想,从一定程度上来讲,它是建立在市场营销原理基础上的、有着一定规律可循的方法论。在正确的营销观念的指导下,营销策划也可以遵循一定的程序"按部就班"地进行。

第一节　策划人的自我完善

古语说:"凡事预则立,不预则废",讲的就是策划的重要性,对于策划的认识,古代早已有之。按照今天的理解,策划就是一个谋划达成目标或事情的成功而先发的设想及其创造性思维的过程,也是确保实现社会管理活动决策和计划而进行有科学运作程序的谋划、构思和设计过程,是运用脑力的理性行为。总而言之,策划是针对未来问题的当前决策。

当前,市场的策划人主要由四个方面的人群组成:一是出自新闻媒体、新闻记者行业,由于长期身处市场一线,他们拥有广泛的见识,具有敏锐的洞察力与思考力;二是来自"海归",他们在国外接触了较新的理念和模式,可以以此来指导企业的实际;三是来自国内知名企业或国外大公司,他们掌握了先进的管理理念和市场运作方式,可以模仿、创新并加以运用;四是来自高校和研究机构,他们将研究成果、研究理论与企业的实际有限地结合起来。由于背景、经历和学识各有不同造成了策划人风格间的差异性。那么,是不是谁都可以成为策划人呢?策划人凭什么进行策划?

一、从策划人的能力分析

策划不是天马行空,既然是谋略,就必须有一定的依据,也就是说要根据现实的情况和信息进行谋划,具有科学性和艺术性的统一。其中,科学性是按程序运作的系统工程,艺术性是创新的体现。企业策划研究的根本是了解和掌握人的消费行为特征和消费心理特征,目的是通过了解和掌握人的消费行为特征和消费心理特征,预测和设计符合其心愿的产品。从个人的能力上来说,一个优秀的策划人至少需要具备以下六个方面的能力:

(一)个人阅历与个人经历

策划人需要拥有足够的学历,丰富的工作经验、人生经历,广泛的社会关系和足以实践的社会空间。

（二）学习能力

策划人需要具有勤奋学习的能力和科学学习的方式与方法，特别是善于借鉴别人成功的经验和失败的教训；需要具备丰富的知识储备和读万卷书的能力；需要与时俱进，不断学习新的知识和理念。因为，策划人是靠智力生存，需要比其他人看得更深、更远和更广，这些都需要策划人不断地进行思考和学习。

（三）思考能力

策划人的创意和创新，可以是模仿性的，也可以是原创性的，这除了需要策划人具备联系思维、侧向移入和移出的思维、类比思维等以外，还需要策划人对于成功和失败的案例具有思考和总结的能力。

（四）团队合作精神

策划人需要具备合作精神，团队之间的合作、部门之间的合作和朋友、同事之间的合作是策划人获得成功的必需条件。因为策划人需要整合资源，在不同的层面展开策划，需要不同部门和不同人员之间的配合和协调。

（五）创新能力

一方面，策划人必须要有创新能力，具有创意，如做事的非常规思路、非常规的资源整合能力；另一方面，策划人要善于在不同层面开展创新，如设计方面、事件营销方面、消费行为的洞察与了解方面、潜在需求的激发与引导方面等。对于递增需求，策划人要寻求客户对现有产品（或服务）的不满意之处；对于派生需求，策划人要寻求由主体消费引发的关联消费，同时对影响消费需求的相关要素进行分析，分析全面开发产品（或服务）潜在的功能要素。

（六）机会的把握和分析能力

策划人首先要善于分析不同的市场机会，不仅要具有敏锐的分析和对机会的把握能力，对显在的市场机会要采用填补法（如差量填补、功能填补）、对前兆型的市场机会要采用追随法（如梯度追随、时尚追随、关联追随）、对诱发型的市场机会要采用诱导法（如开发产品、营造概念、转变观念），而且还要善于捕捉突发型的市场机会。这就要求策划人必须掌握基本的分析工具（如 PEST 环境扫描、SWOT 分析、五力模型分析、价值链分析、鱼骨架分析、雷达图）和市场信息情报资料，拥有适当的资源整合和个人与团队竞争实力，并具有高度的进取心和敏感性。

策划人在策划过程中需要进行系统思考、全程运作，要设定目标、测定现状，为明确的活动设计计划。

二、策划人创意思维的养成

第一，策划需要创新和创意，策划人既要低头拉车，又要抬头看路，既要走的稳健，又要走的明白。在创意能力和思维的培育过程中，人们都会自觉或不自觉地运用相关的理论。例如，魔岛理论认为创意的产生有时像魔岛一样在策划人的脑海中悄然浮现，不可捉摸，但它在人的潜意识中也是经过无数次的思考过程，最后才得到结果。这就要求策划人要做一个有心人，善于将转瞬即逝的好思想随时加以记忆和创造。又如，迁移理论认为迁移就是创意,当人们用不同的眼光去看原有的东西,由于眼光是新的,因而东西也是新的。再如,拼图游戏理论认为将不相干的东西像做拼图游戏那样组合起来就是创意。

第二,在创意思考的过程中,策划人可以利用刺激联想(如风桶法)。例如,日本有句俗话:"风吹时,卖木桶的会赚钱。"风吹时,灰尘扬起—盲人增多—盲人要学三弦琴谋生—三弦琴的需要量增加—三弦琴要用猫皮做,猫皮的需要量随之增加—猫的数目骤减,老鼠便增加—木桶被咬坏的也多—卖木桶的生意兴隆,赚了钱。

第三,策划人要学会转换角度,需要不断换位,以假设状况为前提,进行正面刺激,换角度思考问题。例如,一位老农西瓜地里的西瓜经常被盗,他采取了许多的方法防盗,但收效甚微。一位智者路过,提醒他换个角度,从惩罚改为谁看见有人偷西瓜奖励多少钱,调动了众人的积极性,取得了很好的效果。

第四,策划人需要进行信息组合,列举期望点或缺点。例如,在给企业策划品牌命名时,策划人可以根据产品所提供的利益和主要功能、主要成分、外观特点来命名;可以根据产品创始人或企业名称来命名;可以根据名人、名地或名胜来命名;可以根据外语读音来命名;可以根据数字或无意义的杜撰文字来命名;可以根据激发积极联想的文字来命名等。

阅读材料 2-1

把木梳卖给和尚——从实践中学营销

从前有两个卖木梳的人,一天,有一个人去寺庙卖木梳,和尚说:"你卖木梳找错地方了,我们头上无发,要木梳何用?"

卖木梳的人说:"你们用不着,可每天上你们寺庙烧香拜佛的人不少,他们有些人头发散乱,进圣地庙堂有伤大雅,有失对佛的尊重,如果在进香前每人都能将自己的头发梳理一下,岂不显得对佛至高无上的崇敬和诚心,对寺院对您都是一种荣光。"

和尚觉得此话有理,就买下了10把木梳。

另一个卖木梳的人也不甘示弱,一天,他也来到寺院向和尚推销木梳。和尚告诉他已经买了木梳,不需要了。卖木梳的人告诉和尚:"上次您买的是供到寺院来烧香拜佛的人梳头用的,如果您再多买些木梳并在上面刻下寺院的大名,向来寺院的人每人赠送一把,让他们带回去,告诉他们的亲戚朋友,这样就可以一传十、十传百,提高寺院的声誉,吸引更多的人来寺院烧香拜佛,使寺院香火旺盛。"

此话说得和尚心花怒放,十分高兴地又买下了1000把木梳。

路径依赖理论——实验和破窗理论

有试验人员将5只猴子放在一个笼子里,并在笼子中间吊上一串香蕉,只要有猴子伸手去拿香蕉,就用高压水龙头教训所有的猴子,直到没有一只猴子再敢动手为止。

然后，试验人员用一只新猴子替换出笼子里的一只猴子，新来的猴子不知道这里的"规矩"，伸出手去拿香蕉，结果触怒了原来笼子里的其他4只猴子，于是它们代替人执行惩罚任务，把新来的猴子暴打一顿，直到它服从这里的"规矩"为止。

试验人员如此不断地将最初经历过高压水龙头惩罚的猴子换出来，最后笼子里的猴子全是新的，但没有一只猴子再敢去碰香蕉。起初，猴子怕受到"株连"，不允许其他的猴子去碰香蕉，这是合理的。但后来人和高压水龙头都不再介入，而新来的猴子却固守着"不许拿香蕉"的制度不变，这就是路径依赖的自我强化效应。

多年前，美国斯坦福大学心理学家詹巴斗进行了一项试验，他找来两辆一模一样的汽车，把其中的一辆汽车停在帕罗阿尔托的中产阶级社区，而另一辆汽车则停在相对杂乱的布朗克斯街区。停在布朗克斯街区的那一辆汽车被詹巴斗摘掉了车牌，并且把顶棚打开。结果这辆汽车一天之内就给人偷走了，而停在帕罗阿尔托的那一辆汽车，放了一个星期也无人问津。后来，詹巴斗用锤子把那辆汽车的玻璃敲了个大洞。结果呢？仅仅过了几个小时，它就不见了。

以这项试验为基础，政治学家威尔逊和犯罪学家凯琳提出了一个"破窗理论"。该理论认为：如果有人打坏了一个建筑物的窗户的玻璃，而这扇窗户又得不到及时的维修，别人就可能受到某些暗示性的纵容去打烂更多窗户的玻璃。久而久之，这些破窗户就给人造成一种无序的感觉。结果在这种公众麻木不仁的氛围中，犯罪就会滋生、繁荣。

18世纪的纽约以脏乱差闻名，环境恶劣，同时犯罪猖獗，地铁的情况尤为严重，是罪恶的延伸地，平均每7个逃票的人中就有一个通缉犯，每20个逃票的人中就有一个携带武器者。1994年，新任警察局局长布拉顿开始治理纽约。他从地铁的车厢开始治理：车厢干净了，站台跟着也变干净了，站台干净了，阶梯也随之整洁了，随后街道也干净了，然后旁边的街道也干净了，后来整个社区干净了，最后整个纽约变了样，变得整洁、漂亮了。现在纽约是全美国治理最出色的都市之一，这件事也被称为"纽约引爆点"。

不拉马的士兵

在管理界，"不拉马的士兵"这个案例流传久远：一位年轻有为的炮兵军官上任伊始，到下属部队参观炮团演习，他发现有一个班的11个人把大炮安装好，每个人各就各位，但其中有一个人站在旁边一动不动，直到整个演练结束，这个人也没有做任何事。炮兵军官感到奇怪："这个人没做任何动作，也没有什么事情，他是干什么的？"大家一愣，说："原来在教材里就是讲这样编队的，一个班11个人，其中一个人站在这个地方。我们也不知道为什么。"炮兵军官回去后，经查阅资料后才知道这个人的由来：原来，早期的大炮是用马拉的，炮车到了战场上，大炮一响，马就要跳就要跑，一个士兵就负责拉马。到了现代战争，大炮实现了机械化运输，不再用马拉，而那个士兵却没有被减掉，仍旧站在那里。从管理学的角度来讲，这位炮兵军官发现并减掉了"不拉马的士兵"，其实大大提高了管理效率，减少了资源浪费。

鲶鱼效应

挪威人喜欢吃沙丁鱼，尤其是活鱼。市场上活沙丁鱼的价格要比死鱼高许多。所以，渔民总是千方百计地想法让沙丁鱼活着回到渔港。可是虽然经过种种努力，绝大部分沙丁鱼还是在中途因窒息而死亡。但却有一条渔船总能让大部分沙丁鱼活着回到渔港。船长严格保守着秘密。直到船长去世，谜底才揭开。原来是船长在装满沙丁鱼的鱼槽里放进了一条以鱼为主要食物的鲶鱼。鲶鱼进入鱼槽后，由于环境陌生，便四处游动。沙丁鱼见了鲶鱼十分紧张，左冲右突，四处躲避，加速游动。这样一来，一条条沙丁鱼活蹦乱跳地回到了渔港。这就是著名的"鲶鱼效应"。

从不同的角度分析，鲶鱼代表的内容是不同的，对于一个从业者来讲，领导可能是鲶鱼，那么你的努力最好和组织保持同方向，不要往后游，否则就有被"吃掉"的危险，永远充满激情地向上游，也许某一天你也变成了鲶鱼，赶着一群沙丁鱼向上奋斗；你的同事也可能是鲶鱼，那就和他比拼比拼，看谁翻腾的能量更大；你的下级也可能是鲶鱼，那就在激励下属成长的同时，别忘了给自己充充电，保持强劲的发展势头，否则你也有被下属"吃掉"的危险；你的工作中也可能有鲶鱼，那就合理地安排自己的工作，分清主次，最好能到上一层工作岗位上去搅动一番。

策划人要培养创新能力，关键在于思维的创新和思路的转变，在于对资源的整合和换位思考，在于寻求差异化和借助外部力量。例如，市场理念创新，从满足需要到引导和创造顾客需要；市场定位观念，从传统的寻找商品用户转向追寻企业免受竞争的"知识经营"领域；市场占有观念，从注重市场份额转向追寻提高客户价值份额和企业主导市场的能力；市场竞争观念，从你死我活到共生、共赢与竞合；人才观念，从注重培养专业人才转向培养有创造性的复合型人才；营销资源观念，从以内部资源创造营销效益转向利用内部资源和外部资源创造营销效益。

正如有人说的那样，创意的培育要经历"四境"：一是准备过程，昨夜西风凋碧树，独上高楼，望尽天涯路；二是酝酿过程，衣带渐宽终不悔，为伊消得人憔悴；三是顿悟过程，众里寻他千百度，蓦然回首，那人却在灯火阑珊处；四是验证过程，需要大胆假设，小心求证。

总之，策划人是凭借脑力进行思考和生存的，策划人凭借的是阅历和创新能力，凭借的是敏锐的洞察与分析能力。随着社会的不断向前发展，策划行业会面临来自不同方面的竞争。由于竞争的日趋激烈，策划正在朝区域化、专业化的方向发展，策划人也应相应地进行转型与重新定位。而且随着客户整体素质和实力的提升，策划业的门槛会越来越高，策划业要杜绝"李鬼"与"李逵"并存、滥竽充数的现象，多些务实和创新，努力提升客户的价值。

阅读材料 2-2

八个字教你做成功的营销策划人

随着市场竞争日趋激烈,营销策划在企业中的作用越来越重要,因此,出色的营销策划人更是成为众多企业追逐的对象。国内一位知名房地产营销策划人士在接受记者专访时认为,作为一个出色的营销策划人,除了需要丰富的工作经验和专业知识以外,还需要把握和做到"察""思""奇""杂""简""德""勤""信"八字要领。

"察",即细察。荀子说:"知道,察也。"讲的就是明白道理、掌握情况。任何一个营销策划,营销策划人首先要做的便是踏勘、访谈、调查,尽可能摸清真实情况,掌握第一手资料。除了依靠专人调查以外,营销策划人还要身临现场、细查、深究。因为调查是一切营销策划的基础、源头,策划成功与否,取决于掌握的情况准不准、全不全、深不深。

"思",即多思。孔子说:"三思而后行。"做好一个项目的策划,营销策划人不仅要三思,甚至要十思、百思、日思、夜思、冥思、苦思。事实证明,许多的金点子、新创意都是营销策划人在掌握大量的第一手信息情报后,在勤思中迸发出灵感火花的。"思"要全神贯注,不分心。作为营业策划人,还要善于纳集体之思,强调团队精神,把每个人的积极性都调动起来,以达到创新。

"奇",即出奇。商场如战场,战场讲究出奇制胜。营销策划人要遵循市场法则,因情循理,这便是"正"。但正不避奇,正中出奇是制胜的法宝。古人曾说:"奇正之变,不可胜尝也。""善于奇者,无穷如天地,不竭如江河。"由于市场是动态的,可以随之而变化,因此,在任何时间,营销策划难题都是有办法克服的。

"杂",即杂糅。营销策划人要避免单一,讲究交融、贯通,做到边界渗透、资源整合。具体而言,营销策划人要做好市场调查、行业背景分析、区域环境分析,讲究消费模式,洞悉消费心理,注重营销策略和企业发展战略。制订营销策划方案,营销策划人要避免严肃、艰涩、机械的文风,用语要清新活泼、旁征博引。营销策划人除了精通专业以外,还要用各种知识武装自己,以便融会贯通、灵活应用、挥洒自如。

"简",即求简。效率就是效益,而效率则取决于实施过程是否简便、快捷。显然,在追求效益的市场环境下,营销策划方案必须简洁、明了。例如,营销策划人对市场前景、行业背景、竞争对手、功能定位、形态布局、营销策划、整合推广等都要有清晰的结论、量化的依据,使人一看就明了,就可以操作。另外,营销策划人还要有超强的理解感悟能力,追求简约、高效的工作作风。

"德",即道德、操守。营销策划人既要有人品,又要有良好的操守。做营销策划必须遵循这个行业的职业道德,操守要好。市场经济是法治经济和道德经济,营销策划人的道德操守和职业道德是其安身立命之本,也是个人的无形资产和品牌,应加强维护,使之增值。

"勤",即勤奋、专业。随着城市化进程的加快,"大鱼吃小鱼"的时代已不复存在,取而代之的是"快鱼吃慢鱼"。作为营销策划人,必须适应市场变化需求,做到五勤,即手勤、腿勤、眼勤、耳勤、嘴勤,以提升专业水平,降低市场风险。

"信",即诚信。讲究诚信、信誉,既是对营销策划的要求,又是做人的基本准则。营销策划人应以高度的责任心对待所负责的项目,不可敷衍塞责、欺世盗名、形而上学、闭门造车,更不可"搞糊糊"。尽责而实现价值会使营销策划人感到心安理得,很有成就感,同时还会为自己赢得良好的信誉。

第二节 营销策划的功能、作用和原则

一、营销策划的功能

营销策划是人的创造性生产活动,既然是人的生产活动就带有一定的目的性,这一目的性即是营销策划带给人们的现实功用,或者说是营销策划的功能。每个企业的每次营销活动都有一定的营销目的,有了目的,企业就有了方向。而营销策划把营销目的明确提出来,并围绕营销目的进行营销策划,进一步加强和突出了企业的营销目的。

(一)营销策划的竞争功能

在市场活动中,一个企业冒着种种风险,接受种种挑战,难免要在某些时刻处于劣势,处于竞争中的不利位置。这时就需要一个完整、系统的营销策划使企业摆脱困境,从劣势走向优势。竞争功能就是策划人以智谋及其营销策划方案协助营销策划主体赢得政治竞争、经济竞争、技术竞争和形象竞争等方面的主动地位,使其稳操胜券或有所作为。这是人们进行有效的营销策划的目的之一。

(二)营销策划的决策保证功能

营销策划的决策保证功能就是策划人为营销策划主体的决策谋划、探索、设计多种备选方案。决策者以营销策划方案为基础,进行选择和决断,从而保证决策的理智化、程序化和科学化。

营销策划是一种理性思维,以确保未来即将进行的活动有条不紊地按照预定的目标进行,这一特性保障了营销策划的成功。

(三)营销策划的计划策定功能

营销策划含有一定的计划性,含有一定的计划、方案。一旦确定了未来营销活动的计划、方案,企业的营销活动就变得有序,未来的营销操作也有计划可依,从而使整个营销活动变得有条不紊。

这种营销策划的计划策定功能表现在制订计划的规定程序上。即营销策划机构在制订计划之前,运用科学的营销策划运作程序对计划进行构思和设计,为计划的生成提供智谋母体,使计划切实可行,使预算变得可靠。

(四)营销策划的预测未来功能

营销策划的预测未来功能就是策划人注意营销策划主体发展的长远问题或本质问题,针对环境的未来变化发展,进行超前研究,预测发展趋势,思考未来发展问题,提高营销策划主体适应未来和创造未来的主动性。

(五)营销策划的管理创新功能

营销策划的管理创新功能就是策划人遵循科学的策划程序,从寻求营销策划主体的问题或缺陷入手,探索解决管理问题的有效途径。这实质上是一个管理创新的过程,一个好的营销策划方案本身就是一个管理创新方案。

以上五个功能是由营销策划的本质派生而来的,是营销策划本质特征理论上的延续,而营销策划的功能在现实的经济环境中表现得更为明显而直观。

二、营销策划的作用

比尔·盖茨说过:"创意犹如原子裂变一样,只需一盎司就会带来无以数计的商业效益。"的确,在现代社会,绝妙的创意与营销策划就是"聚宝盆",它会给企业带来财富。

(一)提高企业的核心竞争力

随着知识经济时代的来临,创意与营销策划的作用越来越大。在发达国家国民生产总值的增长中,知识的成分已由20世纪初的5%上升为21世纪的30%～90%,而在知识经济成分中创意与营销策划所占的比例是相当大的。美国未来学家阿尔温·托夫勒曾经预言,主宰21世纪商业命脉的将是创意,因为资本的时代已经过去,创意的时代正在来临。创意与营销策划是提高企业核心竞争力的重要手段。不断地进行创新与营销策划并获得成功的企业具有领先者的优势,能在竞争中表现出自己的独特优势和吸引力,而这个独特优势不能轻易地被竞争对手所模仿。目前,我国经济整体上呈现出供大于求的状况,不少企业的生产能力过剩,企业资源利用率低。所以,企业只有结合自身的实际,深入了解市场,大胆地进行创新与营销策划,提高自身的核心竞争力,才能在激烈的市场竞争中取胜。

阅读材料 2-3

丰田公司反败为胜

20世纪60年代初日本的丰田公司由于懈怠于策划,很长一段时间内没有生产出新产品,以至于在轿车的生产和销售方面被日产公司远远地甩在后面。丰田公司开始警醒了,并进行了精心策划。首先是对"光环牌"轿车的车型进行更新、发动机进行改装;接着又重新策划了丰田公司的广告,电视里反复播发"海滨之虎——光环""空中飞车——光环""悬崖滚落——光环"和"猛撞油桶——光环"等广告片,"光环牌"轿车坚固耐用的印象在公众心目中由此产生。从1964年9月丰田公司开始出售新型"光环牌"轿车,1965年4月"光环牌"轿车在市场上畅销并压倒了日产公司,到1967年"光环牌"轿车已在小轿车市场上遥遥领先。丰田公司这一反败为胜的例子说明,市场就是战场,竞争如同战争,只有善于策划、精于用谋,企业才能立于不败之地。

(二)延长企业的生命周期

企业作为宏观经济机体的组成部分,因其所处的行业、产品结构、技术革命的影响、消费需求的变化、政府相关政策的调整等的综合作用也有自己的生命周期。美国学者阿里·德赫斯在《长寿公司》一书中指出,世界各国企业发展中有两个死亡率很高的门槛:10年左右和40年左右。10年左右衰亡的多为中小企业,如婴儿早夭;40年左右衰亡的则为大中型企业,如英年早逝。据统计,1970年的全球500强公司,到1982年时有1/3已经销声匿迹了,其中很多企业都没有跨过"英年早逝"这个门槛。对于每个企业来说,如何才能"延年益寿"呢?纵观工业革命以来的企业发展史,从19世纪末期至20世纪初期,一些叱咤风云的企业家建立了以专业化及技术联系为特征的庞大的企业王国,但从20世纪中期开始,一些大的企业集团往往采取以资本经营为纽带的跨行业多角化经营,从而降低了经营风险,并使得企业的生命得以延续和提升。因此,要想使企业"常葆青春",就必须通过不断的创新与营销策划来实现。经营方式或经营模式的改变,可以确保企业竞争力的提高,从而使企业在竞争中立于不败之地。

(三)追求企业的利润最大化目标

现代企业是伴随工业化进程的现代化大生产的产物。尽管企业作为特定的社会角色要承担诸多的责任和义务,但从企业生存和发展的线索来看,其本质仍然是生产出适合社会需要的产品并由此获取适当的利润。

首先,企业的利润是通过市场交换得以实现的,由于工业化大生产不仅提高了人们的生产效率,而且还提高了生产质量,人们在生产同样的产品时同质性越来越相近,这就需要企业在产品投放市场时采取与众不同的方法来吸引消费者。而采取什么样的决策就需要营销策划的参与和实施。

其次,信息交流的快速与敏捷,使企业在采取什么样的策略问题上要有独创性,要有创新,不仅是产品的创新,而且还包括外在的包装和与众不同的销售模式。

在企业形成决策之前进行创新与营销策划就会降低决策的失误率,提高决策的成功率。在企业的管理过程中进行创新与营销策划,实行策划、计划、预算一体化,就不会出现计划预算与市场供需脱节、背离的情况,就会提高计划预算的成功率。如福特汽车公司的创始人亨利·福特在汽车技术发展的初期,通过在技术、管理等方面不断地创新与营销策划,使汽车的价格大幅度降低,最终成为普通消费者乐于接受的交通工具,福特汽车公司自身也因此获得迅速的发展。

> 阅读材料 2-4

高露洁公司的创意[①]

高露洁公司也是一个在经营中利用创意取胜的很好的例子。这家公司是以经营牙膏为主的企业,创业的头几年,尽管产品质量不错,但销售量总上不去,因此业绩平平。老板决定公开征求良策,他在媒体上登出广告:"谁能想出使高露洁牙膏的销售量激增的创意,即赠送10万美元奖金。"于是来自世界各地的应征者数以万计。高露洁公司只选了其中一个。被选中的创意只有两行字:很简单,只要把高露洁牙膏的管口放大50%,那么每天消费者在匆忙中所挤出的牙膏自然会多出一倍,牙膏的销售量就会激增。高露洁公司采纳了该创意后,果然牙膏的销售量急剧上升。直到今天,高露洁公司仍保持这一创意。

三、营销策划的原则

营销策划有其自身的规律,在实践中策划人必须把握其客观规律,依据一定的原则进行。

(一) 真实性原则

策划允许部分炒作,但不允许欺骗性或者误导性炒作,策划人在进行策划的过程中必须恪守职业道德,坚持真实性原则,策划必须符合伦理规范。所谓真实,即不可以无中生有。如"曾参杀人"的成语故事就是一个很好的例证。当3个人重复说3遍后,假话就变成了真话。

曾参是战国时一位有名的学者。有一次,他外出办事,碰巧一个与他同名的人杀人后被抓走了,于是曾参的邻居给曾参的母亲报信:"你的儿子杀人被捕了"。曾参的母亲非常了解自己的儿子,坚信曾参不会杀人,所以依旧织自己的布。不一会儿,另外一个人对曾参的母亲说:"你的儿子杀人被捕了。"曾参的母亲开始有些怀疑了,但仍然不相信自己的儿子会杀人。不久,第三个人对曾参的母亲说:"你的儿子杀人被捕了。"曾参的母亲彻底动摇了,吓得丢下手中的活逃走了。这个故事说明如果谎话或流言被人反复传播,那么普通百姓就很有可能把本来不存在或不真实的事情当作存在和真实的事情来对待,营销策划也是如此。

(二) 调查研究原则

其实,很多的企业都不知道自己想要什么,进行调查的目的主要是弄清楚:目标用户群是什么样的人;目标市场到底有多大;目标用户群对于价格、包装有什么样的看法;什么样的推广才能够到达目标用户群;目标用户群中有多少人会购买产品;企业的竞争对手是谁,他们在市场上的状况怎样;如何制定与竞争对手的竞争策略等。

[①] 赵涛.管理学案例库[M].天津:天津大学出版社,2005,有改动.

根据调查结果和丰富的实战经验,策划人可以集中精力做研究工作,如市场细分研究(细分市场、选择目标市场)、市场定位研究(针对目标市场提供具有差异化的产品或者具有差异化产品特性的产品)、品牌形象研究(针对目标市场赋予品牌特别的个性)、早期市场追踪研究(了解购买者、他们对产品的评价以及整体营销策略)等,这些工作并非谁都能做,一切都源于策划人丰富的实战经验。

需要注意的是,策划人千万不要盲目地相信调查数据,一定要把调查数据和经验结合起来,这样才符合理论联系实践的基本原则。

阅读材料 2-5

可口可乐的新口味

可口可乐公司在准备推出新口味的可乐时,曾经在全美各地展开了一轮据说是由某著名市场研究公司"掌勺"的全方位市场调研,最后市场调查数据表明有近60%的消费者喜欢新口味的可乐的味道,这个结果令可口可乐公司的老板们大为振奋,因为这将使公司的预期利润在现有利润额的基础上增加近一倍。

于是,他们开始大肆生产、销售这种新口味的可乐,但结果可口可乐公司开发的新口味的可乐遭到遍布世界的古典可乐消费者强烈的反对,他们甚至以示威游行的方式进行抗议。最后,可口可乐公司只得屈服于消费者的意愿,恢复了以往的古典可乐配方的生产。

后来,可口可乐公司经过重新策划,制定出了对路的传播策略,才又开始生产新口味的可乐。

通过阅读材料 2-5 我们可以看出,一些看似清晰准确、合情合理的调查数据有可能为企业提供的只是一些片面和偏颇的信息,虽然这样的调查数据也能代表消费者的"真实"想法,但对这种"真实"想法的判断来源于策划人丰富的实战经验。

(三)系统原则

策划人进行营销策划,一切都要从系统的概念出发,要注意每个因素的变化所产生的影响。坚持系统原则,就是要求策划人把营销策划作为一个整体来考察,对系统整体与部分之间相互依赖、相互制约的关系进行系统的综合分析,选择最优方案,以实现决策目标。

浮浅的点子时代已经过去,过于倚重一两个灵光突现的点子,没有系统的配套措施,对企业的发展是有害无益的。强调系统原则,就是强调营销策划活动的整体性、全局性和效益性。

系统原则还要求策划人对系统中各个部分的策略做统筹安排,并确定最优目标。系统是一个有机整体,整体大于部分之和,具有其中各要素简单相加起不到的作用。营销策划要求策划人在市场调研和营运管理等各环节都要做到位,因为今天的市场,无论是生产、销售,还是传播,都是系统的工程。为了使系统最优化,策划人必须对系统中各组成要素全盘考虑,并且要与外部环境协调起来,如资源整合等。另外,协调营销策划活动各组成要素与环境的关系,讲究整体最佳组合效应也要遵循系统原则。

（四）创新原则

创意的语言要新,策划人就要注意从生活中提炼警句、名言,如广告词要既幽默又富有哲理,蕴含人情味,蕴含心意。

此外,表现手法要新,要有新的艺术构思、格调和形式。如概念的创新,从传播的角度来讲,创新性的"概念"设计只有通俗易懂才会最大限度地降低传播成本,在众多的传播中引起关注,真正形成和消费者深层次的沟通。

如保健品"骨中金"在这点上就做得很好,本来骨质疏松是一个比较含糊的概念,但是策划高手创造出"生物骨水泥"的新概念,以打比方的方式说明"骨中金"是"往骨头里填水泥",因为"中老年人的骨头松脆,充满了空洞,医生在病人骨头疏松的碎裂部位注入一种化学品——'生物骨水泥'以修补骨头的裂缝""通过填补骨壁空洞,帮助变薄、易稀疏的骨骼恢复厚实坚固,达到混凝土般密实骨骼的效果""通过修补变细、短裂的骨小梁,帮助变脆易骨折的骨头恢复韧性,达到钢筋般支撑骨骼的效果",由此把本来复杂的问题讲得明明白白,消费者一目了然。

（五）可行性原则

营销策划是一个综合性的活动,是对资源的整合,涉及的范围非常广泛。因此,策划人在考虑营销策划方案的时候,必须考虑执行的可行性,要进行可行性论证。

营销策划不是万能的,但是,营销策划又是十分重要的。营销策划不能保证企业肯定会获得成功,但可以保证企业少走弯路。毕竟,企业靠壮胆子、拍脑袋做决策的时代已经过去了。

所以,企业要想营销策划取得成功,首先需要营销策划部门或相关人员具有较高的沟通协调能力;其次,在考虑营销策划方案的时候,必须充分考虑各种意外的因素,提出若干个备选方案。

如蒙牛公司在"中国航天员专用产品"的营销策划中,就事先预测神舟五号载人飞船成功发射与返回的成功概率比任何一次航天发射都要高。但即使有了99.99%的希望,蒙牛公司还是准备了详细的预备方案,以使蒙牛公司的宣传进退有据。

另外,借助项目管理的思想,企业要对整个营销策划的进度、各个环节的衔接情况进行科学的管理。此外,企业还要做好参与营销策划执行人员的培训工作,并随时进行跟踪、调整。

（六）心理原则

人们在接受营销刺激时,总是遵循一定的心理活动规律,这种心理活动规律可以概括为引起注意—激发兴趣—确立信念—加强记忆—导致行动等过程,这也是人们购买活动的心理活动过程。在这个心理活动过程中,购买力是前提,没有购买力,这个心理活动过程就会中断,营销刺激就不能达到预期的目的。营销策划不能与这种规律相抗衡,只能遵循。此外,心理策略的运用应当是综合、连续的,把人们心理活动的各个阶段联系起来。

> 阅读材料 2-6

> ### 麦斯威尔的宣传策略
>
> 速溶咖啡产生于美国20世纪初期,在上市之初,速溶咖啡制造商麦斯威尔公司的决策层认为,与传统的手磨咖啡相比,速溶咖啡能让美国的家庭主妇们从烦琐的咖啡制作中解脱出来,且省时省力。因此,他们决定向美国的家庭主妇们展开宣传攻势,大力宣传速溶咖啡省时省力的基本特点。在策划推出后,市场反应平平,没有达到推广速溶咖啡的效果,可以说,当初的策划是失败的。
>
> 麦斯威尔公司的营销人员百思不得其解,只好求助于心理学家。通过心理学家广泛而深入的分析,麦斯威尔公司找到了问题的症结。原来在20世纪初期,在美国的家庭主妇们的观念里,制作咖啡的烦琐过程被视为勤劳的表现,是一个勤快的家庭主妇的标志,而购买速溶咖啡则有悖于这一观念,购买速溶咖啡图省时省力是懒惰的家庭主妇的表现,难怪速溶咖啡不能被家庭主妇们接受。
>
> 了解到这一微妙的消费心理之后,麦斯威尔公司重新调整了策划方案,转而诉求速溶咖啡的醇香美味,并邀请当时的总统罗斯福为之做广告。在罗斯福总统的那句"滴滴香浓,意犹未尽"的感召下,美国的家庭主妇们争相品尝速溶咖啡的醇香美味,从此速溶咖啡进入美国的千家万户,"麦斯威尔"也成为美国最具有竞争力的咖啡品牌。

总体来说,营销策划不能保证企业肯定会成功,但可以保证企业少走弯路。到达目的地的路可能有一百条,但最近的路只有一条,营销策划的目的就是寻找这条路。

 案例研究

低价不等于降价[①]

很久以前,有两个满怀雄心壮志的年轻人,一个是格林斯,一个是迈克,他们是好朋友,从小一起生活在美国西部的一个山村。

当时,这个山村非常穷,环境非常恶劣,尤其是没有水源,人畜用水都得到十几英里以外的地方去弄。为了解决这个难题,村里修了一个池子,但需要人工来补水,村长决定让全体村民去提水,每提一桶水给1美分。格林斯与迈克知道这个消息后,他们找到村长,好说歹说,还向村长展示了他们的臂力和发达的肌肉,揽下了这个活计。

第二天,两个人开始工作。他们非常努力,也非常卖力,当太阳落山时,他们总共提了100桶水,并且从村长那里领到了1美元的工资。

---

① 李石华.营销中的博弈知识:迅速提升销售业绩的方法[M].北京:新世界出版社,2008,有改动.

"我们两个人一天可以挣1美元,已经是很高的收入了,你看别的村民一天能够挣5美分就不错了。"迈克一边数钱一边兴奋地说,"我简直不敢相信我们会有这么好的工作!"在当时的美国,一天挣1美元是相当高的收入。但是,格林斯却沉默不语。因为这1美元来得太辛苦了,他的背又酸又痛,手掌和脚掌都磨破了,全身的骨头如同散了架一般。明天还能挣到1美元吗?格林斯完全兴奋不起来,他在思考着如何找一种更好的办法,让每天都可以挣到1美元甚至更多,而又不至于这么辛苦。

接下来的几天,两个人继续提水。但格林斯却没有放弃寻找更好办法的念头。有一天,他终于想到了:修一条管道,把水引到村子里来。但却遭到了迈克的强烈反对。两个人争吵起来,最后不欢而散。

第二天,迈克继续给村上的水池提水,而格林斯则开始修管道。

那个时候,既没有钢材,又没有塑胶,修管道只能用石头拼接,这可是一件非常艰难的事情,而且得花很多钱,其数目远远超出了格林斯已有的积蓄。但格林斯没有后退。他知道自己将面临诸多困难,将经受诸多艰辛,但这一切都是值得的。

当格林斯开始凿石头的时候,消息传开了,包括迈克在内的所有村民都在嘲笑他,说他是个疯子。格林斯没有理会他们的嘲笑,依然坚持建造他的管道,尽管他的生活境况越来越差。

终于,有一天早上,当全村老少像往日一样提着水桶准备去提水时,却听到了"哗哗"的水声。人们惊诧万分,纷纷跑出家门。清澈的泉水正通过疯子格林斯的管道流进村子里。人们再也不愿意到十几英里以外去提水了。当然,他们也不好意思白用格林斯的水。最后,村长代表大家请求格林斯把水卖给要用水的人,每桶1美分。

"不用每桶1美分,我两桶卖1美分。"格林斯说。他知道,即使两桶卖1美分,他的收入也相当可观,全村每天要消耗500多桶水。

有了水,村民们的生活渐渐出现了很大的改观,他们种上了果树,并且养了很多牲口。一个曾经非常贫穷的山村一下子变成了富裕村。

这个故事触动了一位有心人,他就是松下公司的创立者——松下幸之助。

松下幸之助后来向员工分析说:"水虽然是有价的,可是一旦处处可见,价值也就几乎为零了。在人类社会中,冰箱或衣料等物品,也和水一样是生活必需品,如果大量生产这些物品,其价格也会相当低。我们的任务就是制造像自来水一样多的电器,这是我们的生产使命,尽管实际上不容易办到,但我仍要尽力使物品的价格降到最便宜的水准。"这就是松下幸之助的"自来水哲学",也称低价占领市场策略。

低价不等于降价。低价是建立在稳定的盈利基础之上的,降价却可能是放弃部分或全部盈利,甚至是接受亏损的无奈之举。

要把"自来水哲学"转变为营销技巧,必须保证一个前提,那就是产品的消费对象是大多数人。只有这样,营销人员才可以利用生活必需品的价格弹性,用低价策略获得长期而稳定的客源。

换言之,在保证一流产品质量的前提下,企业只有想方设法地降低成本,使产品的价格不再高昂,让大多数人具有购买的能力,才会使市场规模迅速扩大,市场占有率有实质性的提高,从而在激烈的市场竞争中站稳脚跟。

讨论题

请谈谈你对营销策划人的认识。

第三章　营销策划书

> 随着市场经济的发展,市场营销不断扩展、延伸,并在营销发展的新思路、新趋势中出现了营销策划。它是在一般市场营销的基础上实际操作性更强的一门更高层次的艺术。在市场竞争日益激烈的情况下,好的营销策划便成为企业创名牌、迎战市场的决胜利器。营销策划书是营销策划的反映。本章将介绍营销策划书编制的原则和撰写方法、撰写技巧。

第一节　营销策划书编制的原则

为了提高营销策划书撰写的准确性与科学性,策划人应首先把握其编制的四个主要原则。

一、逻辑思维原则

营销策划的目的在于解决企业在营销中存在的问题,策划人要按照逻辑思维的构思来编制营销策划书。一是设定情况,交代营销策划的背景,分析产品的市场现状,再把营销策划的中心目的全盘托出。二是对具体的营销策划内容进行详细阐述。三是明确提出解决问题的对策。

二、简洁朴实原则

简洁朴实原则要求策划人在编制营销策划书时要注意进行深入的分析,突出重点,抓住企业在营销中所要解决的核心问题,提出相应的对策。需要注意的是,策划人所提出的对策要具有可行性和实际操作性。

三、可操作原则

营销策划书是用来指导营销活动的,其指导性涉及营销活动中每个人的工作及各环节关系的处理。因此,营销策划书的可操作性非常重要。不能操作的营销策划书,无论其创意再好也无任何价值。另外,营销策划书不易于操作也必然要耗费企业大量的人、财、物,使得管理效率低下。

四、创意新颖原则

新颖的创意是营销策划书的核心内容。创意新颖原则要求营销策划书的创意新、内容新,表现手法也要新,给人以全新的感受。

第二节 营销策划书的撰写方法

一般来说,营销策划书包括策划导入、策划概要、策划背景、策划意图、策划方针、策划构想、策划设计和附录等八个部分,现在分别介绍每个部分的撰写方法。

一、策划导入的撰写方法

策划导入的主要目的是引起阅读者对营销策划书的关心与兴趣,一般包括封面、目录和前言。

(一)封面的撰写方法

营销策划书的封面包括营销策划书的提出单位、策划名称、提出日期、机密程度等相关内容,撰写营销策划书的封面需要注意以下三个方面:

(1)封面的设计风格应与营销策划书的其他页面有共同之处;
(2)封面应该充分展示营销策划书的个性,造成先声夺人的效果;
(3)为了增加营销策划书的专业感,在打印封面时可以使用质地不同的彩色纸。

营销策划书封面的样例如图3-1所示。

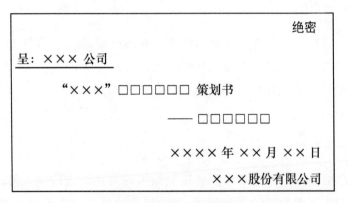

图3-1 营销策划书的封面

(二)目录的撰写方法

目录是为了方便阅读者对营销策划书进行阅读,通过目录可以使阅读者对营销策划书的结构一目了然,并便于查找营销策划书的内容。一般来说,营销策划书的目录是必须要有的。如果营销策划书的内容篇幅比较少的话,目录可以和前言同列。在列目录的时候,策划人一定要注意目录和正文的页码要一一对应。

（三）前言的撰写方法

一般来说，前言就是综合介绍所策划的项目缘由或需求，并且比较概括地介绍营销策划的主要内容，其撰写方法要求简明扼要。

二、策划概要的撰写方法

阅读者阅读营销策划书的策划概要部分的时间一般要控制在 10 分钟以内。为了让阅读者在短时间内能够充分理解自己的策划，策划人必须控制篇幅的长短并力求做到清晰、简洁，这样可以使营销策划书的逻辑性更强。而进一步的深入探讨则应该放在营销策划书的后面部分进行。

策划概要是整个策划的骨架，通过策划概要可以使阅读者在头脑中留下策划的整体印象。因此，策划人可以用图示的方法来写作策划概要。

策划概要的样例如图 3-2 所示。

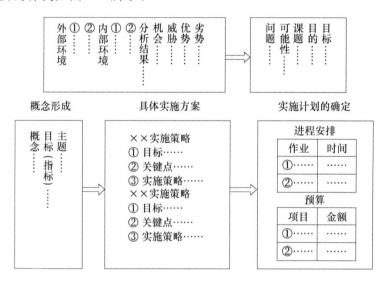

图 3-2　策划概要的样例

三、策划背景的撰写方法

（一）策划背景的构成要素

（1）策划对象的背景。

（2）现状分析及其结果。

（3）策划的契机或动机。

（4）策划的前提条件（制约条件）及其影响。

（二）策划背景的写作要点

（1）策划对象背景的写法。

（2）现状分析。

（3）策划的契机与动机。

(4) 策划的前提条件(制约条件)。

策划人进行宏观分析、中观分析、微观分析,根据所策划项目内容侧重点的不同,分析重心可以不同,所占比例也可以灵活调整。在此分析过程中形成特定环境下的优势、劣势及机会挖掘和威胁回避,并在此基础上构建 SWOT 分析表。

在 SWOT 分析中,策划人对组织的优势(Strengths)和劣势(Weaknesses)、环境中的机会(Environmental Opportunities)和威胁(Threats)进行确定。这种分析方法就是参照企业的各种技术、产品等重要因素及其水平进行细致的定量评价。

SWOT 分析的第一步就是明确企业的优势和劣势。策划人所面临的任务就是明确企业在当前环境下所具有的优势和劣势。

SWOT 分析的第二步就是对企业所处环境中的当前或将来可能出现的机会或威胁进行全面分析。SWOT 分析中必须加以考虑的机会和威胁参见表 3-1。

表 3-1　SWOT 分析中必须加以考虑的机会和威胁

	潜在优势	潜在劣势
优势和劣势	设计良好的战略 强大的产品线 宽的市场覆盖面 良好的营销技巧 品牌知名度 研发能力与领导水平 信息处理能力……	不良战略 过时、过窄的产品线 不良营销计划 丧失信誉 研发创新下降 部门之间的争斗 企业的控制力量薄弱……
	潜在机会	潜在威胁
机会和威胁	企业的核心业务拓展 开发新的细分市场 扩大产品系列 将研发导入新领域 打破进入堡垒 寻找快速增长的市场……	企业的核心业务受到攻击 国内外市场竞争加剧 人为设置进入堡垒 被兼并的可能 新产品或替代产品的出现 经济形势的下滑……

在 SWOT 分析完成,企业所具有或面临的优势和劣势、机会和威胁都已确定后,策划人就可以开始制定实现企业使命和目标的战略。

四、策划意图的撰写方法

(一) 策划意图的构成要素

1. 明确存在的问题及策划的可行性

企业营销中存在的问题纷繁多样,但概而言之包括以下六个方面:

(1) 企业运行伊始,尚无一套系统的营销策划方案,因而需要策划人根据市场特点策划出一套营销策划方案;

（2）企业发展壮大，原有的营销策划方案已不适应新的形势，因而需要重新设计新的营销策划方案；

（3）企业改革经营方向，需要相应地调整营销策略；

（4）企业原有的营销策划方案严重失误，不能再作为企业的营销计划；

（5）市场行情发生变化，原有的营销策划方案已不能适应变化后的市场；

（6）企业在总的营销策划方案下，需要在不同的时段，根据市场的特征和行情变化，设计新的阶段性方案。

2．明确课题

所谓课题，这里指的是营销策划的核心内容，整个营销策划方案是围绕着这个核心展开的。衡量一个营销策划方案成功与否主要是看在营销策划方案的实际执行后，其核心内容的实现程度。

3．设定策划的目的和目标

即对营销策划所要达到的目的应该予以充分说明，并对达成该目的所需要的阶段目标形成量化指标。这要求全员统一思想、协调行动，共同努力以保证高质量地完成策划。

如在《绿色盒装王老吉推广》的营销策划方案中，对策划的目的说明得非常具体"通过系统的研究分析，最终确定盒装王老吉的推广要达到两个目的：其一，要让消费者知道盒装王老吉与红罐王老吉是相同的王老吉饮料；其二，盒装王老吉与红罐王老吉的不同之处在于其规格方面。据此，盒装王老吉的广告语最后确定为'王老吉，还有盒装。'"这一部分使得整个营销策划方案的目标方向非常明确、突出。

（二）策划意图的写法

策划意图在一定程度上表述了策划执行后想达成的结果。如某方便面企业的新品种方便面刚推向市场时销售状况较好，但是近年来出现了销售量下滑的状况。为此，该方便面企业编制了新的营销策划方案，这一策划的意图就是为了改变销售不力的状况而制定的。

五、策划方针的撰写方法

策划方针是指策划者对商品、市场等策划对象进行定义，以形成概念。

（一）策划对象定义的写作要点

这部分内容描述企业推出了什么产品，提供了什么服务，以及产品和服务提供给什么人。策划人需要注意的是，这部分内容的写作应该言简意赅。

（二）明确目标市场

这部分内容包括通过现状分析及目标设定，把握住令企业走向成功的关键要素。这些关键要素是策划顺利实现的钥匙。

（三）设定策划主题

所谓设定策划主题，就是对策划核心内容的概括。策划主题的设定为营销策划目的和目标的设定打下了良好的基础（如图3-3所示）。

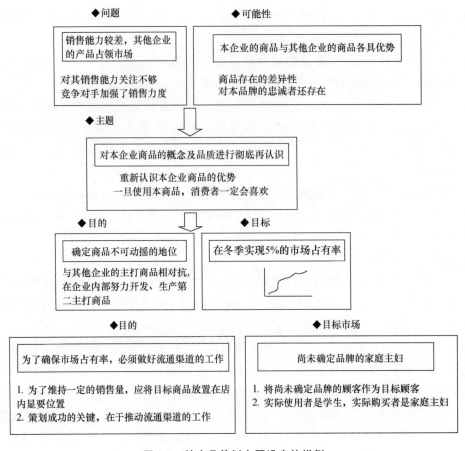

图 3-3 某产品策划主题设定的样例

六、策划构想的撰写方法

策划构想包括确定策划实施的策略结构和具体实施策略。

(一) 策划实施的策略结构

(1) 构成：也就是在营销策划书中将主要采用哪几种营销策略，以及将要达到的目标和将要取得的效果。

(2) 写作要点：要求言简意赅。

(二) 具体实施策略

(1) 构成：以策划项目实施时间段为主线，描述策划涉及的对象、内容等。

(2) 写作要点：根据策划期内各时间段的特点，推出各项具体的行动方案。行动方案要细致、周密，操作性强又不乏灵活性。另外，还要考虑费用支出，一切要量力而行，尽量以用较低的费用取得良好的效果为原则。

(三) 策划构想的样例

近来，某企业发现销售人员的工作效率下降，人心涣散，已经严重影响了企业相关部门的运作。为了改变这种不利于企业发展的局面，统一相关人员的思想，发挥销售人员的干劲，强化战斗力，该企业进行了如图 3-4 所示的策划构想。

```
◆策略目标                    ◆策略要点
┌─────────────────┐      ┌─────────────────┐
│  强化企业的战斗力  │      │ 吸引及训练销售人员 │
│ 1. 统一销售人员的思想, │  │ 1. 为培训销售人员进行外 │
│ 强化目标商品的战斗力  │  │ 销活动准备必要的工具  │
│ 2. 以营业部门的负责人为│  │ 2. 设定销售目标、销售理│
│ 对象, 充分理解活动的宗旨│ │ 想状况, 吸引销售人员加入│
│ 3. 发挥每个销售人员的干│  │ 3. 销售人员保持持久、旺│
│ 劲                    │  │ 盛的精力              │
└─────────────────┘      └─────────────────┘
```

◆具体实施策略

1. 教育		2. 激励	
名称	销售特别研修	名称	销售竞赛
时间	20××年××月	时间	20××年××月
会场	本公司研修中心	对象	全体销售人员
对象	销售部门的人员	内容	经理奖；月奖；年终奖；销售状元奖
内容	统一思想：理解活动宗旨	备注	安排宣传资料、销售会议等宣传活动
备注	准备销售资料		
费用	×万元	费用	×万元

图 3-4 某企业策划构想的样例

七、策划设计

每份营销策划书的具体内容不同，其对资源分配、人员配备等的要求也有所不同，本书仅以示例简表的形式进行举例说明。

（1）日程-资源进度安排。

作业	时间/资源				
	××月	××月	××月	××月	××月
1×××					
2×××					

（2）资源预算。

作业	资源	补充	金额	……
1×××				
2×××				
合计				

（3）组织安排。

作业	补充	人数
1×××		
2×××		
3×××		
合计		

八、附录的写法

附录的写作要点有以下两个方面：
（1）附录中的参考资料既可以添加在营销策划书的后面，也可以单独成册；
（2）添加的参考资料要尽可能简洁。

第三节　营销策划书的撰写技巧

营销策划书与一般的文章有所不同，对可信性、可操作性以及说服力的要求特别高。因此，运用写作技巧提高可信性、可操作性以及说服力就成为策划人撰写营销策划书追求的目标。

一、寻找一定的理论依据

为了提高策划内容的可信性并获得阅读者的接受，策划人就必须要为自己的观点寻找理论依据。但是，理论依据要有对应关系，纯粹的理论堆砌不仅不能提高营销策划书的可信性，反而会给阅读者脱离实际的感觉。

二、适当举例

这里的举例，是指策划人通过正反两个方面的例子来证明自己的观点。在营销策划书中适当地加入成功或失败的例子，既能起调整结构的作用，又能增强说服力，可谓一举两得。需要指出的是，举例以多举成功的例子为宜，策划人选择一些国内外先进的经验与做法以印证自己的观点是非常有效的。

三、利用数字说明问题

营销策划书是一份指导企业实践的文件，其可靠程度如何是企业的决策者首先需要考虑的。因此，营销策划书的内容不能留下查无凭据的漏洞，任何一个论点都要有依据，而数字则是最好的依据。在营销策划书中，策划人利用各种绝对数和相对数来进行比较、对照是绝对不可少的。需要注意的是，各种数字最好都有出处以证明自身的可靠性。

四、运用图表帮助理解

在营销策划书中，策划人运用图表有助于阅读者理解策划的内容，同时图表还能提高营销策划书页面的美观性。图表的主要优点在于有强烈的直观效果，因此，策划人运用图表进行比较分析、概括归纳、辅助说明是非常有效的。图表的另一个优点是能调节阅读者的情绪，有利于阅读者对营销策划书的加深理解。

五、合理利用版面安排

营销策划书视觉效果的优劣在一定程度上会影响策划效果的发挥。有效地利用版面安排也是策划人撰写营销策划书的技巧之一。版面安排包括字体的选择、字号的大小、字间距和行间距的大小,以及插图和颜色的选择等。如果整篇营销策划书的字体、字号完全一样,没有层次之分,那么这份营销策划书就会显得呆板、缺少生气。总之,策划人通过版面安排可以使营销策划书重点突出、层次分明,严谨而不失活泼。

六、注意细节,消灭差错

注意细节、消灭差错对于营销策划书来说也十分重要,但却往往容易被人忽视。如果在一份营销策划书中错字、别字连续出现的话,阅读者怎么可能对策划人留下好的印象呢?因此,策划人对打印好的营销策划书要反复仔细检查,不允许有任何的差错出现,尤其是要对企业的名称、专业术语等进行仔细的检查。

阅读材料

营销策划书的构成案例

● 新商品策划书

1. 形成商品的概念
(1) 命名。
(2) 包装、设计。
2. 目标市场(使用者、购买者、推荐者等)
3. 竞争商品
(1) 竞争商品。
(2) 类似商品。
4. 本企业商品的市场定位
5. 顾客关系数据库建设及 CRM
6. 产品制造方法(产品图纸、基本功能、安全性等)
7. 产品用途(使用场所、使用机会、使用方法)
8. 渠道
(1) 营销渠道。
(2) 维修服务。
9. 市场导入策略
(1) 销售促进策略。
(2) 市场导入手段等。
10. 广告计划(广告活动计划)
11. 价格(关于成本、价格等)
12. 开发推进(设计、试制、原材料等)

● 进入市场计划书

1. 主要商品
(1) 对象商品的概要。
(2) 商品组合。
2. 目前的市场状况
(1) 所售商品分析。
(2) 销售状况分析。
3. 今后的方针与安排
4. 商品对象(目标)
(1) 商品××目标。
(2) 商品××市场。
5. 分销渠道分析
6. 进入市场所存在的问题
7. 广告宣传计划
8. 营业系统
9. 个别工具的设计方案
(1) 样品方案。
(2) 价格表。

● 促销活动策划书(店内促销)

1. 计划的名称
(1) 活动的名称。
(2) 副标题。
2. 计划的目的(销售促进等)
3. 计划的主题(活动主题)
4. 对象商品
5. 计划的内容(如赠品的种类、赠送方法等)
6. 计划的对象(目标顾客)
7. 计划的目标(如来店客户的数量、促销期间的销售量等)
8. 促销场所(店内)
9. 促销时间
10. 店内装饰
11. 制品种类(广告传单、POP、卡片等)
12. 通知方法(广告等)
13. 运营计划

(1)店内任务安排。

(2)与以往计划的区别。

14. 计划的预期效果(顾客数、销售量以外的预期效果)

●饮食店商业环境调查策划书

1. 封面
2. 目录
3. 结论概要
4. 开设饮食店的场所、条件,营销策略,实际运营策略,开店后的计划。

(1)前言。

① 前提条件和条件设定。

② 调查分析方法。

③ 本报告构成概要。

(2)物品概要。

(3)都市条件。

① 城市位置、区域规划。

② 人口迁移。

③ 收入水平。

④ 城市规模。

⑤ 饮食市场。

⑥ 市场前景。

(4)开设条件。

包括场所条件、店铺位置、环境、道路及交通。

(5)商业环境条件。

① 商业范围设定。

② 商业范围内的人口。

③ 商业范围内的商业设施。

④ 竞争状况。

⑤ 未来状况。

⑥ 商业环境条件概要。

(6)结论。

① 对环境条件下市场性质的概括。

② 对所有条件的判定。

③ 店铺提案。

④ 潜在月销售额测算。

(7) 资料集。

① 周边环境图示。

② 周边竞争图示。

③ 城市关系图示。

④ 商业范围内人口资料。

● 会议策划书

1. 会议的名称

2. 会议的目的

3. 会议的主题

4. 会议的内容

(1) 整个会议。

(2) 个别计划。

5. 会议的目标人员及人数

6. 会议场所

7. 会议日期

8. 会场设计

(1) 会场布置。

(2) 个别展示。

(3) 展示品准备。

9. 制品种类(如广告、节目单、民意测验等)

10. 宣传方法

11. 运营计划

(1) 任务分配。

(2) 人员计划。

12. 计划的效果(费用计划、预想效果等)

13. 相关者一览表(主办者、协办者等)

案例研究

科利华与《学习的革命》[①]

1998年12月8日,中央电视台在《焦点访谈》之前的一则广告,引起了不少人的兴趣。这则在最昂贵的黄金时段播出的广告,是一本定价28元的书,叫《学习的革命》。知情人介

---

① http://www.managershare.com/wiki/%E7%A7%91%E5%88%A9%E5%8D%8E%E4%B8%8E%E3%80%8A%E5%AD%A6%E4%B9%A0%E7%9A%84%E9%9D%A9%E5%91%BD%E3%80%8B,有改动。

绍,在中央一套19:38播出这则15秒的广告,需要付出的是每天25万元。

12月9日,在北京的梅地亚宾馆,科利华宣布了《学习的革命》的推广计划,那就是斥资1亿元做广告投入,要在100天卖掉1000万册。近年来,书业不振已是人所共知。北京一家书店的董事长认为,这是"疯狂的举动",就像当年秦池酒厂买下中央电视台的"标王"一样。一本书的销售量要达到全国所有图书发行量的1‰,如果不是跟更大的目的有关,那就是疯子的行为。

事实表明,科利华自己也没有对1000万册的销售量抱多大希望。科利华的老总宋朝弟曾对部属说过:卖500万册我们就庆功。在接受记者采访时,宋朝弟解释了此次策划的思路:

第一步,就是先树立一个梦,提出销售1000万册的目标。既然是梦,就无须用科学逻辑的道理去批驳、推翻它。

第二步,弄清楚梦想的意义。为了总结1000万册销售成功的意义,科利华开了好多次会,从开始的十几个人到后来的上百个人参加,总结了200多条意见。

这些都是今后落实工作的动力,是信心。

第三步,让梦想变成现实的具体手段。要想成功推广1000万册,一定要让这本书家喻户晓,于是就有了中央电视台一套黄金段的广告。据说,尽管有谢晋无偿"支援",科利华为了电视广告仍然筹备了3个月,花费了200万元制作费。从一份科利华电视广告播出安排单上可以看到,科利华已在中央电视台一套、三套,中国教育台,凤凰卫视中文台以及各地日报、晚报上投放了广告。这则广告甚至出现在北京放映正火的大片《拯救大兵瑞恩》的片前。

第四步,分析如果梦想失败,原因是什么。宋朝弟分析困难会有许多,最致命的可能就是盗版。科利华已经申请了有关法律保护,书的封面有防伪标记,每本书有唯一的编号,同时把活动定在100天内完成,不给盗版者以可乘之机。为了推广,科利华制作了100本高76厘米、宽52厘米、重14.8千克的"书王",制作了高12米、宽9米的中国最大的图书模型,并成为国内第一家为一本书开设一个网站的单位。

从12月12日开始,名为"学习的革命"的展览在全国39个城市举行。同时,《学习的革命》一书也在几十个城市的办事处开始批发。据悉,该书头两天的销售量即达到38万册。这在图书市场低迷的大环境下,也确实算得上是一个不小的"奇迹"。

此番科利华不惜血本地投入宣传,目的当然不仅仅是卖书而已。宋朝弟曾经表示:科利华是滚动投入。毕竟卖一本书科利华还有10元的毛利,投入1亿元发行1000万册书科利华最多是赚不到现金而已,但39个城市的展览将会有300万人左右参加,收到门票和海报等宣传品的将有3000万人,间接波及的人口更会有3个亿,照此计算,科利华的无形资产会增长5~10倍。

讨论题

根据案例提供的有关资料,为《学习的革命》制定市场营销策划和具体行动方案。

第四章　营销策划书的推销与实施

> 从创意的产生，直到营销策划书的通过，推销是贯穿这个过程始终的一个关键问题。作为知识产品，营销策划书同样需要进行推销。通过有效的推销，可以提高营销策划书的知名度和认同度，从而达到预定的目标。
>
> 接下来就是营销策划书的实施了，这是一个将营销策划书贯彻于实践的过程，也是在现实中对一份优秀的营销策划书进行检验的过程。原则上，营销策划书的撰写者都要参与营销策划实施的全过程，并且跟踪、评审营销策划书实施的效果。

第一节　营销策划书的推销

一个产品是否有市场，主要看其是否适销对路。营销策划书的撰写者只有了解需求者的真正关注点，突出营销策划书的"卖点"，引发了需求者的兴趣，才能把营销策划书顺利地推销出去。

一、营销策划书的推销准备

（一）信息的收集

营销策划书的撰写者事先要对参加营销策划书提案报告会的成员有所了解，对他们的知识层次、行业背景等尽可能地做到心中有数。事实证明，同样的营销策划书，在进行提案报告时，有针对性的说明要比没有针对性的获得成功的概率大得多。

（二）提案前模拟

为了营销策划书能够顺利地被采用，事先做好准备是非常必要的。由于在营销策划书的评审过程中会遇到各种各样的场景，所以营销策划书的撰写者事先进行演练能有效地应对多种突发情景，提高在营销策划书推销过程中的灵活应变性。

为此，营销策划书的撰写者可以通过挑选一些人扮演评审专家来对营销策划书的提案进行模拟提问，多次的模拟演练能够有效地提高提案人的说服力、应变力以及处理各种问题的技巧。

（三）人际协调

营销策划书能否通过在很大程度上取决于评审委员会的意见，评审委员会是提案人的第一推销对象。为了让评审委员会顺利地接受提案，除了事先单方面的模拟演练以外，营销策划书的撰写者还需要增加互动形式的双向沟通以增加胜算。

这种沟通实际上是增加营销策划书的撰写者和评审专家的相互理解，协调彼此看待问题的角度，其目的只有一个，即共同将营销策划书做好，真正地解决问题。这种人际协调可以通过以下方法展开：

1. 向评审专家征求意见，共同参与营销策划

从心理学的角度来看，人们一般不会对自己参与改进意见的营销策划书进行刁难。所以，如果营销策划书的撰写者事先将提案交付评审专家并进行虚心请教，那么就能够有效地消除日后可能产生的误解和偏见。

2. 创造沟通机会，加强事前联系

营销策划书的撰写者可以利用拜访、宴请、会议等形式与评审专家进行沟通，尤其是对营销策划书持有明显反对意见的评审专家一定要重点跟进，争取在正式提交营销策划书之前将意见进行统一，消除评审中的不利因素。

（四）提案提交的时机

完成营销策划书后，很多人会认为这个时候就可以进行营销策划书的提交了，然而事实上，不是所有优秀的营销策划书都能够获得通过，究其原因，很多竟然是提交的时机选择不对，正所谓"在错误的时间里想做正确的事"。任何事情都存在一个时机的选择问题，时机选择好了，一般的营销策划书也可能顺利通过，否则，即便是优秀的营销策划书，或因为其解决的问题考虑比较长远、没有给予当前问题较多关注而被否定，或因为提案人与评审专家之间的矛盾，甚至评审专家当时的心情等都会造成营销策划书被否定。

二、营销策划书的推销技巧

（一）临场表达的技巧

尽管事前经过了大量的演练，但演练毕竟是一种假设，报告者在正式提案时还会面临很多不确定的因素，因此，报告者要掌握一些临场表达的技巧，提高临场应变的能力。

（1）报告者在面对不同层次的听众时要能够展现出自信，这种自信是建立在前述充分准备的基础上的。

（2）报告者要学会运用手势、动作、眼神和其他非语言的方式加强沟通。

（3）报告者要学会有效的表达，不要只是读稿，这样会给听众一种非常专业的感觉。此外，表达现场要保持恰当的照明，使得全场听众都能在一种舒服的氛围中感受视听效果。

（4）报告者要站起来演示提案。这样权威感自然产生，有利于加强报告者的自信心，并增强提案的说服力。反之，如果报告者采用坐着的方式演示提案，听众的注意力可能会一直落在报告者的身上，这必定会加大报告者的压力。

（5）报告者要注意自己的音量是否足以投射全场，音量过大或过小都会影响表达的效果。

（6）报告者可以与听众进行一对一的交谈，使对方感觉到被重视。

（7）报告者在演示提案的时候要适当地停顿，以便能引起听众的注意，或让听众有机会进行深入的思考。

（二）外观技巧

信息的传达，三分靠语言，七分靠非语言。因此，报告者的外观表现也是非常重要的因素。

1. 衣着

在男士的衣着中，西装是最理想的着装。西装以蓝色、灰色、米色为主，衣服的颜色越深越显得庄重。衬衫和西装整体的颜色要协调，不宜过薄或过透，颜色以白色为佳。领带的颜色和西装、衬衫的颜色要相互配合，适宜长度应该是正好抵达腰带的上方或者有一两厘米的距离。

在女士的衣着中，西式套裙是最理想的着装。女士穿着西式套裙时，上衣的衣扣必须全部系上，且上衣不能随便脱下或披在身上。裙子的颜色可以略深些，长度以稍过膝盖为宜。

无论是男士还是女士，着装均要求干净、整洁、美观大方。

2. 仪态

仪态是指人们在行为中具体呈现的各种形态，也就是指人们的站、坐、走、蹲体系规范。良好的仪态是一种修养，是一种很广泛、很实用的语言，就像一张无形的名片。其中，站姿尤为重要，所以有人说"一个人如果没有良好的站姿，气质就会大打折扣"。

阅读材料 4-1

不同的站姿所反映的心理特征[①]

心理学家测试得出：双腿并拢站立者，给人的印象是可靠、意识健全、脚踏实地而且忠厚老实，但表面有时显得有点冷漠；两腿分开尺余，脚尖略向外偏的站姿，表现出站立者果断、任性，富有进取心，不装腔作势；双腿并拢站立，一脚稍后，两足平置地面，则体现出站立者有真心，是个积极进取、极富冒险精神的人；站立时一脚直立，另一脚则弯置其后，以脚尖触地，则说明站立者的情绪非常不稳定，变化多端，喜欢不断的刺激与挑战。

站立姿势还有正面与侧面之分，相比较而言，正面姿态所反应的特征是人们通过学习和对自身经验的总结、积累而形成的；而侧面姿态，一般被认为是仍然保留着出生时的原始的姿态倾向和特征，表现出原始的感情和幼年、少年时期的心理活动以及与生活有关的心理倾向，如那种挺胸直背、身体后仰、膝盖绷直的侧面姿态，就是一种充满力量和紧张的姿态，暗示着站立者积极努力地适应现实的倾向。

（三）图表技巧

一个好的图表应遵循一定标准的格式，由于在营销策划书中大量存在图表说明，所以对于图表的要求是很高的，只有科学规范的图表设计才能够为营销策划书添彩（如

---

① 张百章.公关礼仪[M].大连：东北财经大学出版社，2005，有改动.

图4-1所示)。

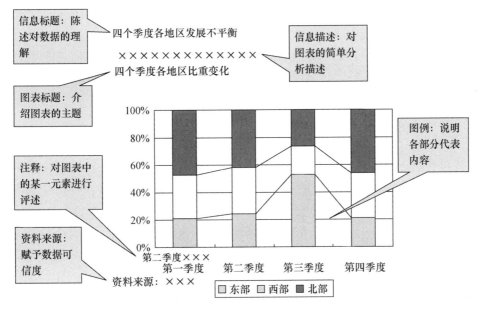

图 4-1　营销策划书中的图表示例

1. 界面

图表的界面是评审专家对营销策划书最为直接的印象,它的设计不仅是一门科学,而且更是一门艺术。因此,在营销策划书中,图表的设计要生动、漂亮、实用,要有深度而且精巧,整体要有一致性。

2. 文字

图表中的文字不一定要大,但是一定要清晰、合比例,一定要合理地利用整个空间,过大或过小的文字都是不可取的。文字可以采用 Word 或写字板来加工,然后进行粘贴,再使用与背景反差强烈的高饱和度的纯颜色的字,另外还必须注意色彩搭配要协调。

3. 声音

在播放营销策划书的相关内容时,声音效果必须清晰、音量适中,使评审专家能充分感知到营销策划书的内容。背景音乐可以渲染气氛、烘托环境,但使用时要特别慎重,一定要选好、处理好。在切换幻灯片时,提案人可以适当加入声音效果以便进行提示或引起注意,但应严格控制,本着宁缺毋滥的原则,防止不必要的声音干扰从而影响效果。

4. 构图

提案人还可以充分利用显示屏的空间面积,进行全方位构图。显示屏的屏幕设计要具有美感、艺术性,令人赏心悦目。这样能使评审专家集中注意力,引起潜意识的注意并快速、准确地传递信息,以提高他们对营销策划书的兴趣。

5. 颜色

颜色是一种特殊的符号。但是,如果色彩不用来阐明和表现主题,那么就是多余之物。运用色彩,可以达到提醒和区分的作用,不过也不要使用太多的颜色,这样会分散评审专家的注意力。另外,背景的变换不要太过频繁,也不要大幅度地跳跃,否则会使评审专家感到视觉疲劳。

6. 图片

图片一定要与内容贴切,要能充分地体现主题思想,否则会分散评审专家的注意力。画面必须清晰、醒目,不要太过复杂,让人觉得眼花缭乱;尺寸不要太小,要让评审专家看清细节。需要注意的是,图片应尽量选择白色来作为背景,因为白色的背景比其他颜色的背景效果更好。

7. 链接

设计链接时一定要注意,既要能够进入新界面,也要能够随时返回主界面。跳转要灵活,要根据知识点的认知规律设计跳转链接点。在链接的内容中,栩栩如生的动态图形比静态文字更容易让人接受和理解,从而加深评审专家对策划内容的印象。

三、营销策划书的推销策略

(一) 双向沟通,建立认知

在推销营销策划书之前,营销策划书的撰写者首先要了解营销策划书的审议方,"准确把握审议方的水平"是做到有针对性的前提。成功的关键在于营销策划书能够引起审议方的共鸣,所以事前的沟通就变得十分重要。如某个企业在提出新产品的市场营销策划书时,策划小组的全体成员都是学习理工科出身的,而且数学分析能力较强,因此在营销策划书提案报告会上所用的图表出现了一些数字和难以理解的图形。虽然策划小组的全体成员都能理解这些内容,但评审专家大多讨厌这些复杂的数字,也没有能力立刻看懂这些复杂的数字和图表。结果,对营销策划书提案通过的决定也就只好暂时保留了。

(二) 转换立场考虑问题,突出"卖点"

营销策划书的撰写者应该分别站在提案的审议方和营销策划书的设计方两个立场上来核对自己的营销策划书,对认为不够充分或不合理的地方加以修改。营销策划书的撰写者应将营销策划书中的重点放置在审议方真正关注的"兴趣点"上,并且尽可能地量化,以达到可衡量的目的。如当某企业对营销策划书效果的关注点集中在实际销售业绩时,可以在进行营销策划书的说明时,突出采用该营销策划书将带来的销售额的增长,并用模型预测未来的增长率等。

(三) 必要的坚持

营销策划书提案往往不会一次就能够通过评审专家的审核,当营销策划书提案被退回来的时候,营销策划书的撰写者不必气馁,因为营销策划书被否定未必就是提案本身的问题,这种被否定结果的出现可能有多种原因,所以应该重新反思一下。如果是营销策划书本身的不足和错误,那么营销策划书的撰写者必须要进行整改;如果不是营销策划书本身的不足和错误,而是因为评审专家的误判或者其他非提案质量原因,那么就应该找寻机会再一次向评审专家进行说明。

第二节 营销策划书的实施

营销策划书一旦获得通过,那么它的实施就变得十分重要,因为任何好的营销策划书最终都要付诸实践才能够体现自己的价值。同样,没有足够的条件做保障,再好的营销策划书也未必能够得到有效实施。因此,研究如何确保营销策划书得到有效实施是十分必要的。

一、营销策划书的实施准备

(一)人员的落实和培训

营销策划书的实施要依靠人来进行,其实施的效果直接取决于执行人员的素质。所以,营销策划书在实施之前首先要审慎地确定执行人员,这是进行营销策划书实施的首要步骤。

其次,对于营销策划书的执行人员还要进行相关的培训以保障其能够胜任工作岗位。企业的人力资源部门可以通过有计划的、短期或者长期的培训,使员工的技能得到有效提高,这也是企业以人为本的经营理念的一种体现。

人员的管理要依靠组织,组织制度的设立必须紧紧围绕营销策划书来展开,通过设定相应的执行机构或者对原有的执行机构进行改造来贯彻营销策划书。与执行机构相匹配的是执行机构的组成成员,人的因素往往是最关键的,管理者和实施者要规定好执行机构的规章制度和人员的岗位职责,做到权力与职责的统一。

(二)财政支持和物资保障

在营销策划书实施以前,必要的物资准备是必不可少的。俗话说:"巧妇难为无米之炊",尤其是现在的商业社会,实施任何一项策划都需要物资的支持。这里的财政支持和物资保障既要立足于充分利用企业现有的物资资源,同时营销策划书的执行人员还要有一种"拿来主义"的精神,尽可能借助社会力量和合理巧妙的策划来减少费用开支,达到用最少的投入换取最大的产出的目的。

(三)职能部门之间的协调

任何一个企业的良好运作都离不开领导成员、各部门以及员工相互之间的团结协作。企业的运作和发展建立在各部门协同工作的基础上,一份营销策划书的实施往往需要整合企业各个职能部门的功能,但是在实际工作中,由于每个部门都有自己的工作特点和相关利益,因而经常会出现各自为政、彼此协调不力等问题。那种"事不关己,高高挂起"的思想是非常有害的。所以,企业在实施营销策划书时要注意各部门和员工之间的团结协作,做好协调和沟通工作。如果企业各部门都能更积极主动地做好自己的本职工作,部门与部门之间的关系就会更和谐,企业也能更好地实施营销策划书。

二、影响营销策划书有效实施的因素

营销策划书的有效实施是一个艰巨而复杂的过程。影响营销策划书实施的因素很多,其中导致营销策划书实施不力的因素是企业关注的重点,主要有以下四个方面:

（一）制定的营销策划书脱离实际

企业的营销策划书通常是由企业的营销策划人员或由企业聘请的专家制定出来的，而营销策划书的实施则要依赖企业的营销管理人员，如果这两类人员之间缺少必要的交流和沟通，就会导致企业的营销策划人员只考虑总体战略却忽视实施中的细节。结果，要么制定的营销策划书过于简单而形式化，要么制定的营销策划书超越实际难以实现营销目标。这是由于营销管理人员并不十分清楚所实施营销策划书的内容和意图，也不主动地与营销策划人员进行沟通，而是听之任之，其结果可想而知。脱离实际的营销策划书会导致营销策划人员和营销管理人员之间的矛盾越来越多，甚至出现互不理解和互不信任的情况。现在，许多的企业已经认识到，企业的营销策划书的制定不能仅依靠营销策划人员或聘请专家来制定，还需要市场一线的营销管理人员来参与，这样做更有利于营销策划书的实施，因为市场一线的营销管理人员更了解市场的实际状况，并掌握了更多的市场信息。

（二）长期目标任务与短期目标任务相矛盾

长期目标任务和短期目标任务的设定和达成往往是营销策划书重要的组成部分，企业营销策划书的编制也要充分考虑目标管理的方法，尽可能将目标进行层层分解以保障目标的实施。但是，在实际操作中，由于各种原因，各部门和员工还是会将精力更多地放置在自己的利益上，这样会直接导致多种短期行为的发生。所以，在营销策划书的实施中，企业必须充分考虑如何协调各方的利益，保证长期目标任务与短期目标任务的实现。

（三）思想观念的惰性

企业的营销策划书一般具有很强的传统性，其创新力度与企业的经营指导思想密切相关。一份新的营销策划书往往由于与企业的传统和习惯相悖而遭到抵制，其中经营观念的影响是非常大的。所以，为了保证可持续发展，企业的经营观念必须与时俱进，通过持续、及时的培训和相关活动，在企业内部进行广泛的教育。

（四）实施方案模糊，缺乏系统性

大量的事实证明，许多的营销策划书之所以以失败告终，是因为营销策划人员没有制订出明确、具体的实施方案，许多企业面临的共同困境是：营销策划书缺乏具体的可执行性、可操作性，很多流于纸面和口头。营销策划本身是一项系统的工程，需要企业内部各个部门的协同配合，所以一份好的营销策划书在执行过程中必须要做到局部和整体的密切配合，明确各个职能部门的职责、分工。只有这样，营销策划书的实施才能顺利进行。

三、营销策划书实施的关键环节

（一）拟订行动方案

拟订行动方案是营销策划书的实施能否成功的关键。营销策划书的目标能否实现直接取决于行动方案的拟订与实施。所以，在拟订行动方案的过程中，策划人应当对企业营销活动的战略、策略等进行具体设计，要坚持具体、有可操作性的原则。对于一些大型项目的营销策划,策划人还要借鉴项目管理的方法,列出具体的时间表,一切行动和步骤按时间进行。

（二）组织机构的设立和人员的配备

企业构建有利于营销策划书实施的组织机构并落实相关人员是营销策划书实施的基础。根据行动方案的规定,企业明确承担实施方案的机构和相关人员,确定每个机构和相关人员的职权范围、职责及其协调关系,做到责权利的统一,并通过制定相应的规章制度来保障实施。

（三）制定报酬制度

企业应该根据实际情况具体、仔细地考虑报酬制度,这是激发员工积极性的重要手段之一。企业必须依据营销策略目标、组织机构特点、营销环境的特征等具体情况来制定报酬制度。企业若以短期经营利润为标准来评价员工的业绩和报酬,那么势必把员工的行为引向短期化,而实施长期战略目标的积极性将下降,这必将影响长期战略目标的实现。所以,企业在考虑报酬制度时要全面进行思考和筹划。

（四）开发人力资源

美国知名管理学者托马斯·彼得斯在《寻求优势》一书中曾说过:"企业或事业唯一真正的资源是人。管理就是充分开发人力资源以做好工作。"现代管理学和传统管理学的一个显著区别在于是否承认人力资源在经济发展中的关键作用。经济学家也认为,土地、厂房、机器、资金等已经不再是国家、地区和企业致富的源泉,唯独人力资源才是国家和企业发展的根本。由于营销策划书最终是由企业的员工来实施,因此,开发人力资源就变得十分重要。

人力资源开发具体包括人员的选拔、考核、奖酬制度设计、培训、激励与管理等事项。企业选拔和考核员工要做到"德、能、勤、纪"的综合考量,并有目的、有计划地对员工进行多种形式的培训,加强科学管理,不断提高员工的素质,从而提高工作效率。

（五）建设企业文化

企业文化是自20世纪70年代末开始兴起于英国后风靡世界的一种新的企业管理思潮,在国外,企业文化也被称为公司文化、组织文化或社团文化。企业文化是处于一定经济、社会、文化背景下的企业在长期生产经营过程中逐步形成和发育起来的日趋稳定、独特的企业价值观、企业精神、行为规范、道德准则、生活信念、企业风俗、习惯、传统等,以及在此基础上生成的企业经营意识、经营指导思想、经营战略等。

企业文化对管理者和一切身处其中的人员的行为都有重大的影响,而营销策划书的实施不能脱离特定的企业文化氛围,企业文化是长期形成和发展而来的,在一定时期内具有相对稳定性和延续性。因此,企业的营销策划书通常是根据企业文化的要求来制定的,这样就会有一定的针对性,并且更有利于营销策划书的实施和尽早见效。

总之,营销策划书的实施是一个系统工程,每个环节就是一个营销策略的要素。所以,为了有效地实施营销策划书,拟订行动方案、组织机构的设立和人员的配备、制定报酬制度、开发人力资源和建设企业文化这五大要素必须协调一致、相互配合,只有这样才能保证营销策划书的顺利实施。

阅读材料 4-2

市场营销策划书实施的五种基本模式[①]

模式类型	主要特点	领导者的角色	优点	缺点
指令性模式	凭借权威发布各项命令来推动营销策划书的实施，突出领导者的决策性作用	领导者、决策者	统一决策和指挥有利于营销策划书的顺利实施	易受准确的市场信息、领导者的素质、决策与执行分离等因素的制约
转化性模式	运用组织机构、激励手段、控制系统来促使营销策划书的实施	设计者、协调者	利用了行为科学方法，能使营销策划书的实施更加科学有效，是指令性模式的补充和完善	并不能克服指令性模式所有的缺陷，且易产生新问题
合作性模式	决策的参与范围扩大到企业高层管理者，营销策划书由集体制定、实施	决策者、协调者	集体参与和决策，使信息更准确、更完备，能有效提高营销策划书成功的可能性	并非全员决策，仅是不同观念、不同目的的协调与平衡，其结果可能以牺牲经济合理性为代价
文化性模式	在整个企业中宣传一种适当的文化，推动营销策划书的实施，基本实现了全员参与决策	组织者、领导者、宣传者	合作参与范围扩大，有利于消除组织间的矛盾与隔阂，减少营销策划书实施的风险，加快实施速度	易受员工的素质、领导者的态度的影响导致实施困难，易流于形式
增长性模式	营销策划书由基层经营单位到最高决策层自下而上产生，并非自上而下推行	组织者、领导者、决策者	将领导负责与集体决策相结合，为营销策划书的成功实施提供了保障	耗费人力、物力、财力，易受领导者的素质、组织制度因素的制约

四、营销策划书实施的控制

营销策划书实施的控制是指管理者经常检查营销策划书的执行情况，看看计划与实际是否一致，如果不一致或没有完成计划，就要找出原因所在，并采取适当措施和正确行动，以保证营销策划书的完成，其控制程序如图 4-2 所示。

[①] 徐育斐,孙玮琳.市场营销策划[M].大连,东北财经大学出版社,2002,有改动.

图 4-2 控制程序

（一）确定控制对象

策划本身就是一项复杂而系统的工作，涉及各方面的因素。由于企业的资源有限，一般来说，对于营销策划书的实施很难做到完全控制，所以确定控制对象是十分重要的，即确定与营销策划书核心活动相关的主要因素，通过对核心活动的控制来控制整体。管理者在决定控制对象时应当权衡利弊，使控制成本小于控制活动所带来的效益。

（二）设定控制目标

控制目标一般为营销策划书所设定的目标。控制目标的设立往往以营销策划书为蓝本，对于一些较长期的策划跨度，管理者应依据目标管理的方法，通过对阶段性目标的控制来达到整体控制的目的。

（三）确定控制标准

控制标准是指以某种衡量尺度表示的控制对象的预期活动范围或可接受的活动范围，即对衡量尺度的定量化。由于营销策划书内容的复杂和详尽程度的不同，管理者有必要建立专门的营销控制标准。首先，不管是定性的标准还是定量的标准，都应该是可以衡量的。其次，控制标准的制定应广泛吸纳各方面的意见，以得到各方面的认可。另外，控制标准可以按照企业目前可接受的水平来制定，也可以按照激励营销管理人员的工作达到更高层次的水平来制定。

（四）找出偏差原因

企业经常会发现营销策划书的实施结果跟预期目标之间存在着偏差，这样的偏差说明实施过程还存在一定的不足。一般来说，偏差的产生往往受到多种客观条件的影响，如编制营销策划书的时候没有充分考虑现实可行性、实施过程中的不确定性等。为了尽可能使营销策划书的实施结果与营销策划书的预期目标相一致，企业的管理者要分析偏差产生的原因并进行相应的改进。

（五）采取改进措施

采取改进措施即对产生的偏差和存在的问题进行有针对性的调整。管理者可以通过重新制订计划或修改目标来进行落实，也可以通过其他的组织工作职能来实现，如可以通过委派专门人员或进一步明确职责来纠正偏差，也可以通过训练在岗人员来实现。

五、营销策划书实施控制的主要指标

（一）市场占有率

市场占有率是基本的控制指标之一，其增减变化对销售量和利润水平均有较大的影响。如果企业的市场占有率升高，那么表明企业的营销绩效提高，在市场竞争中处于优势;反之,如果企业的市场占有率下降,那么则说明企业的营销绩效下降,在市场竞争中失利。市场占有率分析一般采用以下三种不同的度量方法:

1. 全部市场占有率

全部市场占有率是指企业的销售额(量)占行业销售额(量)的百分比。市场占有率通过销售额(量)计算,可以反映出企业间在争取顾客方面的竞争地位的变化。在使用这种方法时,企业必须作两项决策:(1)要以单位销售量或销售额来表示市场占有率;(2)正确认定行业的范围,即明确本行业所应包括的产品、市场等。

2. 目标市场占有率

目标市场占有率是指企业的销售额(量)占其目标市场总销售额(量)的百分比。对于一个企业来说,可能有近100%的目标市场占有率,却只有相对较小百分比的全部市场占有率。企业一般很重视目标市场占有率,通过不断地开发新产品或强化销售手段,以提高自己在目标市场上的占有率。

3. 相对市场占有率

相对市场占有率是指企业的销售额(量)和几个最大竞争者的销售额(量)的百分比。一般来说,企业的相对市场占有率高于33%,即被认为是实力较强的企业。

(二) 市场营销费用

年度计划控制的任务之一,就是在保证实现销售目标的前提下,控制销售费用开支和营销费用的比率。在生产企业中,营销费用率(如营销费用占销售额30%)主要包括五项细分指标,即推销人员费用占销售额之比(15%)、广告费用占销售额之比(5%)、其他促销费用占销售额之比(6%)、营销调研费用占销售额之比(1%)、销售管理费用占销售额之比(3%)。对于以上各项费用率,企业往往需要规定一个控制幅度,超过限度就要查找、分析具体原因。

(三) 品牌形象和企业形象

通过品牌形象和企业形象人们可以评判一家企业的市场地位。在营销策划书的评测中,品牌形象和企业形象日益显得重要,它们已经成为反映企业在市场中地位的重要指标。在市场经济大环境下,品牌形象和企业形象的塑造往往直接关系到企业的市场表现。而针对这两项的专门策划也越来越多,与它们直接相关的有知名度、美誉度、印象度及重复购买率等衡量指标。

(四) 营利能力

除了年度计划控制以外,企业还需要衡量不同的产品、不同的销售区域、不同的顾客群体、不同的渠道以及不同的订货规模的获利能力。获利能力的大小对市场营销组合决策有着直接关系。市场营销成本是指与市场营销活动有关的各项费用支出。市场营销成本会直接影响企业营销的利润,其主要包括:

(1) 直接推销费用,包括直销人员的工资、奖金、差旅费、培训费、交际费等;

(2) 促销费用,包括广告媒体成本、产品说明书、印刷费用、赠奖费用、展览会费用、促销人员工资等;

(3) 仓储费用,包括租金、维护费、折旧、保险、包装费、存货成本等;

(4) 运输费用(包括托运费用等),如果是自有运输工具,则要计算折旧、维护费、燃料费、牌照税、保险费、司机工资等;

(5) 其他的市场营销费用,包括市场营销管理人员的工资、办公费用等。

上述成本连同企业的生产成本构成企业的总成本,直接影响企业的经济效益。然后,管理者按照地区、产品和营销渠道实际发生额计算、列表分析,最后根据市场状况、采取的营销策略和出现的问题有针对性地采取措施。

本章案例请参考第三章案例。

请分小组参考第三章案例研究制作一份PPT,试着将它推销给客户。

第五章 市场营销调研策划

> 俗话说:"知己知彼,百战不殆。"策划人在进行营销策划时要想做到有的放矢,就必须做好市场营销调研。通过市场营销调研了解现状,预测未来,是营销策划的起点,是制定和实施企业的营销战略、进行市场营销管理的基础。
>
> 市场营销调研有三个关键步骤,即明确的调研任务、可行的调研程序和调研方法、科学的调研技术。通过这三个步骤,最后形成一份完整的市场营销策划书,而这样的一份市场营销调研策划书往往会成为企业进行诊断、营销策划及计划实施的基础。

第一节 市场营销调研的基础

一、市场营销调研的基本概念

市场营销调研,即市场营销调查与研究的简称,是指根据市场营销的需要,个人或组织为某一个特定的营销问题而进行的收集、记录、整理、分析、研究市场的各种状况及其影响因素,形成调研报告,并由此得出结论的系统活动过程。

市场营销调研的基本概念有以下四个含义:

(1)市场营销调研是一个过程,是根据特定的调研目的要求所进行的系统地策划、收集、整理和分析活动过程;

(2)市场营销调研要依靠科学的手段和方法,以确保调研结果的客观性和准确性;

(3)市场营销调研的结果可以是市场调查数据,也可以是市场分析研究报告;

(4)市场营销调研的功能是为市场经济条件下的企业营销决策提供基本依据。

二、市场营销调研的类型

国际知名的市场调研专家小卡尔·迈克丹尼尔博士在《当代市场调研》一书中指出"市场调研具有三种功能:描述、诊断和预测"。

这三种功能基本涵盖了市场营销调研的主要内容,企业根据具体情况在实现这些功能上采用的方法、侧重点也有所不同,但基本不脱离以下四种类型:

(一)探索性调研:发现与识别市场存在的机会与问题

探索性调研的主要功能是"探测",即帮助调研主体识别和了解企业的市场机会可能在哪里,企业的市场问题可能在哪里,并寻找那些与之相关的影响变量,以便确定下一步市场营销调研或市场营销努力的方向。因此,一般在新产品开发过程中或在一项大型市场调研活动的开始阶段经常采用探索性调研。

但是,探索性调研只能将市场存在的机会与问题呈现出来,它既不能回答市场存在的机会与问题产生的原因,又不能回答市场存在的机会与问题将导致的结果,这两个问题常常依靠更加深入的市场研究才能解决。

(二)描述性调研:对市场情报的反映与描述

描述性调研的功能是对特定的市场情报和市场数据进行系统的收集与汇总,以达到对市场情况准确、客观地反映与描述。

一般来说,描述性调研要求市场营销调研人员具有比较规范的市场调研方案、比较精确的抽样与问卷设计,以及对调研过程的有效控制。描述性调研的结果常常可以通过各种类型的统计表或统计图来表示。

同样,描述性调研也不能回答市场现象产生的原因及其可能导致的后果。但是,由于描述性的调研结果有助于帮助企业识别市场各要素之间的关联与关系。因此,它为进行下一步的因果性调研提供了重要的分析基础。

(三)因果性调研:对市场现象进行解释与说明

因果性调研也称解释性调研,它的目的在于对市场现象发生的因果关系进行解释和说明。因果性调研的功能是在描述性调研的基础上,经过对调研数据的加工、计算,再结合市场环境要素的影响,对市场信息进行解释和说明,回答"为什么"或"如何做会产生什么结果"这两个问题。

探索性调研和描述性调研侧重于市场调查,而因果性调研则侧重于市场分析与市场研究,是更高一级的市场调研方式。通过因果分析,市场营销调研人员要能够解释一个市场变量的变化是如何导致或引起另一个市场变量的变化。

(四)预测性调研:对市场趋势进行测算与判断

预测性调研是在描述性调研和因果性调研的基础之上,依据过去和现在的市场经验和科学的预测技术,对市场未来的趋势进行测算和判断,以便得出与客观事实相吻合的结论。

预测性调研的目的在于对某些市场变量未来的前景和趋势进行科学的估计和推断,回答"将来的市场将怎样"这个问题。

表5-1对探索性调研、描述性调研、因果性调研和预测性调研进行了比较。

表5-1 四种市场营销调研的比较

项目	探测性调研	描述性调研	因果性调研	预测性调研
调研目的	发现存在的是什么问题	明确存在的问题是什么状况	发现问题产生的原因	明确问题下一步的演变趋势
适用方法	观察法 专家咨询法 个人访谈	询问法 问卷法 观察法	实验法 观察法	统计模型法 系统工程
适用阶段	初步调查 无法确定某一问题	正式调查 描述功能特征属性	追踪调查 深入调查	研究和推测未来发展趋势

第二节 市场营销调研的步骤

一、制订调研计划

市场营销调研主要包括确定资料的来源和收集方法、设计收集资料的工具、决定调研计划,以及调研经费预算和时间进度安排等。其中,调研计划是整个调研的中心,调研计划主要应做好"6W2H"八个方面的内容(参见表5-2)。

表5-2 调研计划的框架

项目	含义	任务
What	调研什么	明确调研主题
Why	调研目的(原因)	明确调研的目的、意义与目标
Which	调研对象	随机抽样、非随机抽样
Who	调研主体	委托外部机构调研、自己独立调研、内外协作调研
When	调研时间	调研日程、信息时限
Where	调研范围	明确调研总体与总体单位
How to do	调研方法	询问法、观察法、实验法;原始资料、二手资料
How much	调研预算	人、财、物消耗预算

一般来说,市场营销调研计划主要包括调研项目、调研人员、调研费用以及调研日程安排等内容。

二、确定资料来源

市场营销调研的资料来源与收集方法主要分为二手资料与原始资料两类(参见表5-3)。

表5-3 市场营销调研的资料来源

项目	方法	具体方法	优点	缺点
资料来源	二手资料	案头调研	内部资料查询	费用成本低、快捷方便	缺乏针对性,可靠性、准确性、客观性需进一步验证
			外部资料收集		
	原始资料	询问法	面谈调研	信息资料准确可靠,针对性、有效性强	费用成本高,周期长
			电话调研		
			邮寄调研		
			留置问卷调研		
		观察法	人工观察、机器观察		
		实验法	无控制实验		
			有控制实验		

(一)二手资料

二手资料是指经过他人收集、记录、整理所积累的各种数据和资料的总称。二手资料主要来源于企业内部各部门(如档案部门、资料室等)、企业外部(如图书馆、档案馆、政府机构、国际组织、新闻出版部门等)、行业组织与其他企业等。

（二）原始资料

原始资料是指市场营销调研所需的信息没有被别人收集或别人已经收集但调研单位无法获取的资料，通常需要市场营销调研人员通过现场实地调查直接收集。

三、确定调研方法

市场营销调研方法选择的合理与否会直接影响调研结果。因此，合理选用调研方法是市场营销调研工作的重要一环。确定调研方法主要应从市场营销调研的具体条件出发，以有利于收集到需要的原始资料为原则。一般来说，如果市场营销调研人员直接面对消费者进行调研，直接收集第一手材料，可以分别采取询问法、观察法和实验法。如果调研内容较多，则市场营销调研人员可以考虑采取留置问卷法。

以下将详细介绍市场营销调研收集原始资料的询问法、观察法和实验法。

（一）询问法

询问法是指市场营销调研人员将拟定的调研问题通过询问的办法向调研对象获得回馈资料信息的方法。

1. 面谈调研

市场营销调研人员采用面谈调研时，可以一个人面谈，也可以几个人集体面谈；可以一次面谈，也可以多次面谈。采用这种方法，市场营销调研人员能直接与调研对象见面，听取他们的意见，观察他们的反应。面谈调研的灵活性较大，可以泛泛而谈，也可以深入详细地谈，并能相互启发，由此得到的资料也比较真实。但是，面谈调研的成本高，调研结果受市场营销调研人员的政治、业务水平的影响较大。

2. 电话调研

电话调研是由市场营销调研人员根据抽样的要求，在样本范围内，用电话向调研对象提出询问、听取意见。这种方法调研收集资料快、成本低，并能以统一的格式进行询问，所得资料便于统一处理。但是，电话调研具有一定的局限性，只能对有电话的调研对象进行询问，不易取得调研对象的合作，不能询问较为复杂的问题，因此调研不够深入。

3. 邮寄调研

邮寄调研又称通讯调研，就是市场营销调研人员将预先设计好的调查问卷邮寄给调研对象，请他们按照表格的要求填写后寄回。这种方法的调研范围较广，调研对象有充足的时间来考虑如何回答问题，不受市场营销调研人员的影响，因此所收集的意见、情况较为真实。但是，在进行邮寄调研时，调查问卷的回收率较低，时间往往拖延较长，调研对象有可能误解调查问卷的含义，从而影响调研结果。

4. 留置问卷调研

留置问卷调研就是由市场营销调研人员将调查问卷当面交给调研对象由其自行填写，并说明回答要求，然后由市场营销调研人员定期收回。留置问卷调研的优点和缺点介于面谈调研和邮寄调研之间。

以上四种调研方法的比较参见表5-4。

表 5-4　四种调研方法的比较

评价标准	面谈调研	电话调研	邮寄调研	留置问卷调研
1. 处理复杂问题的能力	很好	好	差	一般
2. 收集大量信息的能力	很好	好	一般	好
3. 敏感问题答案的标准性	一般	差	好	好
4. 对市场营销调研人员效应的控制	差	一般	很好	一般
5. 样本控制	很好	好	一般	好
6. 时间	一般	很好	一般	好
7. 灵活程度	很好	好	差	一般
8. 成本	高	低	低	低

（二）观察法

观察法是指市场营销调研人员在收集资料时，在调查现场不直接向调研对象提出问题，而是通过有针对性的观察来收集原始资料，以此来研究调研对象的心理与行为的方法。

■ 阅读材料

华宇通信的顾客观察法[①]

华宇通信是一家专门销售手机的商店。商店的规模不大，品种也不很多，但地理位置较好，交通十分便利，商店门前的行人每天都是川流不息的。有不少人会进店看看，但购买者不多。

为了改变这种状况，商店老板想出一个办法：购入一部微型摄像机，并在柜台上隐蔽地放置，用来记录顾客在店内的行动和对话，然后进行分析。在商店内靠近店门的一个角落放置录音话筒，用来记录顾客和店员的对话，通过这种办法，商店老板摸清了各类顾客的购买心理。

每当有顾客进店观看，店员就能比较准确地判断顾客中意哪一种手机，并友好地向顾客推荐介绍。就这样，该商店的销售量迅速上升，生意越来越红火。

（三）实验法

实验法通常是为了验证某个问题假设，目的是为了说明事物间的因果关系。它是指在给定条件下，通过实验对比，对营销环境与营销活动过程中的某些变量之间的因果关系及其发展变化进行观察分析的方法。

某种产品在大批量生产之前，企业会先生产一小批，向市场投放，进行销售试验，以便观察和收集客户的反映，以此来获得情报资料。也就是在特定地区、特定时间，向市

[①] 叶叔昌，邱红彬．营销调研实训教程[M]．武汉：华中科技大学出版社，2006，有改动。

场投放一部分产品进行试销,因此这种商业行为也称"实验市场"。实验的目的在于:了解本企业生产的产品的质量、品种、规格、外观是否受客户的欢迎;了解客户是否接受产品的价格。目前常采用的产品展销会、新产品试销门市部等都属于实验法。

四、形成市场营销调研策划书

市场营销调研策划书是指导市场营销调研活动的总体方案,它不但起到总结调研项目的作用,而且还具有以下一些功能:

(1)它是调研项目委托人与承担者之间的合同或协议。由于主要的一些决定已明确写入其中,如调研目的、调研范围、调研方法等,使得有关的各方面都能达成一致的看法,有利于避免或减小后期出现误解的可能性。

(2)在争取项目经费,或是在与其他的调研机构竞争某个项目,或是在投标说服招标者时,其撰写质量的高低可能直接影响项目能否被批准或能否中标。

市场营销调研策划书的结构和内容的取舍是随具体情况而有所变化的,不过一般都要包括以下八个方面的内容:

(一)标题

标题的内容一般不超过 20 个字,如有超出应尽量使用副标题。

(二)摘要

这部分内容概述市场营销调研策划书各部分的要点,是整个策划书的一个简短小结。由于相关阅读者可能只阅读这部分内容,因此摘要既要简明清晰,又要提供帮助阅读者理解其基本内容的充分信息。

(三)调研背景与调研目的

这部分内容包括:说明提出该项目的背景,要研究的问题和备选的各种可能决策;该调研结果可能带来的社会效益或经济效益,或是在理论研究方面的重大意义。

(四)调研内容和调研范围

这部分内容包括:说明调研的主要内容;规定所需获取的信息假设;明确调研的范围和对象。

(五)调研方针与研究方法

这部分内容要用简洁的文字表达调研方针,说明所采用的研究方法的重要特征,与其他方法相比较的长处和局限性;将要采取的抽样方案的主要内容和步骤;样本量的大小和可能达到的精度;采取什么质量控制的方法;数据收集的方法和调研的方式;调查问卷的形式及设计方面的有关考虑,数据处理和分析的方法等。

(六)调研进度

这部分内容要详细地列出完成每个步骤所需的天数以及起止时间,但要注意的是不能把时间拖得太长。

(七)经费预算

这部分内容要详细地列出每项活动所需的费用,并认真地列出预算清单。

（八）附录

这部分内容包括调研项目负责人及主要参加者的名单,并说明每个人的专业特长以及在该项目中的主要分工。课题组成员的水平和经历对获得项目的批准有时会起很重要的作用。

撰写总体方案设计报告是十分重要的一步,它确保将管理决策部门的问题转换成能够提供相关、及时且准确信息的调研研究项目,并且能以较经济的方式取得所需的信息。

市场营销调研策划书的构成参见表5-5。

表5-5 市场营销调研策划书的构成

构成		内容
题页（封面）		题目、调研机构的名称、委托机构的名称、报告日期
目录		策划书的一览表：每个部分的标题及页码
摘要		调研结果和有关建议的概要
序言（概况）		调研的背景、目标、内容、方法
调查结果	数据	数据、图表
	说明	现状的情形、发展趋势和规律、变量间的关系
	推论	总量预测、未来预测
	讨论	调查结果产生的原因分析
结论建议		分析结论、模型、建议
附件		调查问卷、信息来源、统计方法、数据详表、相关描述和定义、其他的支持文献

第三节　市场营销调研的技术

一、市场营销调研表的设计

市场营销调研表是调研的工具,是沟通市场营销调研人员和调研对象之间信息交流的纽带。市场营销调研表的设计是否科学直接关系到收集信息的质量。

（一）设计市场营销调研表的原则和注意事项

1. 文字

市场营销调研表上的文字应简明、清晰、通顺、浅显易懂,要避免出现错字、别字、偏字和怪字。同时,还要避免采用命令式的语言,提问的方式要委婉,要使调研对象有亲切感。

2. 内容

市场营销调研表上的问题不宜过多或过于分散；问题提得过多会使调研对象感到厌烦；问题过于分散,会使主要调研问题不够突出,从而影响了调研质量。一般来说,每份市场营销调研表仅围绕两三个主题提出10个左右的问题比较恰当。

但是，需要注意的是，市场营销调研人员不要在市场营销调研表中提出与调研对象无关或使调研对象感到不好回答或不愿回答的问题，如涉及个人隐私或单位机密的问题。另外，以个人为调研对象的调研表，最好不列填表人姓名的栏目。

3. 提问方式

提问方式是关系到调研能否达到目的的重要问题。提问的主要原则有以下两个方面：

（1）要把市场营销调研人员的意图清晰地传达给调研对象；

（2）要使调研对象知道应该怎样回答才能满足市场营销调研人员的要求。

因此，市场营销调研人员的提问应清楚，不能含糊其词，不要使用过长的问句或把几个问题放在一个问题里。如果是围绕一个主题的几个问题，市场营销调研人员应首先提出概括性的问题，然后逐步具体化，以便做到层次分明。

为了方便调研对象回答问题，市场营销调研人员可以预先列出备选的答案，供调研对象采用打钩的方法选择回答。市场营销调研人员提出的问题应避免带有偏见，以防调研对象产生误解，从而影响信息的客观真实性。

4. 格式

为了方便调研对象回答问题，市场营销调研表所提出的问题要有序号，排列要先易后难，每个问题之后要留有适当的空间，以便调研对象填写。

同时，市场营销调研人员还要注意，市场营销调研表的开头应有问候之词和关于调研目的的说明，如调研对象的工作性质、所属部门、规模或性别、年龄、收入等，这些内容可以放在所有的问题之前，也可以放在提问之后。

（二）问题设计

在市场营销调研表上经常采用的问题类型有以下四种：

1. 自由回答题

自由回答题是指由调研对象随意发表意见的问题。这种类型的问题，市场营销调研人员不预先划定回答的范围，一般用于调研产品开发信息或广泛征求意见。如"贵单位有哪些刀具尚需从国外购买""贵单位在使用×厂制造的磨床时碰到什么问题"。

2. 是非题

是非题即只有两个对立答案选项的问题。如"您家有彩色电视机吗？有；没有""明年您准备购买电冰箱吗？买；不买"。

3. 多项选择题

多项选择题是在调研中应用较多的一类问题。凡是存在多种可能答案的情况下（如征求客户的意见、了解客户的状况或爱好、调研购买意向、分析竞争前景、研究广告宣传效果等）都可以采用这种类型的问题。采用多项选择题时，应由市场营销调研人员预先设想调研对象可能采用的各种答案，并且列在问题之后，供调研对象选择。下面是这种类型问题的举例：

（1）您认为"××"牌电风扇应在下列哪些方面加以改进？

调速装置；时控装置；开关；装饰灯；外形；叶片的大小；底座；颜色；摇头装置；价格；其他。_____

（2）您喜欢什么颜色的自行车？

黑色；蓝色；绿色；红色；白色；米黄色；紫色；杂色。_____

4. 比较题

比较题是市场营销调研人员请调研对象对两种以上的事物进行主观上的比较和评定，以了解这些事物在调研对象心目中的地位的问题。在调研客户的购货心理、产品竞争能力等方面常采用这种类型的问题。

比较题又分为两项比较题和多项比较题。有时为了便于比较，市场营销调研人员可以将多项比较题化为多个两项比较题。两项比较题只需要调研对象在供比较的两项事物中选择一项，而多项比较题则往往要求调研对象对参加比较的事物进行排序或编号。下面是这几种类型问题的举例：

（1）两项比较题。

当下面两种品牌的空调供您选择时，您会购买哪一种？大地牌；长城牌。_____

（2）多项比较题。

请您根据自己的看法，为下面四种选购皮鞋时所要考虑的因素排一下顺序（您认为最重要的排号为1，最不重要的排号为4）：皮质；外观；价格；耐穿程度。_____

（3）配对比较题。

请您对下面每对在选购皮鞋时所要考虑的因素进行比较，并在您认为比较重要的因素上画钩：皮质与外观；皮质与价格；皮质与耐穿程度；外观与价格；外观与耐穿程度；价格与耐穿程度。_____

除了上面所介绍的四种类型的问题以外，还有一些设计成其他形式的问题，但它们总可以归入以上四类问题之中，在此不再一一介绍。

二、市场营销调研表设计实例

表5-6是××砂轮厂在一次订货会上向参加会议的用户单位进行调研所使用的市场营销调研表。

在表5-6中所列的八个问题中：第一个问题、第二个问题及表头的用户单位概况部分是为建立用户档案收集资料；第三个问题至第六个问题是为了收集用户单位在下一年对该砂轮厂磨具需求变化的信息；第七个问题和第八个问题是征求用户单位的意见。

表5-6　××砂轮厂市场营销调研表

亲爱的同志：

您好！为了改善我厂为贵单位的服务质量，提高贵单位和我厂的经营效益，我们拟定了下面的调研表，希望您能从百忙中抽出时间认真填写，谢谢！

××砂轮厂

用户单位名称		所属地区或部门	
人数规模		主要生产品种	

续表

问题	回答
请您回答下列问题（在回答问题栏中写明或在合适的答案上画钩）	
1. 贵单位现有多少磨削设备	磨削机床_____台；砂轮机_____台；其他_____
2. 贵单位最近准备增添磨削设备吗？	今年下半年：不增；增加_____台；不清楚 明年：不增；增加_____台；不清楚
3. 您估计贵单位明年对我厂磨具的需要量方面会有变化吗？	不变；增加；减少；不清楚 （这仅是征求您个人的看法，不作为订货依据）
4. 变化的话，您估计百分比有多大？	1%～5%；6%～10%；11%～15%；16%～20%
5. 您估计贵单位明年对我厂磨具的需求规格和品种方面的要求会有变化吗？	不变；有改变；增加；减少；不清楚
6. 具体变化的情况能告诉我们吗？	可能增加的规格和品种是：_____ 可能减少的规格和品种是：_____ 目前还不清楚：_____
7. 贵单位认为我厂的产品在哪些方面有缺点？	质量；品种；规格；包装；按合同期交货；技术服务；其他
8. 贵单位对我厂有哪些意见和要求？	
谢谢您的回答！请将此表于　　月　　日之前填完送到　　号房间	

三、抽样方法

大多数的市场调查是抽样调查，即从调研对象总体中选取具有代表性的部分个体或样本进行调查，并根据样本的调查结果去推断总体。按照是否遵循随机原则，抽样方法可以分为随机抽样和非随机抽样。

市场营销调研的抽样方法的类型参见表 5-7。

表 5-7　市场营销调研的抽样方法类型

项目	抽样方法		方法特征
随机抽样技术	简单随机抽样	抽签法	将样本标号后随机抽取
		乱数表抽样或随机数表	对总体编号查乱数表抽取
	等距离随机抽样		按顺序排列总体后，等距离抽取
	分层随机抽样		按属性将总体分层，然后按层抽取
	分群随机抽样（整群抽样）		将总体分群，抽出某一群后全面调查
非随机抽样技术	任意抽样		在总体中任意抽取一定数量的样本进行调查
	判断抽样		由调研员或专家依主观判断抽样
	配额抽样		按属性将总体分类后分配样本数额
	固定样本连续调查		固定选定的样本，长期进行调查

（一）随机抽样技术

随机抽样技术是指对总体中每个个体给予平等的抽样机会，排除了人的主观因素选择的抽样技术。随机抽样技术可以简单地分为简单随机抽样、等距离随机抽样、分层随机抽样和分群随机抽样四种方法。

1．简单随机抽样

简单随机抽样要求在总体中不做任何有目的的选择,保证样本个体机会均等,同时样本要具有代表性。

常用的随机抽样方法有以下两种：

(1) 抽签法；

(2) 乱数表抽样或随机数表。

2．等距离随机抽样

等距离随机抽样是指在总体中先按一定的标志顺序排列,并依据总体单位数和样本单位数计算出抽样距离(即相同的间隔),然后按相同的距离或间隔抽取样本。

3．分层随机抽样

分层随机抽样是指把总体按其属性不同分为若干层次或若干类型,然后在各层或各类型中随机抽取样本。

4．分群随机抽样

分群随机抽样又称整群抽样,是指把总体区分为若干群体,从中抽取某些群体,对抽出来的某些群体进行全面调查。

（二）非随机抽样技术

非随机抽样技术是指总体中每个个体不具有被平等抽取的机会,而是根据一定的主观判断标准来抽取样本的抽样技术。非随机抽样技术一般有以下四种类型：

1．任意抽样

任意抽样是指为了使市场营销调研人员的工作方便,在调研对象中任意抽取一定数量的样本进行调查。

2．判断抽样

判断抽样是指由市场营销调研人员依据自己的经验抽取样本或由专家选定样本。

3．配额抽样

配额抽样是指由市场营销调研人员对总体中的所有单位按其属性特征进行分类,然后按其属性特征分配样本数额,并在分配数额内又由市场营销调研人员任意抽取样本。

4．固定样本连续调查

固定样本连续调查是指市场营销调研人员把选定的样本固定下来,长期进行调查。

第四节 市场营销调研人员的选派

选派市场营销调研人员是指确定参加营销调研的人员的条件和人数,包括对调研人员的挑选、培训和考核。

一、挑选

由于调研对象是社会各阶层的生产者和消费者,他们的思想认识、文化水平差异较大,因此,要求市场营销调研人员必须具备一定的思想水平和工作业务技术水平。

第一,市场营销调研人员应具备一定的文化知识,能正确理解调研的提纲、表格、问卷的内容,能比较准确地记录调研对象反映出来的实际情况和内容,能作一些简单的数字运算和初步的统计分析。

第二,市场营销调研人员应具备一定的市场学、管理学、经济学方面的知识,对调研过程中涉及的专业性概念、术语、指标应有正确的理解。市场营销调研人员还要具备一定的社会经验,要有文明的举止,大方、开朗的性格,善于和不同类型的人打交道,取得他们对营销调研工作的配合。

第三,市场营销调研人员还必须具有严肃、认真、踏实的工作态度。因为营销调研工作不但任务复杂、繁忙,而且有时还很单调、枯燥,如果缺乏良好的工作态度,不能严肃认真地按要求去进行调研,那么取得的调研资料将会产生很大的偏差,可信程度降低,严重的甚至会导致调研工作的失败。

二、培训

为了保证营销调研结果的可靠性,市场营销调研组织者必须注重对参加市场营销调研人员的培训。因为在营销调研过程中,市场营销调研人员面对的是复杂多变的调研对象,每次调研的直接目的不同,调研项目也多种多样,不同的调研课题要求市场营销调研人员具有不同的知识准备。此外,一些营销调研工作由于工作量较大,有时还需要聘请一些临时性的工作人员,因此人员具有一定的流动性,所以对其进行培训就很重要。

第一,培训工作的进行要围绕调研主题的具体内容对市场营销调研人员进行思想教育,统一认识,使每个市场营销调研人员都能深刻认识到本次调研的具体目的和现实意义。

第二,市场营销调研组织者介绍本次调研的具体要求,根据调研项目的含义,对有关专业性概念、术语进行解释,明确统计资料的口径及选择调研对象的原则、条件等。

第三,市场营销调研组织者要对市场营销调研人员进行工作技能训练,包括如何面对调研对象,如何进行提问,如何进行解释,遇到一些情况如何处理。对市场营销调研人员的培训可以采用模拟训练法,即由有经验的市场营销调研人员扮演调研对象,由初次参加调研的其他人员进行模拟过程的共同讨论、评价,找出调研的最佳方法。模拟训练法可以使新手迅速胜任工作,避免由于缺乏经验而给调研工作带来损失。

综上所述,培训市场营销调研人员是保证调研工作质量的重要环节。

三、考核

对市场营销调研人员工作表现的考核也是保证整个调研活动顺利进行的重要条件。在对市场营销调研人员的工作表现进行考核时,应注意结合市场营销调研工作成果的大小提出具体的标准。市场营销调研人员还可以结合调研过程,考核在询问、记录、资料整理等分析活动中发生错误的次数。考核市场营销调研人员的工作表现要结合工作进度在工作过程中进行,以利于及时推动市场营销调研工作,而不要等到市场营销调研工作结束之后才进行。

案例研究

"溜洋狗"新事业开拓调查方案[①]

一、前言

二、调查目的

三、调查内容

四、调查对象及抽样

五、调查方法

六、调查程序及安排

七、调查经费预算

八、附调查问卷及相关表格

附一:调查问卷(初稿)

附二:"溜洋狗"新事业开拓调查检查表

附三:"溜洋狗"新事业开拓调查分析表

一、前言

快速餐桌食品市场是近年来新兴起来的消费品市场之一,而牛肉食品从休闲食品向餐桌食品发展更是新兴之中的新兴者。据宏观预测,该市场的成长曲线呈上升之势。

为配合成都"溜洋狗"连锁经营进军成都市场,评估"溜洋狗"行销环境,制定相应的广告策略及营销策略,预先进行成都地区快速餐桌食品市场调查大有必要。

本次市场调查将围绕策划金三角的三个立足点(消费者、市场和竞争者)来进行。

二、调查目的

1. 为"溜洋狗"连锁经营进入成都市场进行广告策划提供客观依据。

2. 为"溜洋狗"连锁经营的销售提供客观依据。

具体为:

(1) 了解成都地区快速餐桌食品市场状况;

(2) 了解成都地区消费者的人口、家庭等统计资料,测算市场容量及潜力;

(3) 了解成都地区消费者对快速餐桌食品消费的观点、习惯、偏好等;

(4) 了解成都地区常购快速餐桌食品的消费者情况;

(5) 了解竞争对手的广告策略及销售策略。

---

① 蔡继荣. 市场营销调研学[M]. 广州:中山大学出版社,2009,有改动。

三、调查内容

(一)消费者

1. 消费者统计资料(年龄、性别、收入、文化程度、家庭构成等)。

2. 消费者对快速餐桌食品的消费形态(食用方式、花费、习惯、看法等)。

3. 消费者对快速餐桌食品的购买形态(购买过什么、购买地点、选购标准等)。

4. 消费者理想的快速餐桌食品店描述。

5. 消费者对快速食品类产品广告、促销的反映。

(二)市场

1. 成都地区快速餐桌食品店的数量、品牌、销售状况。

2. 成都地区消费者需求及购买力状况。

3. 成都地区市场潜力测评。

4. 成都地区快速餐桌食品销售通路状况。

(三)竞争者

1. 成都市场上现有哪几类快速餐桌食品店,食品店的品牌、定位、档次等。

2. 市场上现有快速餐桌食品的销售状况。

3. 各品牌、各类型快速餐桌食品的主要购买者描述。

4. 竞争对手的广告策略及销售策略。

四、调查对象及抽样

因为牛肉食品从休闲转为餐桌的新兴食品,目前成都市场上大多以××品牌的鸡、兔、鸭、排骨等为主产品;所以,在确定调查对象时,适当针对目标消费者,点面结合,有所侧重。

调查对象的组成及抽样如下:

消费者:300户。其中,家庭月收入3000元以上占50%,3000元以下占30%,其他占20%。

竞争对手:20家。其中,大型商场6家,连锁经营店4家,小区单店4家,菜市小店6家。

消费者样本要求:

1. 家庭成员中没有人在快速餐桌食品店或相关岗位工作;

2. 家庭成员中没有人在市场调查公司工作;

3. 家庭成员中没有人在广告公司工作;

4. 家庭成员中没有人在最近半年中接受过类似产品的市场调查测试。

五、调查方法

1. 以访谈为主;

2. 户访;

3. 售点访问;

对访问员的要求:

(1) 仪表端正、大方;

(2) 举止谈吐得体,态度亲切、热情,具有把握谈话气氛的能力;

(3) 经过专门的市场调查培训,专业素质较好;

(4) 具有市场调查访谈经验；

(5) 具有认真负责、积极的工作精神及职业热情。

六、调查程序及安排

第一阶段：初步市场调查　　2 天

第二阶段：计划阶段

    制订计划　　　　2 天

    审定计划　　　　2 天

    确认修正计划　　1 天

第三阶段：问卷阶段

    问卷设计　　　　2 天

    问卷调整、确认　2 天

    问卷印制　　　　3 天

第四阶段：实施阶段

    访员培训　　　　2 天

    实施执行　　　　10 天

第五阶段：研究分析

    数据输入处理　　2 天

    数据研究、分析　2 天

第六阶段：报告阶段

    报告书写　　　　2 天

    报告打印　　　　2 天

调查实施自计划、问卷确认后第四天执行。

七、调查经费预算（略）

八、附调查问卷及相关表格

注：其他调查表格暂略。

成都"溜洋狗"市场调查问卷

提示：访问员应注意，问卷采用提问形式，尽量不要将问卷给受访者看。

您好！我是……（访问员说出自己的名字）我现在正在进行一项有关快速餐桌食品的市场调查。（拿出礼品）这是一点小纪念品，希望您能抽时间和我聊一会。首先我想请问您家里一般是谁去买餐桌食品？

访问员要注意：将主要购买者作为调查对象，如果有两个人，则选择购买餐桌食品的；如果有两个主要购买者，若性别不同则选择女性，年纪不同则选择年轻者作为调查对象。

地区：_____

受访者的姓名：_____

家庭地址：_____

访问员的姓名：_____

访问时间：_____

SECTION H 区分问卷

H1. 请问您家中有没有人在以下行业工作：_____
   1. 市场调查公司
   2. 广告公司
   3. 商场或食品店
   4. 快速餐桌食品店
   5. 均无——继续调查
      如果有——停止调查

H2. 请问您最近3个月内接受过类似的市场调查吗？_____
   1. 是——停止调查
   2. 否——继续调查

SECTION A 基本资料

A1. 您的性别：_____
   1. 男   2. 女

A2. 您的年龄：_____
   1. 15—19 岁   2. 20—24 岁   3. 25—29 岁
   4. 30—34 岁   5. 35—39 岁   6. 40—44 岁
   7. 45—49 岁   8. 50—54 岁   9. 55 岁以上

A3. 您的文化程度：_____
   1. 小学毕业   2. 初中毕业   3. 高中/中专/技校/职校
   4. 大专/本科   5. 本科以上

A4. 在您家里一周内有5天以上和您住在一起的(包括您)有几人：_____
   1. 2 个   2. 3 个   3. 4~5 个   4. 6 个以上

A5. 您的家庭中辈分最大的角色是：_____
   1. 爷爷/奶奶   2. 爸爸/妈妈   3. 丈夫/妻子
   4. 哥哥/弟弟   5. 姐姐/妹妹   6. 外公/外婆
   7. 其他(请注明)：_____

A6. 您的职业：_____
   1. 退休   2. 机关、事业单位管理人员   3. 机关、事业单位办事员
   4. 国有企业管理人员   5. 国有企业一般职工   6. 三资企业老总
   7. 三资企业高级职员   8. 三资企业一般职员   9. 教育界
   10. 文体界   11. 个体户   12. 学生

A7. 您的婚姻状况：_____
   1. 未婚   2. 初婚   3. 再婚   4. 离异

A8. 您家庭的平均月收入(包括工资/奖金/兼职等所有的实际收入)为：_____
   1. 200 元以下   2. 200~399 元   3. 400~599 元

4. 600～799元   5. 800～1199元   6. 1200～1499元

7. 1500～3000元   8. 3000元以上

A9. 总的来说,您家的收入_____％用于消费,_____％用于储蓄。

SECTION B 购买形态

B1. 近几年,您的家庭购买餐桌快速食品的数量是:_____

  1. 每年都有较大幅度的提高

  2. 每年都有较小幅度的提高

  3. 基本不变

  4. 每年都有较小幅度的减少

  5. 每年都有较大幅度的减少

B2. 您一般在什么地方购买快速餐桌食品:_____

  1. 大型商场   2. 连锁食品店   3. 菜市场小店

  4. 特色单店   5. 其他(请注明)_____

B3. 平时您家里买不买快速餐桌食品:_____

  1. 经常买   2. 偶尔买   3. 很少买   4. 不买

B4. 最近一次买快速餐桌食品,您买的是:_____

  (   )品牌: (   )品种:

  1. 廖记   1.

  2. 佐记   2.

  3. ××兔丁   3.

  4. ××排骨   4.

  5. 福记   5.

  6. 其他(请注明)_____

B5. 您认为这种食品的优点是:_____

B6. 您认为这种食品的缺点是:_____

B7. 平时您多长时间买一次?_____

B8. 平时您一次买多少?_____斤

B9. 买这些食品花了多少钱?_____元

B10. 您一般是:_____

  1. 专门去买   2. 顺便去买

B11. 您一般买的是:_____

  1. 鸡肉   2. 鸭肉   3. 兔肉

  4. 排骨   5. 牛肉   6. 其他(请注明)_____

B12. 您购买快速餐桌食品时:_____

  1. 认准一个牌子买

  2. 以您认的牌子为主,有时也买其他的牌子

3. 不一定,想到什么就买什么
4. 总是尝试新品牌、新品种
5. 广告做得多的、有促销的相对多买一些

SECTION C 消费形态

C1. 您买快速餐桌食品一般是给谁吃:_____
   1. 老人   2. 自家大人   3. 小孩
   4. 来客人(成人)   5. 来客人(小孩)   6. 送人
   7. 其他(请注明)_____

C2. 你们/他们什么场合吃:_____
   1. 午餐   2. 晚餐   3. 来客人
   4. 旅游   5. 休闲   6. 其他(请注明)

C3. 一般一次买_____斤/种

C4. 您(家)一年当中_____月到_____月,快速餐桌食品的消费较多;_____月到_____月,快速餐桌食品的消费较少

C5. 您家是否经常买到变质的食品:_____
   1. 经常这样   2. 偶尔   3. 很少   4. 没有

SECTION D 产品偏好

D1. 您或家人平时喜欢吃快速餐桌食品吗?_____
   1. 非常喜欢   2. 一般化   3. 不喜欢   4. 很不喜欢

D2. 如果都不喜欢,为什么?
   _____
   _____

D3. 如果有人喜欢,谁喜欢?为什么喜欢?
   _____
   _____

D4. 相对而言,您喜欢哪种快速餐桌食品
(   )品牌: (   )品种:

D5. 您喜欢这种食品的原因:
   _____

D6. 您选择快速餐桌食品较注重的是:_____
   1. 品牌   2. 种类   3. 口味
   4. 外包装   5. 形状   6. 色泽
   7. 价格   8. 其他(请注明)_____

D7. 请写出您比较熟悉的几个快速餐桌食品的品牌:_____

SECTION E 广告偏好

E1. 您看过哪些快速餐桌食品的广告（包括电视、报纸、杂志、海报等）：
_____

E2. 您喜欢的广告有：
_____

E3. 您为什么喜欢它们？
_____

E4. 您不喜欢的广告有：
_____

E5. 您为什么不喜欢它们？
_____

E6. 您喜欢的促销方式有：_____
1. 降价   2. 抽奖   3. 赠品   4. 其他（请注明）_____
为什么 _____

E7. 您不喜欢的促销方式有：_____
1. 降价   2. 抽奖   3. 赠品   4. 其他（请注明）_____
为什么 _____

SECTION F 媒体偏好

F1. 您平均每天看电视的时间约为：_____
1. <1 小时   2. 1~2 小时   3. 2~3 小时
4. 3~4 小时   5. 4~5 小时   6. 5~6 小时
7. 6~7 小时   8. 7~8 小时   9. 8~9 小时
10. 9~10 小时   11. >10 小时

F2. 您一般是在什么时间看电视？_____
1. 06:00—08:00   2. 08:00—12:00   3. 12:00—14:00
4. 14:00—16:00   5. 16:00—18:00   6. 18:00—19:00
7. 19:00—20:00   8. 20:00—22:00   9. 22:00—24:00
10. 00:00—02:00 11. 02:00—06:00

(   )F2-1 平时
(   )F2-2 周末
(   )F2-3 周日

F3. 您看得最多的电视节目是：_____
1. 新闻类   2. 连续剧   3. 天气预报
4. 综艺节目   5. 文艺晚会   6. 外国影片
7. 体育类   8. MTV   9. 单本剧
10. 评书   11. 其他（请注明）_____

F4. 请写出您看得最多的5个电视台：_____

F5. 您平均每天看报纸的时间约为：_____
  1. <1小时　　　　　2. 1～2小时　　　　　3. 2～3小时
  4. 3～4小时　　　　5. 4～5小时　　　　　6. 5～6小时
  7. 6～7小时　　　　8. 7～8小时　　　　　9. 8～9小时
  10. 9～10小时　　　11. >10小时

F6. 您一般是在什么时间看报纸：_____
  1. 早晨　　　　　　2. 中午　　　　　　　3. 下午　　　　　　4. 晚上

F7. 您看得最多的报纸内容是：_____
  1. 新闻　　　　　　2. 金融类　　　　　　3. 股市
  4. 体育类　　　　　5. 文化娱乐　　　　　6. 休闲旅游
  7. 服装类　　　　　8. 文化信息　　　　　9. 社论
  10. 健康　　　　　 11. 消费指南　　　　 12. 饮食

F8. 请写出您看得最多的5种报纸：_____

F9. 您平均一个月大约看几本杂志：_____
  1. 0本　　　　　　 2. 1～2本　　　　　　3. 3～4本
  4. 5～6本　　　　　5. 7～8本　　　　　　6. 9～10本
  7. >10本

F10. 您看得最多的杂志类型是：
  1. 文学类　　　　　2. 娱乐类　　　　　　3. 综艺类
  4. 家庭生活类　　　5. 服装类　　　　　　6. 保健类
  7. 军事类　　　　　8. 食品类　　　　　　9. 其他专业类

F11. 请写出您常看的5种杂志：_____

F12. 您的杂志来源是：
  1. 家中订阅　　　　2. 单位订阅　　　　　3. 零售点
  4. 图书馆　　　　　5. 朋友相借

对您的合作，非常感谢！

讨论题

请你根据这个调查，针对你所感兴趣的一项商业活动，设计一份调研方案和一份调查问卷，并制作PPT展示相关的设计内容。

第六章 市场营销战略策划

> 企业战略是企业制定的对将来一定时期内全局性经营活动的理念、目标、途径、资源和力量的总体部署与规划。企业战略涉及企业发展中带有全局性、长远性和根本性的问题。企业战略策划案是企业根据当前和未来的市场环境所提供的市场机会和出现的限制因素,考虑如何更有效地利用自身现有的以及潜在的资源去满足目标市场的需求,从而实现企业的战略发展目标。
>
> 一个成功的策划,在于能够制定出适合的战略以达到其目标,设计建立适当的结构去贯彻战略。企业战略要规定企业的任务和目标,更要着重围绕既定目标和任务,从全局出发确定所要解决的重要问题、经过的阶段、采取的办法以及相应的重大政策措施。市场营销战略的策划过程,就是保持企业的目标与变化的环境之间能够相互适应所采取的一系列重大步骤的过程。一般来说,这个过程大致分为三个阶段,即机会与优势分析、确定企业的任务和目标、制定有效的营销战略。

第一节 市场经营战略策划

在分析主要竞争对手之后,企业就要依据分析结果制定相应的竞争战略和竞争策略。每个企业由于自身的营销目标、经营实力以及所处市场环境不同,所针对的竞争对手不同,其竞争战略和竞争策略都是有区别的。另外,即使是同一个企业,在发展的不同时期,或者多元化经营企业针对不同类型的产品,也分别需要制定不同的竞争战略和竞争策略。

一、企业的竞争战略

不同的企业由于营销目标、经营实力以及所处行业的特征不同,可以采取的竞争战略有很大的区别;同一个企业在不同的发展时期也会采用不同的竞争战略。美国哈佛大学教授迈克尔·波特在其所著的《竞争战略》一书中,对企业竞争战略进行了最为经典的总结,归纳出了三种最基本竞争战略,即总成本领先战略、差异化战略和集中性战略。

(一)总成本领先战略

所谓总成本领先战略,是指企业通过降低产品研发、生产和分销等各个环节的成本费用,努力使本企业的总体经营成本低于竞争对手,从而使本企业的产品价格低于竞争对手的产品价格,以达到迅速扩大销售、提高市场份额、获得有利的市场竞争地位、成为市场主导者的目的。

企业有效地实施总成本领先战略必须具备一定的条件:

1. 具有规模经济优势

只有在规模经济优势明显的状况下,企业通过扩大销售量来降低运营成本的努力才会有效,才能使总成本领先战略得以实施。在规模经济效益显著的行业中,企业只有比竞争对手拥有更先进的技术设备,或者比竞争对手拥有更具有市场吸引力的品牌,才能通过扩大产品的市场销售、提高产品的市场占有率来获得市场竞争优势并形成进一步提高市场占有份额,降低成本的良性循环。

2. 具有较高的成本管理水平

具有规模经济效益优势行业中的企业,并非可以轻易地获得成本优势,只有那些产品质量控制水平、成本控制水平高的企业才有可能将潜在的优势转化为现实。

(二)差异化战略

差异化战略是指企业通过大力发展别具一格的产品线或营销项目,并形成对顾客具有极大吸引力的产品特色,以争取在产品或服务等方面比竞争对手有独到之处,通过取得差异优势形成独家经营的市场,以获得市场竞争优势。差异化战略中的"差异",不仅是指产品本身功能、构造等有形的差异,而且还包括产品加工工艺、售后服务、分销网络、促销方式以及品牌等方面的差异。

差异化战略不仅可以使企业可以避免在市场上与竞争对手直接进行对抗,而且还可以对其他竞争对手的进入形成障碍。如产品差异可以有效地降低顾客的价格敏感性和价格对比的选择性,使企业实施价格策略的灵活性和余地加大,定价自主性提高,从而可能获取较高的市场利润。

(三)集中化战略

集中化战略是指企业集中力量为某一个或少数几个细分市场提供服务,通过在一个或少数几个细分市场上建立的成本优势或差异化优势,更好地满足顾客的特殊需要,从而争取市场局部的竞争优势。

集中化战略比较适合于中小企业。因为中小企业的竞争实力相对较弱,要针对整个市场实现低成本或差异化是比较困难的,甚至是不可能的。它们采用集中化战略可以使自己集中力量,充分发挥相对优势,通过在较狭窄的市场上为特定的目标顾客提供优质服务、提高顾客忠诚来达到长期占有市场、获得市场竞争地位的目标。

二、竞争战略的风险

(一)总成本领先战略的风险

企业在采用总成本领先战略时,为了有效实施这一战略、维护成本优势和市场领导地位,需要大量地购买和使用高效率的设备,而高效率的设备往往专用性较强。设备的高度专用性使企业产品的变型和更新换代缓慢,产品制造中适应市场变化进行调整的灵活性差,当市场需求发生变化时企业可能会出现危机。

企业进行低成本经营通常依赖较高的市场占有率和较大规模的产品生产与销售,而较大规模的产品生产与销售必然使产品的品种单一,这将不可避免地影响和降低产品对顾客需求的满足程度。当顾客出现对需求的满足程度比对产品价格更重视的情况时,企业采用低成本战略将失去市场优势。

(二)差异化战略的风险

企业在采用差异化战略时,可能有两个方面的风险。一方面是竞争对手的仿制,当企业费尽心力建立的"差异"取得市场成功并获得较高的经济效益时,往往会有一些竞争对手仿效这种"差异",而使企业的"差异"消失或缩小,使企业的差异化优势丧失或削弱。同时,由于企业当初创立"差异"所花费的投资远远高于仿效所需的投资,营销成本不言而喻会高于这些竞争对手。另一方面,如果企业为建立"差异"需要投入的资金过高,而顾客不愿为获得这种"差异"支付相应的高价格时,这种"差异"就成为无效"差异",成为企业经营中的包袱。以上这两种情况都将使企业在竞争中处于不利地位。

(三)集中化战略的风险

规模较小的企业在采用集中化战略时,由于目标市场狭窄,企业的低成本和差异化优势非常容易受产业条件和市场需求变化的影响。

综上所述,以上三种竞争战略各有利弊。企业要成功地运用这些竞争战略,需要根据自身产品的特点和企业的实力进行合理选择。企业一旦选择了竞争战略,就必须全力以赴,以求在市场中拥有某方面的优势。如果企业没有把握住以上这三种竞争战略中的任何一种竞争战略,势必将在竞争中处于劣势。但是,如果一个企业在这三种竞争战略中同时追求两个或两个以上的战略目标并成功也会非常困难。因为实施这三种竞争战略所要求的管理方式、组织形式、设备条件、技术水平和员工素质等有所不同。即使有些企业同时采用不同的竞争战略,也往往是在不同的产品经营领域分别采用不同的竞争战略。如汽车制造商可以在轿车的经营中采用差异化战略,而同时在卡车的经营中采用总成本领先战略。

三、竞争战略选择的技术工具

企业进行竞争战略选择时通常使用的工具主要有以下两种:

(一)波特五力模型

波特五力模型是迈克尔·波特于20世纪80年代初提出的,对企业战略的制定产生了全球性的深远影响。波特五力模型在战略策划中可以用于竞争战略的分析,可以有效地分析客户的竞争环境。这五力分别是供应商的议价能力、购买者的议价能力、潜在竞争者进入的能力、替代品的替代能力、行业内竞争者现在的竞争能力。这五种力量的不同组合变化最终会影响行业利润潜力变化。

首先,企业先构造波特五力模型(如图6-1所示)。

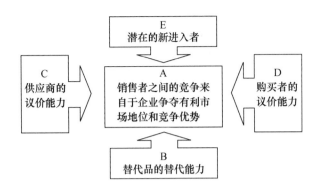

图 6-1 波特五力模型

然后,企业根据波特五力模型与一般战略的关系确定战略选择(参见表 6-1)。

表 6-1 波特五力模型与一般战略的关系

行业内的五种力量	一般战略		
	总成本领先战略	差异化战略	集中化战略
行业内对手的竞争	能更好地进行价格竞争	品牌忠诚度能使顾客不理睬企业的竞争对手	竞争对手无法满足集中差异化顾客的需求
替代品的威胁	能够利用低价抵御替代品	顾客习惯于一种独特的产品或服务因而降低了替代品的威胁	特殊的产品和核心能力能够防止替代品的威胁
供方的砍价能力	更好地抑制大买家的议价能力	更好地将供方的涨价部分转嫁给顾客	进货量低供方的议价能力就高,但集中差异化的企业能更好地将供方的涨价部分转嫁出去
买方的砍价能力	具备向大卖家出更低价格的能力	因为选择范围小而削弱了大卖家的谈判能力	因为没有选择范围使大卖家丧失了谈判能力
进入障碍	具备议价能力以阻止潜在竞争对手的进入	培育顾客忠诚度以挫伤潜在竞争对手的信心	通过集中化战略建立核心能力以阻止潜在竞争对手的进入

(二)竞争优劣势分析法

竞争优劣势分析法是通过比较行业中主要竞争对手和本企业的优劣势来发现市场机会,以此确定竞争战略。

首先,将本企业和竞争对手的竞争情况填到表 6-2 中。

表 6-2 本企业和竞争对手的竞争情况

	比较项	企业(优劣势)	竞争对手1(优劣势)	竞争对手2(优劣势)	比较优势
营销能力	市场占有率				
	品牌知名度				
	企业美誉度				
	服务质量与速度				
	市场信息反应速度				
	价格、渠道、公共关系				
	……				

通过这个表企业可以明确主要竞争对手的优势和劣势所在。

其次,构造对比表,通过比较会产生以下四种策略选择(参见表6-3):

表 6-3 竞争态势分析表

本企业优劣势 \ 竞争对手的优劣势	优势(S) S1 S2 ……	劣势(W) W1 W2 ……
优势(S) S1 S2 ……	没有最好,只有更好 超越对手 A	发现和利用机会 机会 B
劣势(W) W1 W2 ……	回避或转化威胁 威胁 C	抢先获得资源和能力 拼抢资源 D

阅读材料 6-1

竞争战略之父迈克尔·波特:我没有过时[①]

年近70的迈克尔·波特一身黑西装,一条玫红色窄领带,显得很年轻。他倚在国贸大酒店72层的藏蓝色沙发里侃侃而谈。与哈佛商学院另一位教授克莱顿·克里滕森总是一副凝眉思索的严肃模样相比,迈克尔·波特显得轻松得多。他总是一脸笑容,神采奕奕,肢体动作丰富。

他也很守旧:不用智能触屏手机,仍然用着老式的黑莓;不看电子文档,拿着助理打印的文件涂涂改改;也不怎么查收邮件,记者发给他的邮件都石沉大海。他说话语速不算快,像在哈佛讲公开课一样,吐字清晰,抑扬顿挫。

他是老牌的哈佛商学院教授,享有世界声誉的战略大师,在企业竞争战略这个领域,他被冠以"理论之父"和"奠基人"的名号。对于他长达30年的竞争战略理论,迈克

[①] http://www.ceconline.com/leadership/ma/8800072787/01/,有改动。

尔·波特显得尤为自信。他的《竞争战略》一书从1980年初版问世以来不断再版，1997年中文版出版以后，已再版多次，今年出版社又新出了一版，而且沿用了他的一贯风格，不出平装版，因为这本书"太沉重了"。

迈克尔·波特10年前曾来中国，宣讲他的竞争战略理论和业内耳熟能详的"五力模型"（Five-forces Model）。他在全世界拥有众多的拥趸，在中国也不例外。一位中国公司的高管说，"他的书，《竞争论》我读过三遍，《国家竞争优势》读过两遍。我的工业园区，算是践行他的理论的一个案例。"

他也在与时俱进。就在中国，不久前迈克尔·波特应邀作了一场长达50分钟的演讲，题目是"物联网时代的竞争力再造"。他摒弃了过去强调"企业可持续竞争优势"的论调，大谈企业在物联网时代如何再造竞争力。他在演讲中说，"智能互联产品将改变现有的产业结构和竞争本质。智能互联产品将迫使很多公司自问一个最基本的问题：我们从事的业务到底是什么？物联网时代要求企业不应再局限于技术本身，而应聚焦于竞争本质的变化。"大屏幕上一边滚动着迈克尔·波特演示的PPT，一边是现场观众微博互动文字。

"您的竞争战略是30年前诞生的，今天是否依然适用？"一位观众问。

"我经得起时间考验。"老波特不服老。

事实上，这位观众的问题很有代表性，迈克尔·波特在近年来持续受到类似的质疑，但他的回答总是肯定的。他在2008年专门写了一篇文章，论证自己在1979年提出的五力模型理论经受得起时间的考验。"这是一项基本的法则，就像手里的物体在放手之后会落地一样，这是物理法则，永远不变。"

不过，迈克尔·波特必须回答的是，由他参与联合创立的咨询顾问公司摩立特（Monitor Group）为什么在两年前破产了。为什么这家公司没有利用他的理论成功实现自我拯救呢？换言之，到底是他的理论已经过时还是他本人只会纸上谈兵？

美国的评论家对此毫不留情。《福布斯》撰文说，摩立特公司"并非是被波特战略理论中所谓'五种力量'中的任何一种所'杀死'的，而是被作为主导力量的客户'干掉'的"。这么说的原因在于，迈克尔·波特战略理论的核心是战略，企业和企业教育的目标就是为企业找到一个安全的"避风港"，使其避免受到竞争的破坏性力量的伤害；但在当今的世界上，摩立特公司有关可持续竞争优势的价值主张已经变得越来越不真实和不具相关性，企业的目的是要为客户提供更多价值，从而为整个社会提供更多价值。《福布斯》在文中援引了一个比喻，称迈克尔·波特的战略理论就像是一场求雨仪式，尽管这种仪式对随后的天气情况并没有影响，但祈祷者则认为两者之间存在联系。"当人们识破这一求雨的面纱，就不会再买账了。"评论还认为，2008年金融危机爆发，使公司在咨询方面的支出降低，大公司对向顾问支付大量服务费，让他们仅通过研究数据就找到可持续竞争优势的想法几乎已经不感兴趣。

面对这些辛辣的批评,迈克尔·波特的回应是:"摩立特曾是一家优秀的公司,它失败的原因在于咨询行业发生了变化,这种变化带来了巨大的压力,而摩立特的反应有一点慢。"他说,尽管他参与创办了这家公司,但从未真正在那里工作过。"我没有位列董事会,也没有在管理层任职,我和他们的人一起工作过,我给他们培训,在思维方式上给予训练。""我不认为摩立特的破产意味着我的战略核心理论不行了,恰恰相反,它印证了我的核心理论,对任何公司来说,要一直跟上和适应产业变化并不是一件容易的事。"

但时代毕竟变了,互联网正在重构一切,迈克尔·波特需要从理论上证明,互联网为什么不能重构他的战略理论。

....

第二节 市场竞争战略策划

在决定了市场竞争战略后,企业在落实方面还需要制定一系列相应的竞争策略。企业的市场竞争策略作为实现市场竞争目标和战略的具体手段,不仅要考虑企业本身选择的竞争战略的要求,而且还要考虑企业在市场竞争中所扮演的角色,即企业的市场竞争地位。市场竞争地位不同的企业,由于在市场中的既有利益差别很大,其用于维护市场利益的手段就不可能相同。

一、企业市场竞争地位的划分

在某一市场中,各个企业的市场地位从长期来看是动态变化的;而在一定时期内,每个企业的市场竞争地位又是相对稳定的。通常情况下,一个企业的市场份额是最综合反映企业竞争成果和竞争实力的指标,所以,最常用的划分企业市场竞争地位的方法就是按照市场占有率的高低将企业分为市场主导者、市场挑战者和市场追随者、市场利基者四种类型。

(一)市场主导者

市场主导者是指在相关产品市场上占有率最高的企业。通常情况下,大多数行业都有一个企业被公认为是市场主导者,它在产品价格变动、新产品开发、分销与促销实力等方面处于市场主导地位。市场主导者是市场竞争的焦点,也是其他企业挑战、效仿或回避的对象。如软饮料行业中的可口可乐公司、快餐行业中的麦当劳公司等。这种市场主导者几乎各行各业都有,它们的地位是在竞争中自然形成的,但不是不变的。

(二)市场挑战者和市场追随者

在市场中,那些与市场主导者相比居于次一级地位的企业(市场占有率处于主导者之后的第二、第三甚至更低一些的企业)采取的市场竞争策略的目标可能有两种:一是争取市场主导地位,向市场主导者或其他的竞争对手挑战的企业,即市场挑战者;二是安于次要地位,在"和平共处"的状态下求得尽可能多的收益的企业,即市场追随者。每个处于市场次要地位的企业,都要根据自身实力和环境提供的机会与风险,决定自己在竞争中是扮演"挑战者"还是"追随者"的角色。

(三) 市场利基者

每个行业几乎都有一些小企业,它们专注于市场上被大企业忽略的某些小的细分市场,在这些小市场上通过专业化的经营来获取最大限度的收益,也就是在大企业的夹缝中求得生存和发展。这种有利的市场位置在西方被称为"Niche",通常音译为"利基"。占据这种市场位置的企业就被称为市场利基者。

二、处于不同市场地位的企业的竞争策略

(一) 市场主导者竞争策略

市场主导者虽然在市场上处于主导地位,但并不能因此而高枕无忧,因为它面临着许多竞争对手的攻击和挑战。因此,市场主导者必须采取适当的竞争策略,以便维护和确保自己的市场主导地位。通常,市场主导者可以采取三种策略来维护自己的主导地位,即扩大整个市场的总需求、保持现有市场占有率和进一步提高市场占有率。

1. 扩大整个市场的总需求

由于市场主导者的市场占有率最高,所以,市场总需求量增大时其收益也最大。一般情况下,市场主导者扩大市场总需求经常运用以下三种策略:

(1) 发现新的使用者。

对于某种产品来说,经常会由于种种原因使其市场需求潜力没有得到最大限度的发掘,发现并挖掘新的使用者是扩大市场需求的重要方式。市场主导者具体可以采用的策略包括:市场渗透,即转变不使用该产品的潜在顾客的态度,进而成为使用者;将产品打入新的细分市场,包括新的目标顾客群和新的地理区域。

(2) 开辟产品新的用途。

对于许多产品来说,潜存着一些未被发现的功用,市场主导者通过发掘其新用途,可以使产品的需求量迅速增长。如碳酸氢钠(俗称"小苏打")自投放市场后的120多年里,销售量一直十分平稳,当被发现其具有消除冰箱异味的功能后,市场需求量随即大幅度攀升。

(3) 刺激现有顾客增加使用量。

市场主导者通过运用一些适当的措施和手段,可以促使顾客增大产品的使用量,也可以有效地提高整个市场的总需求。如服装制造商通过加快推出新款服装的频率来刺激顾客购买更多的服装。

2. 保持现有市场占有率

市场主导者在谋求扩大整个市场总需求的同时,还要防范市场挑战者的攻击,从而保护已经取得的市场占有率和市场地位。在许多市场中,市场挑战者的力量是不可低估和轻视的,它们对市场主导者会产生很大的威胁,如果不能有效抵御它们的攻击,就可能被取而代之。

市场主导者抵御市场挑战者需要从两个方面同时入手：首先，必须及时发现和弥补本企业各个方面可能遭到攻击的弱点，使市场挑战者无可乘之机；其次，由于进攻是最好的防御，市场主导者不能满足于现状，要以攻为守，即通过不断地增强竞争优势，巩固本企业在产品开发、产品成本、分销与促销效率以及产品服务等各方面的领先地位，以积极的态度抵御竞争对手的挑战。

3. 进一步提高市场占有率

市场占有率对于每个企业都具有非常重要的意义。市场主导者可以通过进一步提高市场占有率来巩固自己的主导地位。市场主导者提高市场占有率不仅可以大幅度增加产品的销售量，而且可以有更高的投资收益率。有研究表明，在一些行业中，市场占有率高于40%的企业的平均投资收益率是市场占有率不足10%的企业的3倍。

但是，并非在任何情况下提高市场占有率都能使企业的利润同步增长。高市场占有率导致高收益的条件是：市场占有率的提高不致引起反垄断指控；产品单位成本随市场占有率的提高而降低；如果企业欲通过进一步提高产品质量来提高市场占有率时，则必须使市场所接受的价格的增长幅度高于为改善产品质量所增加的成本提高的幅度。

（二）市场挑战者竞争策略

与市场主导者相比，市场挑战者在行业中的市场地位较低，但也具有相当的竞争实力。市场挑战者通常主要采取进攻策略向市场主导者或其他的竞争对手发起挑战。

1. 确定挑战对象

市场挑战者在选择竞争策略之前，首先需要确认挑战对象。通常，市场挑战者攻击的对象可能是市场主导者，也可能是与自身实力相当的企业，甚至是弱于自身的企业。向市场主导者发动进攻是风险大而回报也较大的一种选择。但只有在市场主导者在某些方面存在弱点或失误，同时自身正好具备这一方面的优势时，这一选择才有意义。而以弱小企业为攻击对象，对于市场挑战者来说虽然回报较小，但由于所需成本低、成功率高，积少成多也能取得可观的效果。

2. 选择攻击策略

在选定挑战对象后，市场挑战者针对不同的竞争对手，根据自身的竞争实力的强弱进行对比，选择合理的挑战策略就成为能否成功的关键。在市场竞争中，通常有以下五种竞争策略：

（1）正面进攻。

正面进攻是指市场挑战者集中全部优势力量攻击竞争对手的主要市场领域，即直接向竞争对手的优势项目发起攻击。要想以正面攻击取得成功，市场挑战者必须在产品、价格、分销以及促销等各方面均具有超过竞争对手的优势，否则，采取正面进攻的风险很大，甚至是一种自杀行为。正面攻击的胜负取决于在攻击点上双方优势及实力的对比。即使是规模大、实力强的市场挑战者，也未必一定能取胜。

（2）侧翼攻击。

侧翼攻击是指市场挑战者集中力量攻击竞争对手的弱点。通常，企业都会在其主要市场建立牢固的防线，而其他次要市场的防御一般较为薄弱。市场挑战者往往在正面攻击力量不足的情况下,选择竞争对手防御较为薄弱的侧翼发起攻击。这种攻击风险小,比较容易取得成功,并且不易引起竞争对手的强烈反应。

通常有两种侧翼攻击是比较有效的:一是发掘并进入市场主导者和其他的竞争对手尚未占领的细分市场,使其发展成为强大的细分市场;二是为市场提供更好的差异化产品,以夺取更多的市场份额。

(3)围堵攻击。

围堵攻击是指市场挑战者从各个方向对竞争对手发起全面攻击,即对竞争对手的强项和弱项都加以攻击。实施这种攻击策略要求市场挑战者在各个方面拥有大大超过竞争对手的优势,并确信能够迅速、全面地突破竞争对手的防御。

(4)迂回攻击。

迂回攻击是指市场挑战者避开竞争对手的现有市场领域,打入竞争激烈程度较低的市场,对竞争对手发起间接的进攻。通常,市场挑战者可以采取三种方式实施迂回攻击:一是发展各种与竞争对手无关的新产品;二是以现有产品开拓竞争对手尚未进入的细分市场;三是加强新技术、新产品的研究和开发利用,以更好的产品取代竞争对手的现有产品。

(5)游动攻击。

游动攻击是指规模较小、力量较弱的市场挑战者,对其竞争对手发起的小型的、间歇式的攻击。游动攻击是小企业用来对抗大企业的一种策略。市场挑战者通过游动攻击骚扰竞争对手,逐步削弱竞争对手的实力,以便寻找机会建立永久性的立足点。

(三)市场追随者竞争策略

市场追随者主要通过仿效行业中的市场主导者来谋求自己的生存和发展。但是,市场追随者并非被动、简单地模仿市场主导者,而是采取有效的跟随策略,确保在不危害和威胁市场主导者的根本利益、不会引起竞争对手报复的前提下,保持其现有的顾客,并谋求取得适当比例的新顾客,以达到提高市场占有率或增加市场销售量的目的。市场追随者由于不需要大量的投资,使其在成本上具有一定的优势,常常可以获得满意的利润,其投资收益率甚至可以超过行业的平均水平。通常情况下,市场追随者可以采取的基本竞争策略有以下三种:

1. 紧密跟随

紧密跟随是指市场追随者在产品、价格、分销、促销及其他方面,尽可能地模仿市场主导者。这种市场追随者往往很少关心市场的开发和培育,它们只是依赖市场主导者在市场开发、产品开发及其他方面的投资,靠拾取市场主导者的残余市场来生存。

2. 有距离追随

有距离追随是指市场追随者在某些方面模仿市场主导者,而在另一些方面又与市场主导者保持一定的差异。如在产品包装、广告宣传、产品价格等方面与市场主导者形成差异,而在产品功能、分销渠道等方面追随市场主导者。如果这种追随不具有攻击性,市场主导者不会介意这些市场追随者的存在。

3. 有选择追随

有选择追随是指市场追随者择优模仿市场主导者的某些做法,而在其他方面保持自己的独创性。这种市场追随者将有可能发展为市场挑战者。为了避免与市场主导者直接竞争,市场追随者往往会选择与市场主导者不同的细分市场来销售产品。

(四)市场利基者竞争策略

市场利基者以规模较小的细分市场为目标市场,通过为特殊的顾客提供专门的产品和服务来谋求生存和发展。在许多的行业中都会存在一些被大多数企业忽视的市场空缺,市场利基者填补这些市场空缺有时可以获得高利润。

(1)市场利基者要想通过填补市场空缺来取得成功,关键在于发现和评估有利可图的市场空缺。一个既安全又有利可图的市场空缺应具备的特征包括:① 必须有足够大的市场规模和购买力;② 必须有成长的潜力;③ 该市场对主要竞争对手不具有吸引力;④ 企业有为该市场提供有效服务的能力;⑤ 企业能够通过为顾客提供优质的产品和服务来抵御竞争对手的攻击。

(2)市场利基者要想获得一个具备上述特征的市场空缺,就必须在市场、产品、顾客以及分销等方面实行专业化营销。通常,企业可以选择的专业化方案有以下八种:

① 按最终用户专业化,即专门致力于为某一类最终用户提供服务;

② 按垂直阶段专业化,即企业专门于本行业产品生产经营全过程中某一个环节;

③ 按顾客规模专业化,即企业集中力量专门服务于特定规模的顾客;

④ 按特定顾客专业化,即企业专门服务于某一个或某几个最主要的顾客群;

⑤ 按地理区域专业化,即企业专门服务于某一地区或地点的市场;

⑥ 按产品特色专业化,即企业专门经营某一种或某一类产品;

⑦ 按质量与价格专业化,即企业专门经营某一质量或价格档次的产品;

⑧ 按服务项目专业化,即企业专门提供某一种或某几种其他企业没有的服务项目。

填补市场空缺策略并非只适合于小企业,对于在行业主要市场上市场占有率较低的大中型企业来说,填补市场空缺可能是一个明智的选择和有效的成长途径。大企业同样可以在小市场中大有作为。

第三节 目标市场战略策划

目标市场营销的三个主要步骤是市场细分(Segmentation)、选择目标市场(Target Market)和市场定位(Market Positioning)。通过识别、评估、选择目标市场,企业能够制定出一个更为行之有效的营销策略。

一、市场细分

市场是指某一产品的现有的或潜在的消费者。例如,同样是消费啤酒,但消费环境、消费背景及消费者自身均存在差异,这样差异化的需求满足使得企业的营销策略会变得有所不同。但是,经验告诉市场营销人员,在很多情况下,即使是在购买同一种产品的消费者之间也存在不同之处。市场营销人员试图在整个市场的范围内辨别市场和细分市场,也就是说,他们试图对市场进行划分。

■ 阅读材料 6-2

宝洁公司的市场细分[①]

宝洁公司作为美国著名的化妆品制造企业,早在20世纪80年代就开始进入中国市场,并在护肤及卫生用品市场展开了一系列成功的市场细分和定位策略。而国内同一领域的企业往往是希望通过同样品牌的少数几个品种来满足所有的市场需求。

在20世纪80年代初,宝洁公司针对当时中国消费者中头皮屑患者较多的现象,敏锐地觉察到这一细分市场,因而率先推出具有去头屑功能的"海飞丝"洗发水,这一产品在市场上获得了巨大成功,并且成为当时时尚的消费品。其后,宝洁公司又针对城市女性推出了"玉兰油"系列护肤品。除了以上品牌以外,宝洁公司又陆续推出了针对不同细分市场的多个品牌的护肤及洗涤卫生用品,如"飘柔"洗发护发二合一,既方便又能使头发飘逸柔顺;"潘婷"则含有维他命原B_5,可以令头发健康而亮泽。这一系列产品定位鲜明、细分市场明确的战略,在宝洁公司的发展和壮大过程中起了决定性的作用。

宝洁公司的细分市场告诉人们,在任何市场需求的背后都隐藏着这种需求可以被进一步明确地细分的潜力和可能,企业在既定的市场需求面前绝不是无所作为的。

二、市场细分的层次

在讨论市场细分的层次之前,我们先将卖方市场中的"大众化营销"观点与今天买方市场中的营销观点进行比较。在大众化营销中,卖方为所有的购买者进行大量生产、大量分配和大量促销单一的产品。如亨利·福特提供黑色的T型汽车给所有的顾客。在卖方市场中,大众化营销的成本很低,这使得企业可以以较低的价格销售产品,而获得较高的毛利。然而,今天的消费者可以在电视、广播、报纸、杂志、互联网等媒体中获得信息;消费者可以在大卖场、专卖店、超市、便利店、折扣店购买产品,还可以通过互联网购买商品。广告媒体和分销渠道的多元化以及消费者需求的日益多样化使大众化营销变得越来越困难。许多的企业正在放弃大众化营销并转为以下四个层次之一的微观营销。

(一)细分营销

细分营销是指企业针对某一具有相似需求的市场所设计的营销。在某一细分市场上往往有大量的细分市场片。细分市场片由在一个市场上有相似需求的消费者所组成,细分市场片中的消费者的需求并不是完全一样的。在很多情况下,企业应该提供灵活的产品或服务,而不是仅仅向这一细分市场片提供一种标准产品。灵活的市场供应品由基本解决部分和自由选择部分组成。基本解决部分是为所有的细分市场片成员提供的产品或服务,自由选择部分是只为某些细分市场片成员提供的产品或服务。

市场细分面临的首要问题是市场细分变量的选取。市场细分变量是指那些反映需

---

① 屈云波,高媛.市场细分——找到您的顾客[M].北京:企业管理出版社,1999,有改动.

求内在差异,同时能用作市场细分化依据的可变因素。从消费者市场来看,影响需求倾向的因素归纳起来主要有地理因素、人文因素、心理因素和行为因素。以这些因素为依据细分市场,就形成了地理细分、人文细分、心理细分和行为细分这样四种市场细分的基本形式。

阅读材料 6-3

"酷儿"的细分策略

1999年,"酷儿"在日本研制成功;2001年,"酷儿"成为可口可乐的第三品牌,同年10月,"酷儿"在台湾地区上市,表现不俗。2002年元旦前后,"酷儿"在河南上市,迅速铺开。这已经不是一个胜者通吃的时代,尤其是在竞争多元化的成熟市场,不可能处处都赢得头彩,而此时制胜的最佳方式,就是对市场进行有效的细分,争做细分市场的领导品牌,成了精明商家迅速胜出的不二法门,这一点"酷儿"做到了。也许是天时,也许是地利,"统一"推出"鲜橙多"引起饮料大战以后,很多先入为主的果汁饮料品牌都没有针对儿童作为品牌的切入口。无论是"鲜橙多"的"多喝多漂亮"、"娃哈哈"的"我喝我的果汁",都有效地针对女性市场进行了划分,而果汁龙头品牌"汇源"的"喝汇源果汁,走健康之路"的大网捕鱼市场运作,离儿童果汁饮料市场已是渐去渐远。一年多时间没有品牌杀入儿童果汁饮料市场,给"酷儿"留下了一个绝好的机会:一方面,有着国际品牌运作经验及成熟的市场操作手法;另一方面,果汁饮料市场也恰恰给"酷儿"留下了这样一个空缺。所以,"酷儿"依其市场细分策略,有效针对儿童果汁饮料市场,从"真空"地带切入果汁饮料行业并迅速风行,乃是顺理成章的事。"酷儿"在中国市场细分的目标群体是6—14岁的儿童,从当时果汁饮料市场的竞争态势来看,大部分品牌都把目光集中在了女性、漂亮及个性化方面。所以,"酷儿"一出,其品牌形象与渠道通路等方面一下子就跳脱于激烈的竞争,与其他品牌形成了鲜明的对比,尤其是"酷"形成了鲜明的对比元素,与其他品牌拉开了竞争的距离,亲近了目标消费者。从营销战略上来讲,科学的市场细分再细分,是"酷儿"成功的基础,相反,如果"酷儿"上市不是进行有效的市场细分进入儿童果汁饮料市场,而是杀入大家都在竞争的偏重女性的个性市场,未必能打得过先入为主的"鲜橙多",也就谈不上什么优势了。

(二)补缺营销

补缺是更窄地确定某些群体。当细分市场相当大时,通常会吸引很多的竞争者,而补缺市场相当小并只吸引一两个竞争者。一个有吸引力的补缺市场具有的特征包括:

(1)补缺市场具有足够的规模、利润和成长潜力;

(2)补缺市场的顾客有明确的一组需要并且他们愿意为最能满足其需要的企业支付溢价;

(3)企业拥有满足此市场需要的资源和能力;

（4）补缺营销不会吸引强大的竞争者的注意力或企业可以依靠在顾客中建立的信誉来保护自己的地位。

企业可以通过把细分市场再进行细分来确定补缺的方法。例如，耐克公司一直在为各种不同的运动员设计特殊的鞋，如登高鞋、跑步鞋、骑车鞋、啦啦队鞋等。大型企业在选择细分市场片时，不可能完全覆盖，总会留下一些市场的碎片，正是这些碎片为小型企业提供了服务的空间。

由于自身条件的限制，在激烈的市场竞争中中小企业往往面临能力先天不足的窘况。在实力壮大之前，中小企业应主动避免与大企业正面交锋。这无疑是中小企业进行营销的一个基本取向。因为一旦演变为正面冲突，大企业一定会倾全力进行报复性反击，使中小企业遭受重创。补缺营销战略正是基于这一考虑的重要营销法宝。它是指中小企业以那些被大企业所忽略的空缺市场为目标市场，力求在这些市场通过专一化的经营以获得最大收益，而不与同行业的大企业竞争。这种战略可以使中小企业避开大企业的直接威胁，以市场补缺者的角色赢得竞争优势。

如日本小松叉车公司的成功可资借鉴。该公司起初在叉车行业中名不见经传，与居行业第一位的丰田公司的差距很大。但是，小松叉车公司发现丰田公司忽视了小型机种及蓄电池叉车的市场，便相应地充实小型机种，扩大蓄电池叉车的产量，以求得发展。这一做法避免了全面的攻坚战和来自丰田公司的反击，最后促使小松叉车公司成为叉车行业居第二位的企业。

为了确保战略实施的效果，补缺市场的恰当选择是一大关键。理想的补缺市场，应是那些有足够的市场容量和购买力，但对主要竞争者不具有吸引力，而能给中小企业带来较高利润的细分市场。

（三）本地化营销

本地化营销是指企业采用地区和本地化的营销方法制订营销计划，更好地满足本地顾客群的需要和欲望（可能是贸易地区、邻近区域，甚至是个性化商店）。但是，本地化营销减少了规模经济，从而增加了制造成本和营销成本。由于企业要满足不同地区的需求，物流的效率可能会降低。并且，如果各地的产品和广告不同，那么品牌的整体形象可能会被削弱。

阅读材料6-4

洋品牌的中国味道[①]

从肯德基购买一份中国式的早餐，油条、香菇鸡肉粥，21岁的王蓉告诉肯德基的员工要打包。走出去，北京清晨的太阳被蒙在雾霾之中，不刺眼，甚至可以直接观察那一团昏黄中的阳光。

---

① http://yuqing.people.com.cn/n/2014/0519/c358832-25034088.html，有改动。

这是一个90后,她鼓励自己的方式是不管旁人目光,大声地说出:"王蓉,你要加油。"然后走进地铁站。王蓉的目的地是国贸CBD,在那里,她将开始一天的工作。

这就是中国年轻一代日常生活一幕,王蓉告诉记者,她已经习惯了走进肯德基买早餐,这和她小时候在胡同里吃到的味道一样。她没有觉得到在肯德基吃到中国式早餐有什么不妥,甚至,她反问记者,这里的食物更干净卫生,难道不是这样吗?

事实上,王蓉的习惯,恰是肯德基在中国本土化成功的影响。从1987年进入中国,80、90后这一代中国年轻人已经习惯了肯德基、麦当劳等国外餐饮巨头的快餐店在他们身边开设店面。在生活中,这是年轻人聚会的场合,他们会在微信里面沟通,"去哪里见?"朋友们大多时候会回复,"在××地方的肯德基"。更多的可能是,点杯饮料,聊会儿天,歇歇脚,然后去往另一个地点,或看电影,或和闺密逛街。

当然,这个约见的地点也可能会是麦当劳、星巴克。在中国的繁华商业圈,大多数时候,肯德基那标志性的戴着眼镜的白胡子老爷爷的旁边不远处,往往就是麦当劳叔叔的招牌。而星巴克的充满后现代风格的美人头像标志,也在另一个地点,等待迎接你的到来。

就是这样,中国的新一代年轻人已经接受了这些洋品牌在他们的生活中占据重要的位置。商务部研究院国际市场研究部副主任白明告诉记者,不能不说的一点是,在这些洋品牌提供的服务中,越来越多的也有中国味道的存在。"包括肯德基在内的国际知名品牌,通过几十年的努力,培养了中国年轻人的消费方式。到他们有下一代的时候,也会潜移默化的影响到他的孩子,这是国外品牌在中国本土化成功的例子。这已经是一种生活层面的影响结果"。

肯德基的口号是"为中国而改变,打造新快餐"。百胜餐饮集团中国事业部主席兼首席执行官苏敬轼对此则表示,肯德基在中国的发展进程分为三个阶段。2004年之前,肯德基尽可能保留并呈现其美式品牌的原汁原味。2004年之后,则提出了"立足中国,融入生活"的总战略,为中国而改变,全力打造"新快餐"。在这个阶段,产品研发融入中国元素,店面开发全面提速,食品安全、营养健康等领域贴合中国国情,进行不同摸索和尝试。他指出,"过去十年肯德基的'为中国而改变'受到了消费者的欢迎。随着店数的不断增加,与竞争品牌间的差距也在不断扩大"。

"讨好"中国年轻人,也是在肯德基扎根中国,实施本土化战略重要的一环。2011年,由肯德基与土豆网联合出品,一帮90后自编、自演的《青春万万岁》在中国电影博物馆正式亮相。由土豆网全程直播首映礼,7万多人次在线观看了网络直播。

事实上,肯德基投资的这部微电影讲述的是一个关于90后青春、梦想和成长的必然和偶然错误的故事。一帮90后一次无意玩闹误删了老爸的电影,90后会做的是什么——拍一部新片替代它!当为自己的行动发生争执后,90后交流的语言是什么?—yes, no ,yes you know!

不得不承认,这样的另类,独属于90后。肯德基品牌总经理韩骥麟谈到这次微电影的拍摄时说,90后的孩子对肯德基这个品牌有着不一样的情感,他们是真正意义上吃着肯德基长大的一代。或许人们对90后有着各种解读,不少都是批判的声音。而肯德基想为他们做些事情,认真聆听,平等对话。电影是90后喜欢的一种方式,然后呢?肯德基掏出大把钞票,协助他们实现这个梦想。

不仅如此,肯德基渗透至青少年的举动向高中生领域进发。这一次选择的载体,是肯德基全国青少年校园青春健身操大赛。韩骥麟对记者表示,肯德基是青少年喜爱的餐饮品牌,帮助青少年树立健康生活的理念是肯德基义不容辞的责任。肯德基一直倡导"新快餐",并且在此基础上提出了"天天运动,健康一生,让我们动起来"的口号。

肯德基为广大青少年搭建快乐运动的平台,从此让这些年轻人记住了在"均衡营养"的同时,更记住了肯德基品牌。白明说,这些根据中国特点组织的营销活动,只有一个目标,融入中国本土,影响中国人的生活方式,最终成为肯德基的消费者。

玩转中国市场,必先把握中国人的生活习惯,其背后则是国际跨国公司理解中国传统文化等,进一步实施本土化经营的策略。

市场营销专家王吉鹏对记者表示,任何一个跨国公司进入中国之前,都会专门设立团队研究中国传统文化。比如说肯德基,早在1985年,时任肯德基总经理的迈耶就试图开拓中国市场。迈耶所做的第一件事情,就是首先要熟悉和理解中国的文化底蕴。对于肯德基而言,面对世界上市场潜力最大的中国,这是一场志在必得的胜利。

1986年的4月,迈耶改组肯德基东南亚地区办公室,并任命具有中国成长背景,又有国外求学经验的中层管理人员王大东出任肯德基东南亚地区副总经理。这样保障了跨文化管理,尤其是对东方人的管理积累了足够的经验,另外拥有熟悉中国市场特点的运营人才,在进入中国之后能够迅速融合。王吉鹏认为,在做足前期工作准备之后,1987年肯德基才在北京前门繁华地带设立了在中国的第一家餐厅,正式启动了中国区战略的步伐。

王吉鹏介绍,随着对中国本土化运营的深入,国际餐饮品牌在融入中国市场的同时,更体现出向着中国本土纵深化发展的趋势。比如肯德基推出的早餐粥、老北京鸡肉卷等中国传统食品,星巴克结合中国传统文化推出了传统的茶饮料,市场反应良好。

事实上,国际跨国公司在中国的发展势头迅猛,中国市场的占有率虽各不相同,但是总体趋势就是本土化经营。从一定程度上来说,无论跨国企业在本国发展的如何成功,但进入中国市场,都需要对中国本土化有一个了解的过程,否则将很难在中国市场上获得良好的发展。

(四)一对一营销

市场细分的最后一个层次是"一对一营销"。在工业革命之前,市场营销人员知道每位顾客的名字,了解他们的需求,为不同的顾客提供不同的产品或服务,如裁缝为顾客定制不同的服装,银行家为需求不同的客户提供不同的服务。工业革命降低了市场营销人员提供给顾客的产品或服务的成本,使他们为更多的顾客提供产品或服务,但是它往往使市场营销人员对顾客需求的了解程度大不如前了。今天的信息革命使越来越多的企业既可以为大量的顾客提供产品或服务,又可以深刻地理解他们的需求。企业开始大规模地定制自己的产品。大规模定制是指企业以大规模生产的成本和速度,为单一客户或小批量多品种的市场定制生产任意数量的产品。大规模定制为"一对一营销"的产生奠定了基础。

"一对一营销"的四个基本步骤是识别客户、区分客户、与客户进行交流和定制。

1. 识别客户

企业要尽可能详细地了解客户的详细情况。即企业要能够在所有的接触点,通过所有的媒介,跨越各种产品线,在任何地点及各个企业分布都能识别客户。

2. 区分客户

对于企业来说,客户的价值是不同的。有些客户非常有价值,有些客户的价值则不高。此外,客户的需求也有很大的差异。所以,在企业已经对客户进行了识别后,还要对他们进行区分。这样才能够分出优先顺序,并从最有价值的客户那里获得最大的回报;这样才能够基于客户的个性化需求,针对每位客户调整企业的行为。

3. 与客户进行交流

要想实施"一对一营销",企业必须提高与客户交流方面的效率和效果。企业要以尽量少的花费,更好地加深与客户的关系,获得有价值的客户信息。企业往往可以利用这些信息推断出某位客户的特别需求。

4. 定制

数据库、互动技术和大批量定制技术使"一对一营销"成为可能。数据库处理技术使每个企业可以跟踪自己的每位客户。互动技术,包括网站、呼叫中心等使企业可以及时收到每位客户反馈回来的信息。而大批量定制技术使得每个企业可以以较低的成本生产多种型号的产品。

■ 阅读材料 6-5

互联网背景下的定制营销

随着企业之间竞争的加剧,商品和服务同质化日益严重,对企业的营销创新提出了更高的要求,在互联网迅猛普及的大背景下,消费者的消费行为正在不断演变,消费者正逐渐从被动消费走向主动消费。企业的营销职能已经不仅仅停留于满足市场需求,因为在商品琳琅满目的花花世界中,有时候消费者并不十分明确自己的需求是什么,有时候则是有特殊的个性需求却得不到满足,只能委曲求全于大规模制造的标准产品。所以,未来企业营销的功能会升级为创造需求、引导需求,在这个层面上,显然"个性化定制"和"互联网"是两个极其重要的关键词。

定制营销(Customization Marketing)是指在大规模生产的基础上,企业将市场细分到极限的程度,也就是说把每位顾客当作一个细分市场,根据其个性的要求,专门单独设计、生产并快速交货的营销模式。定制营销的核心价值在于最大化地创造、满足顾客需求,并且获得比规模化产品更高的利润作为回报。早在1993年,美国畅销书作者派恩就预测到大规模定制业务的兴起,随后,成功实施定制营销的传统企业数不胜数,它们的创意和运营各不相同,但唯一相同的地方是,它们都掌握了先进的互联网技术来进行营销模式的创新。

一、定制营销的特征

一般来说,定制营销包括以下四个特征:

1. 定制营销重视与顾客的双向沟通。定制营销强调与顾客的沟通,这种沟通不是单向的,而是以"双向信息交流"的方式进行的。通过双向沟通以及信息反馈机制可以克服传统市场营销的"单向信息交流"方式中营销者与顾客之间无法沟通的致命劣势,在企业与顾客之间形成互动,获得传统的营销调研活动所无法获取的信息。

2. 满足顾客个性化需求是产品生产的出发点。市场营销活动应该以消费者需求为出发点,同时以消费者需求的满足为归宿。在定制营销活动中,企业按照顾客的个性需求为其提供量身定做的商品或服务。

3. 产品结构模块化,核心产品标准化。定制营销要实现企业成本节省与顾客个性化需求满足的最佳状态,企业只有依靠产品结构模块化、核心产品标准化,进行柔性化生产。柔性化生产是企业既满足消费者个性化需求,又能降低成本的一种有效的生产方法。

4. 定制生产以大规模生产为基础。为了满足消费者的个性化需求,定制必然会带来企业成本的提高。要减少这些成本,开展定制的企业必须将生产建立在大规模的基础之上,即把一系列具备高度特殊性的产品分解为可预先独立存在的模组。通过对不同模块的组合,从而为客户提供量身定做的商品或服务。因此,定制营销并非适合于每种产品或服务,企业必须根据产品特性等来选择自己的营销方式。

二、定制营销模式的成功策略

显然,互联网技术的不断成熟与普及为企业进行定制营销提供了广阔的天地,如果说信息化是定制营销的基础,那么营销策略则是定制业务成功的关键。对于做惯了传统营销的企业来说,定制营销更提倡沟通的互动性和即时性,对营销策略的创意要求更高。

策略一:引发消费者的兴趣。

实际上,并不是所有的商品都可以定制,如纸巾、酱油、螺丝刀这样功能不强和文化内涵不高的产品是很难做到定制的,因为根本无法引发消费者定制的兴趣。玛氏糖果公司在2004年推出了M&M巧克力的定制业务,允许顾客通过网上选择巧克力的颜色,并可以在糖果表面的一侧加上自己的口号,另一侧则必须保留"m"的标志,其价格相当于普通产品的5倍,而且最少4包起订,要15个工作日才能到货,但是这些并不能阻止顾客们的喜爱,玛氏糖果公司因为此业务在数周内增加了两条生产线。可以说,玛氏糖果公司的成功就在于把普通的巧克力糖果变成个性化的零食、有情趣的聚会小点心、大型活动的宣传工具甚至于是情人的礼物,供不应求也就理所当然了。

策略二:建立客户数据库。

对于定制营销来说,建立庞大、精准的客户数据库显得尤为重要:一来便于企业更有针对性地与顾客沟通,快速地处理订单;二来可以提高顾客的忠诚度,增加重复订单的概率,因为一旦顾客把资料存入了数据库,他们就有强大的积极性再次消费。如美国的休闲运动装品牌地极公司设计了一系列用于计算人体尺寸的程序,顾客只要在网上提供自己身体每个部位的尺寸,地极公司的数据库马上会塑造出一个独特的体态模型,紧接着迅速生成订单,直接发往生产商制作衣服并快递给顾客。地极公司40%以上的顾客都选择定制服装,尽管这要比标准尺寸贵20美元,因为除了第一次购买需要提供详尽的尺寸以外,第二次下单则变得非常简单。客户数据库可以涵盖客户的年龄、性别、籍贯、家庭情况、体型数据、爱好特长等各方面的资料,对了解客户的行为习惯具有一定的研究价值。

策略三:一对一精准沟通。

传统企业大多通过调查问卷、亲身走访观察、焦点小组讨论、分析订单特点等方式做市场研究,然而,由于受环境、情绪等各种因素的影响,这些方法得出的结果并不十分精准,甚至导致答案失真。但是定制营销则不同,企业必须把每个消费者当作一个市场来研究,精确、详尽地了解其对产品的期望和要求,最大化地去满足每个消费者,定制营销如果做不到100%的顾客满意度,基本上可以说是失败的。通过一对一的精准沟通,将消费者所要的商品呈现在他的眼前会极大地提升顾客的消费欲望。

策略四:和传统业务互补。

近期,海尔在其网络商城推出了"我要我设计"的手机服务DIY大赛,让商城用户自行设计手机服务的组合,然后由网友投票来选出获奖者,奖品有上网本和海尔手机等。这是很好的定制营销尝试,也是对传统营销模式很好的补充,通过这样的竞赛活动,不仅可以让消费者体验设计手机的愉悦,而且还能了解消费者对手机服务的需求,提高网络商城用户的黏性,可谓一举多得。但是严格来讲,这还不算真正意义上的定制营销,因为最终消费者并不能得到自己设计的手机商品。定制营销除了要让顾客得到自己个性化的商品以外,另一个功能是拉动标准化产品的销售,并从定制营销中了解到市场变化,不断改善自己的标准化产品。如耐克的一些新品设计灵感就来自于客户的创意,定制业务增长的同时也促进了传统业务的增长。

三、定制营销模式面临的挑战

定制营销虽然"钱"途无量,但却不是任何企业都有能力去做的,定制业务对企业的信息化程度要求很高,企业至少要具备三个条件才可以尝试大规模的定制营销:第一,企业在产品设计和品牌文化方面有一定的市场影响力,很难想象一个做洗发水的中小型企业能够实施定制营销战略;第二,企业要有数量庞大的配件或者配方组合,可供消费者选择体验,这将对企业的创新能力和基础实力提出更高的要求;第三,企业要有长远的战略眼光和规划,急功近利显然做不了定制业务,满足单一的顾客需求是需要耐心的。

……………

所以,定制营销对于传统企业而言看似接近,其实还有很长的路要走,横隔在传统企业面前的至少有以下四个挑战:

挑战一:定制平台的搭建。

在定制平台的搭建方面,企业需要既有专业技术,又有创新能力的互联网人才,从网站的整体设计,到产品的组合展现,以及顾客各个观看的角度,都会直接影响消费体验,如果没有好的创意,又提不起顾客的体验兴趣,那么定制的价值就不存在。所以,定制营销首先要解决人才问题,定制平台是企业与消费者沟通的通道,也是吸引消费者消费的关键触点。

挑战二:优化供应链管理。

从采购、仓储到生产、物流,企业如果不能做到高效管理,就无法快速处理顾客的订单,有时候甚至连顾客要求的颜色、材料都会弄错,那么个性化定制也就无从谈起。这方面除了专业的人才以外,建立高效的供应链信息系统至关重要,这不是一套简单的进销存软件就可以解决的,企业需要智能化的管理运营能力,根据库存和订单情况,即时地告知采购什么原料、采购的数量、从哪里出库、由谁跟进等,显然当下很多的传统企业都无法做到这一点。

挑战三:互动营销。

既然把每个消费者当作是一个细分市场,那么企业一定要对市场的反应即时地做出回应,所以定制业务在营销方面最关键的就是"互动"。随着智能手机的普及,互联网有了移动性,各种互联网工具让每个消费者都成为信息的传播者,任何顾客抱怨都可能成为潜在的企业危机。戴尔公司在这方面显然是一个成功的先行者,其名为"第二人生"的个人数码产品定制网站号称是当前最大的3D实景网络社区,注册用户可以参与戴尔公司产品的设计,并可以观看到生产、配送的整个过程。让顾客深度地参与进来,是定制营销成功的关键之一,这需要企业更好地去运用社会化网络媒体。

挑战四:保证销售利润。

个性化的产品有其独特性,所以价格会比标准化生产的产品贵,但是消费者乐意接受。实际上,定制业务是"零起点"营销、以销定产,企业的生产运营受客户的需求驱动,所以一定要保证低库存甚至零库存,从而保证经营的利润。实际上,定制营销的核心在于产品设计和用户体验的创意,其他业务基本上都可以用外包的方式解决,这样才能做到快速生产、快速反应。在这个层面上,企业的资源整合能力就变得尤为重要了,供应商的甄选、生产商的监控、物流商的管理等都需要企业有足够的魄力和能力去应对。

定制营销的时代正向我们走来,因为有互联网这个大背景为依托,当消费者融入商品的研发、设计当中,他们不仅可以得到绝对满意的产品,而且也会体验到消费的乐趣，而企业也可以因此获得更高的回报，摆脱恶性的价格战竞争、脱离山寨的模仿，可以说这是未来商业模式的最高境界。但是要达到这样的境界，必须让千千万万的传统企业参与进来。

总之，在互联网背景下，实施定制营销将成为很多企业满足顾客需求和提高其竞争力的一种有效战略。

三、市场细分的程序

对于大多数企业来说，市场细分是十分必要和非常重要的。它是企业营销活动中的具有重大战略意义的环节。企业在认真选择市场细分变量的同时，还必须在市场细分的过程中注意下列问题：

（一）市场细分的原则

有些企业是不需要进行市场细分的，如回形针的生产等。它将整个市场视为同质的市场。为了确保市场细分的实用性和有效性，企业在对市场进行细分时应注意下列四个方面的问题：

第一，可测量性，即用来划分细分市场的变量应该是可以衡量的。

第二，可营利性，即细分市场应拥有足够数量的潜在购买者和有效的需求量。

第三，可进入性，即企业有能力进入所选定的细分市场，并能为之提供有效的服务。

第四，差异性，即细分市场能够被区别开来，并且对企业不同的市场营销组合和方案具有十分明显的不同反应。

此外，企业还应该认识到许多地理因素（如城市的大小、人口密度的高低等）也会随着社会经济的发展而不断变更；人口的年龄结构、家庭规模，消费者的受教育程度、收入水平等也会随着时间变化而不断变化等。要使细分有效，企业必须树立动态观念，适时对市场细分变量的变化进行研究，以便更好地选择目标市场，采用适当的营销策略，保证营销的成功。

（二）市场细分的程序

1. 选定产品的市场范围

企业应明确自己在某行业中的产品市场范围，并以此作为制定市场开拓战略的依据。

2. 列举潜在顾客的需求

企业可以从地理、人口、心理等方面列出影响产品市场需求和顾客购买行为的各项变数。

3. 分析潜在顾客的不同需求

企业应对不同的潜在顾客进行抽样调查，并对所列出的需求变数进行评价，以便了解顾客的共同需求。

4. 制定相应的营销策略

企业要调查、分析、评估各细分市场，最终确定可进入的细分市场，并制定相应的营销策略。

第四节 选择目标市场

市场细分的最终目的是为了选择和确定目标市场。目标市场选择是目标市场营销的第二个步骤。企业的一切市场营销活动,都是围绕目标市场进行的。企业需要评价各种细分市场,根据自身的资源与能力来选择目标市场,并确定目标市场营销策略。

一、评估细分市场

目标市场是指在市场细分的基础上,企业要进入并开展营销活动的一个或一些细分市场。企业要确定细分市场,离不开对细分市场的评估。一般来说,企业应从以下两个方面分析和评估细分市场:

(一)细分市场的吸引力

企业必须考虑潜在的细分市场的规模、成长潜力、盈利率、规模经济、风险等。大企业往往重视销售量大的细分市场,而小企业往往也会避免进入大的细分市场,转而重视销售量小的细分市场。细分市场可能具有适度规模和成长潜力,然而如果这个细分市场的盈利率很低,则细分市场未必具有长期吸引力。

(二)企业的目标和资源

某些细分市场虽然具有较大的吸引力,但不符合企业长远的目标,因此,企业不得不放弃。即使某一细分市场符合企业的战略目标,企业还要考虑是否具备在细分市场获胜所必需的资源和能力。如果在细分市场缺乏必要的资源,并且无获得必要资源的能力,企业就要放弃这个细分市场。企业的资源和能力与竞争对手相比应该有一定的优势。如果企业无法向细分市场的消费者提供某些更有价值的产品或服务,那就不应贸然进入某个细分市场。

二、选择目标市场

在企业的市场营销活动中,企业必须选择和确定目标市场。选择和确定目标市场,是企业制定市场营销战略的首要内容和基本出发点。企业应该根据自身的能力和资源条件选择具有较强吸引力的细分市场。可供企业选择的目标市场范围策略主要有以下五种(如图6-2所示):

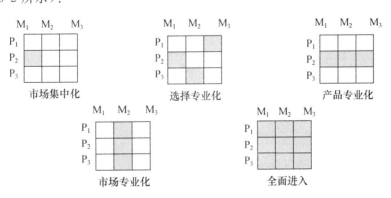

图6-2 目标市场选择的五种模式

（一）市场集中化策略

市场集中化策略是指企业只经营一种类型的产品，满足某一类顾客特定的需要。较小的企业通常采用市场集中化策略。其主要优点是能有效地增强目标顾客群体的忠诚度。

（二）选择专业化策略

选择专业化策略是指企业决定有选择地同时进入若干个具有吸引力并且符合企业的目标和资源的细分市场，并以此作为目标市场。其中，每个细分市场与其他的细分市场之间的联系较小。选择专业化策略的主要优点是企业可以有效地分散经营风险。

（三）产品专业化策略

产品专业化策略是指企业生产一种类型的系列产品，并将其销售给各个顾客群，满足其对一种类型产品的各不相同的需要。其主要优点是增强了企业的技术领先程度，易形成行业标准。

（四）市场专业化策略

市场专业化策略是指企业决定生产多种不同类型的产品，只将其销售给某一个顾客群，满足其多种需要。其主要优点是企业在增强顾客忠诚度的同时在特定市场能有效地构建市场壁垒。

（五）全面进入策略

全面进入策略是指企业生产各种类型的产品，全面地满足市场上所有顾客群的不同需求。其主要优点是企业实现了市场的全面覆盖，从而形成垄断地位。

显然，目标市场的选择对企业的生产、经营、效益等活动都有重要影响。如果采用市场集中化策略，企业可能对市场需求的适应能力弱，经营风险大；如果采用全面进入战略，企业可能会增加生产经营的复杂性，难以提高企业的利润率。因此，企业应该根据外部环境变化，企业的目标、资源，竞争对手的情况选择适当数量的细分市场。只有这样，企业才能保证目标市场营销战略的顺利实施。当企业的实力较弱时，在运用上述策略时，一般先进入最有吸引力且最有条件进入的细分市场，然后在机会和条件成熟时才酌情有计划地进入其他的细分市场，逐步发展壮大。

三、目标市场营销策略

企业确定目标市场的方式不同，选择的目标市场范围不同，其营销策略也就不一样。可供企业选择的目标市场营销策略主要有以下三种：

（一）无差异性营销策略

所谓无差异性营销策略，是指将整体市场作为企业的目标市场，推出一种商品，实施一种营销组合，以满足整体市场的某种共同需要。在无差异性营销策略下，企业把市场看作一个整体，认为所有的消费者对某种商品有共同的需求，因而不考虑他们实际存在的需求差异，依靠大众化的分销渠道和主题相同的广告，以求在消费者的心目中建立起良好的印象。如美国的可口可乐公司在相当长的时间里，由于拥有世界性的专利，仅生产一种口味的瓶装可口可乐，连广告词都一样。

无差异性营销策略的优点是成本较低。因为企业的生产品种单一，批量大，销售面广，挑选性不强，广告投入少，生产成本和营销成本都比较低。无差异性营销的理由是成本经济,人们认为它是与标准化与规模生产相适应的营销方法,经营范围窄,可以降低成本,无差异性广告可以降低广告费用。一般来说,在卖方市场条件下商品供不应求,竞争不激烈,消费者没有特殊要求的情况下,采取这种目标市场营销策略能取得较好的效果。所以,无差异性营销策略只适用于少数消费者都有共同需要、差异性不大的商品。

无差异性营销策略的缺点体现在以下两个方面:

(1)不能适应买方市场复杂多变的消费需求。在买方市场条件下,竞争激烈,这种目标市场营销策略对多数企业都是不适当的。因为企业要消费者长期接受一种商品是不可能的。

(2)如果采用这种目标市场营销策略的企业过多,整体市场的竞争会日趋激烈,就会给企业带来风险。如美国三大汽车公司由于只提供单一的大型轿车,结果给日本的汽车制造企业提供了机会。

(二)差异性营销策略

所谓差异性营销策略,是指企业根据各个细分市场中消费需求的差异性,设计生产出目标顾客需要的多种产品,并制定相应的营销策略来满足不同顾客的需要。差异性营销策略的理论依据是:根据消费者需求的差异性,捕捉更多的市场营销机遇。如美国有一家专门经营女鞋的公司针对不同的细分市场,把自己所属的900个鞋店分成高档鞋店、中档鞋店、经济鞋店和新潮鞋店四类。该公司利用这一策略,发展成为美国最大的女鞋零售商。又如,中外合资的上海旁氏公司在20世纪90年代初的中国市场上运用这一策略,针对干性皮肤、油性皮肤、需要治疗者和期望防皱者,同时推出四种不同的旁氏护肤霜,深受消费者的欢迎,迅速占有大量的市场份额。

差异性营销策略的优点体现在以下两个方面:

(1)差异性营销策略体现了企业以消费者为中心的经营思想,能满足不同消费者的需要,有利于扩大销售额;

(2)企业同时在几个细分市场上占优势,有利于提高企业的声誉,树立良好的企业形象,增进消费者对企业和商品的信任感,从而有利于企业提高市场占有率。

差异性营销策略的缺点体现在以下两个方面:

(1)企业的资源分散于各细分市场,容易失去竞争优势。

(2)企业的商品生产成本和营销成本较高,因为采用了多种营销组合措施,促销费用较多。因此,企业需要权衡一下究竟差异到什么程度最有利。为了解决这个矛盾,许多企业宁可只经营少数品种,而尽量使每个品种能适应更多消费者的需求。如美国一家公司原本专门经营供婴儿使用的洗发剂,后来为了扩大市场,同时大力向成人和老人进行推销,力图争取到更多的消费者。

(三)集中性营销策略

所谓集中性营销策略,也称密集性营销策略。它与前两种目标市场营销策略的不同之处,就是不把整个市场作为自己的服务对象,而只是以一个或少数几个细分市场或一个细分市场中的一部分作为目标市场,集中企业的营销力量,为该市场开发一种理想的产品,实行专门化生产和销售。

采取集中性营销策略的企业，追求的不是在较大市场上占有较少的份额，而是在较小的市场上占有较大的份额。企业面对若干个细分市场并不希望尽量占有市场的大部分以至全部。明智的企业宁可集中全力争取一个或极少数几个细分市场，而不是将有限的人力、物力、财力分散用在广大的市场上。

采取集中性营销策略的优点，在于营销对象集中，企业能充分发挥自身的优势，深入了解市场需求变化，降低成本，提高盈利水平。

但是，集中性营销策略也有一定的风险，由于目标市场比较狭窄，一旦市场发生突然变化，如价格的猛涨或猛跌，消费者的兴趣转移，或出现强有力的竞争对手，企业可能会陷入困境。因此，企业在选用这种策略时要谨慎从事，留有回旋余地。

四、选择目标市场营销策略时应考虑的因素

无差异性营销策略、差异性营销策略和集中性营销策略各有利弊，各自适用于不同的情况。一般来说，企业在选择策略时要考虑以下四个方面的因素：

（一）企业的资源

大型或资源雄厚的企业可以选择无差异性营销策略或差异性营销策略；而资源有限、实力不强的企业，不能覆盖更多的市场，最好实行集中性营销策略。

（二）产品的情况

一是产品本身差异性的大小，差异性很小的产品（如面粉、食盐、初级矿产品、普通钢材等），可以选择无差异性营销策略；差异性大的产品（如服装、鞋帽等），则可以选择差异性营销策略或集中性营销策略。

二是产品市场生命周期的阶段。新上市的产品，通常只有一种或少数几种款式，因为在此阶段重点是启发顾客的基本需要，所以企业最好选择无差异性营销策略，或针对某一特定子市场选择实行集中性营销策略；当产品达到成熟期时，则可以选择差异性营销策略，以维持或扩大销路。当产品进入衰退时，企业可以采取集中性营销策略。

（三）市场的情况

如果市场上所有的顾客在同一时期偏好相同，购买的数量相同，并且对营销刺激的反应相同，则为"同质市场"，企业可以选择无差异性营销策略；反之，企业则应选择差异性营销策略。

（四）竞争者的策略

一般来说，企业的目标市场营销策略应该同竞争者的目标市场营销策略有所区别，反其道而行之。如果竞争对手是强有力的竞争者，实行的是无差异性营销策略，则本企业实行差异性营销策略往往能取得良好的效果；如果竞争对手已经实行差异性营销策略，本企业却仍实行无差异性营销策略，势必失利。在此情况下，企业可以考虑实行更深一层的差异性营销策略或集中性营销策略。

第五节　定位

企业选择和确定了目标市场后，就进入了目标市场营销的第三个步骤——市场定位。市场定位是目标市场营销策略重要的组成部分。它关系企业及其产品在激烈的市场竞争中,占领消费者心理,树立企业及产品形象,实现企业市场营销战略目标等一系列至关重要的问题。

一、定位的概念和方式

为了使自己的产品产生与竞争者的产品有明显区别的产品形象,使自己的产品与竞争者的产品显示出差异,企业必须对竞争者产品的定位状况有足够的认识。因此,企业在进行产品定位时,一方面要研究顾客对产品各种属性的重视程度,另一方面要掌握竞争者的产品特色。即企业把产品和顾客两个方面联系起来,选定本企业产品的特色和形象,从而完成企业产品的市场定位。

(一)市场定位的概念

市场定位是指企业根据竞争者的产品在细分市场所处的地位和消费者对产品某些属性的重视程度,塑造出本企业的产品与众不同的、鲜明的特色或个性,并传递给目标顾客,使该产品在目标顾客的心目中占有一个独特的位置。市场定位可以塑造一种产品在细分市场中的形象,这种形象塑造是否成功取决于消费者的认可与接受程度。产品的特色和个性,有的可以从产品属性上表现出来(如形状、成分、构造、性能等);有的可以从消费心理上反映出来(如豪华、朴素、时髦、典型等)。从理论上来讲,凡是构成产品特色和个性的因素,企业都可以将其作为定位的因素。但是,在实际进行市场定位时,企业一般是依据目标市场对该产品的各种属性的重视程度,综合考虑竞争企业及其产品状况、自身的条件等一系列问题,将其作为定位的因素,从而完成产品的市场定位。

▎阅读材料 6-6

精准定位 出奇制胜——品牌定位案例解析[①]

一、宝马:"驾驶的乐趣和潇洒的生活方式"

宝马汽车是与品牌定位完美组合的成功典范,这也是造就宝马成功的原因之一。宝马的品牌核心价值是"驾驶的乐趣和潇洒的生活方式",因此,宝马总是不遗余力地提升汽车的操控性能,使驾驶汽车成为一种乐趣、一种享受。从每次宝马所打的广告语"悦,动于心",我们就可以清晰明了地体会出宝马所秉持的品牌定位,就是驾驶宝马所带来的一种乐趣,也能使消费者在想购买一款带给自己快乐和潇洒的车时,会不由自主地想到"宝马"。

西方和东方不仅在地理上有着距离,更是在文化上也有着不同的体系,宝马在进入亚洲,特别是在进入中国市场之前,就已为每款不同的车系进行了不同的品牌定位。在整体的品牌核心价值的统帅下,宝马的每个系列的车型都会有个性化的差异,以适应于不同的消费人群。如宝马三系列定位是年轻、运动,后由于市场的变化发展宝马不断为三系进行更新换代,到现在已形成四门房车、双座跑车、敞篷车和三门小型车,

---

① 作者根据相关资料整理。

共有7种引擎车款。以浪漫和实用将力量、典雅和乐趣集于一身，不断强化宝马在三系上的品牌定位，使年轻消费者在想买一款动感、典雅又尊贵的车时，不由地会想到宝马。此外，将宝马五系列定位于商务、运动，将宝马七系列定位于豪华商务，无不体现了宝马对于不同车系的品牌定位的不同效果和策略。

二、奔驰："尊贵、典雅、王者、显赫、至尊"

作为生产出世界上第一辆车的老品牌，过去奔驰给人的感觉总是有点死板和老气，年轻的一代很少关注和关心奔驰在中国的发展和销售，走在大街上，你总感觉到宝马和奥迪多于奔驰。出于此因，奔驰抓住本身历史悠久、技术先进的特点并在进行品牌定位时，不断地打造和宣传"尊贵、典雅、王者、显赫、至尊"，将自己的品牌定位于具有优雅生活气息和上流消费人群，所以奔驰在世界的主要消费人群为国家元首、公司总裁、亿万富翁。但是，全世界不可能全是富豪与元首，奔驰为了适应不同消费者的消费需求，在自己统一核心的价值观内，不断地为每个阶层的消费者生产不同品牌定位的车型与车款。

三、沃尔沃："对沃尔沃来说，每年都是'安全年'"

现今说起沃尔沃，作为一个中国人和一位沃迷来说，确实有喜有悲。喜的是沃尔沃被中国企业收购，悲的是一向在世界称霸的世界名企竟然走到被收购的地步。收购归收购，说起沃尔沃，在人们脑海中浮现的第一印象就是"超安全"的性能与无与伦比的稳定性。

沃尔沃缘何能在与宝马、奔驰的鏖战中保住自己的市场份额？几十年来，顶级奢侈品行业有一条黄金法则：永远不要问顾客想要什么，告诉他们应该拥有什么。这一法则在豪华款市场同样灵验。在沃尔沃引以为豪的品质、安全和环保的三大核心价值中，特别对于安全为沃尔沃强调得最多。为此，沃尔沃在产品和市场发展中，不断形成了一种以安全性能作为自己产品卖点的品牌定位之路，并以沃尔沃无与伦比的安全性告诉世人，想要买安全车就要买沃尔沃，因为"对沃尔沃来说，每年都是'安全年'"，这样的品牌定位宣传语，已经深入人心，深入消费者的骨髓，并间接地做到了，沃尔沃告诉了人们把钱花在哪里最值，那就是放在汽车安全性能上。经过多年品牌积淀和品牌定位的不断操作，现在在汽车市场上，只要提到安全性能的车，人们首当其冲地会想到"沃尔沃"。

（二）市场定位的方式

一般来说，企业在目标市场上并非处于独占地位，尚有其他的竞争企业在该市场上从事营销活动。因此，企业在进行市场定位时，应该加入竞争因素进行考虑，同时必须了解清楚以下问题：

1. 目标消费者

即什么样的人会来购买这个产品（目标消费者），也就是企业要了解顾客的需求状况。

目标消费者的描述与掌握是定位运作的首要因素。在其中，描述要尽量明确、完整，以便指出企业日后进攻的方向。

定位一定要简单直接、言简意赅。例如：

(1) 王老吉:怕上火,喝王老吉。
(2) 红牛:困了累了,喝红牛。
(3) 飘柔:飘柔,就是这样自信。
(4) 香飘飘:奶茶,就是香飘飘。

2. 产品的差异点

了解清楚产品的差异点,即企业要了解清楚自己的产品需要具备什么样的特点才能在市场上占据一定的位置,即目标消费者为什么要来购买或使用企业的产品。

每种产品都必须提出有力的差异点,以便企业说服目标消费者前来购买,这就是购买原因。不论这个差异点是实质的(产品的确有差异)或心理的(产品差异不大,只是消费者的心理认为其中有差异)。例如:

(1) 海飞丝洗发水:头屑去无踪,秀发更出众。
(2) 雀巢儿童专用奶粉:添加钙、铁、维生素,帮助孩子成长得更好。
(3) 强生婴儿洗发水:别让孩子为洗头而哭泣。

一般来说,企业发现产品的差异有两种方法。一种是找出独特的差异点,也就是企业自己有,而其他的竞争者没有或较弱的特点,如 M&M 巧克力的"只溶于口,不溶于手"。如果市场营销人员能找出具有说服力且为消费者所重视的产品差异点,就会找到独特的产品竞争优势。

如果企业找不到独特的差异点,那就要换一种方式,由企业提出一种具有独特吸引力的主张。也就是说,当产品同质性高,难以找出有意义的差异时点,企业就应该提出简短有力、别人未曾提出的主张,以此作为与消费者沟通的语言,并引导消费者从企业所提出的观点来衡量产品的优劣。一旦消费者接受了这种主张,由于它是由某个企业率先提出的,其他的企业则无法跟进(即使跟进也只是为别人做宣传),因此,它就变成该企业的宝贵资产(差异点)。例如:

(1) 七喜:非可乐。
(2) 农夫山泉:大自然的搬运工。
(3) 雀巢咖啡:味道好极了。

阅读材料 6-7

"七喜":"非可乐"

说起"七喜",现今的人肯定都不是很陌生,因为它已经成为继可口可乐和百事可乐后的世界第三大饮料品牌,并且"七喜"已经将品牌的触角伸向了手机和电脑领域等。这都要得益于"七喜"对于品牌的正确定位,那就是走差异化品牌定位之路。

在早期的饮料市场,大部分的饮料都以可乐或碳酸饮料为主,并且可乐和碳酸饮料已占市场份额的绝对数量,在消费者心中的地位不可动摇,许多新品牌无数次进攻,均以失败而告终。作为后发的"七喜"如何能在当时的市场环境中站稳脚跟并一举成名呢?

在充分分析市场后,"七喜"果断地提出,长期以来可口可乐和百事可乐是可乐饮料市场无可争议的顶尖品牌,然而,"七喜"却以"非可乐"的定位,成为可乐饮料之外的另一种饮料选择,不仅避免了与两种可乐的正面竞争,还巧妙地从另一个角度与两种品牌挂上了钩,使自己提升至和它们并列的地位,并且实现和坐上了饮料市场第三的宝座。

3. 竞争者

了解清楚竞争者,即企业要了解清楚竞争对手在目标市场中已经占据的位置,如目标消费者会以这个产品替代了什么产品。

确定在目标消费者的心目中,自己是在哪个市场与谁竞争,有助于企业了解自己被放在哪个阶梯、哪层梯子,以及敌我之间的消长。

> 阅读材料 6-8
>
> ## "Lee 牌"牛仔:"贴"近目标市场[①]
>
> 众所周知,牛仔裤的鼻祖是 Levi's,晚了它近 40 年的"Lee 牌"牛仔在竞争激烈的牛仔裤市场中能够迅速成长为第二品牌,制胜的法宝之一就是正确的定位。"Lee 牌"牛仔抓住的是长久以来一直被忽略的一个市场——女性市场。对这一市场的主体——25—44 岁的女性消费者的定性研究表明,这一群体对牛仔服装是情有独钟的(因为牛仔是她们青春的见证、成长的伴侣),而"贴身"是她们最关心的问题。大多数女性都需要一件在腰部和臀部都很合身而且活动自如的牛仔服,而她们平均要试穿 16 件牛仔服才能找到一件称心如意的。于是,"Lee 牌"牛仔聪明地定位于此,在产品设计上一改传统的直线裁剪,突出女性的身材和线条;在广告表现中充分体现"Lee 牌"牛仔恰到好处的贴身和穿脱自如。"最贴身的牛仔"是"Lee 牌"牛仔的经典广告文案,一个"贴"字将"Lee 牌"牛仔与众不同的利益点表达得淋漓尽致。
>
> 当然,如果可能,企业应该尽量避免与市场领导者正面冲突,而要采取迂回战术。企业最好是先找一个闲置的位置,等基础稳固后,再去渗透已被占有的位置。

二、定位策略

(一)定位于某一竞争对手的同一位置上

企业若采取这种定位策略,一般应具备以下三个条件:

(1)企业必须拥有资源,能够生产比竞争对手好的产品。

(2)市场容量较大,足以吸纳产品。

[①] 张苗荧.市场营销策划[M].北京:高等教育出版社,2007,有改动.

(3) 企业的实力与竞争对手旗鼓相当,甚至略胜一筹。这样定位与企业的经营实力相称,有利于充分发挥企业的特长、信誉等诸多优势,从而赢得一定的市场份额。

(二) 把企业的产品定位于市场的空白处

在进行这种定位策略前,企业应该作进一步的可行性分析,包括:

(1) 企业生产这种产品在技术上是否可行;

(2) 企业生产这种产品在经济上是否可行,企业能否获利;

(3) 能否有足够的购买者,其需求潜量如何。

如果上述问题的答案都是肯定的,那么企业运用这种定位策略很有可能获得成功。

阅读材料 6-9

"力士"香皂的定位[①]

"力士"是国际上风行的老品牌。多年来,"力士"香皂在世界众多的国家用统一策略进行广告宣传,并始终维护自身定位的一致性、持续性,因而确立了国际知名品牌的形象。"力士"香皂的定位不是清洁、杀菌,而是美容。相较于清洁和杀菌,美容是更高层次的需求和心理满足,这一定位巧妙抓住了人们的爱美之心。如何表现这一定位,与消费者进行沟通?"力士"香皂打的是明星牌。通过国际影星的推荐,"力士"香皂很快获得全球认知。同时,用影星来说"美容",把握了人们崇拜偶像以及希望像心中的偶像那样被人喜爱的微妙心理。多年来,"力士"香皂始终执行这一国际影星品牌战略,与无数的世界著名影星签约,其中包括索菲亚·罗兰、简·芳达、伊丽莎白·泰勒、奥德丽·赫本等,保持了定位的连续性和稳定性。它的定位与表现方式相得益彰,从而成功地树立了"力士"香皂的国际品牌形象。

在市场定位策略确定之后,企业接着便要确定适当的营销组合。

阅读材料 6-10

香港银行的不同定位[②]

在香港,金融业兴旺发达,用"银行多过米铺"这句话来形容毫不过分。在这一弹丸之地,数千家各类银行散落在各个角落,竞争达到白热化程度。在这一狭小而竞争过度的市场空间中,如何才能立足,并把自己手中的蛋糕愈做愈大,各家银行使出全身解数,走出了一条细分市场、利用定位策略、突出各自的优势之路,使得香港的金融业呈现出一派百家争鸣、百花齐放的繁荣景象。

---

① 张苗荧. 市场营销策划[M]. 北京:高等教育出版社,2007,有改动.

② 肖怡. 市场定位战略——找准顾客心[M]. 北京:企业管理出版社,1999,有改动.

汇丰银行：定位于分行最多、实力最强、全港最大的银行。这是以自我为中心，实力展示式的诉求。20世纪90年代以来，为了拉近与顾客的情感距离，汇丰银行改变了定位策略。新的定位立足于"患难与共，伴同成长"，旨在与顾客建立同舟共济、共谋发展的亲密朋友关系。

恒生银行：定位于充满人情味、服务态度最佳的银行。通过走感性路线来赢得顾客的心。突出服务这一卖点，也使恒生银行有别于其他的银行。

渣打银行：定位于历史悠久、安全可靠的英资银行。这一定位树立了渣打银行可信赖的"老大哥"形象，传达了让顾客放心的信息。

中国银行：定位于有强大后盾的中资银行。中国银行直接针对有民族情结、信赖中资的目标顾客群，同时暗示自己能提供更多更新的服务。

廖创兴银行：定位于帮助顾客创业兴家的银行。廖创兴银行以中小工商业者为目标对象，为他们排忧解难，赢得事业的成功。香港中小工商业者是一个很有潜力的市场。廖创兴银行敏锐地洞察到这一点，并切准他们的心理——想出人头地，大展宏图。据此，廖创兴银行将自身定位在专为这一目标顾客群服务，给予他们在其他大银行和专业银行所不能得到的支持和帮助，从而牢牢地占有了这一市场。

渣打银行历史悠久，可谓香港金融界的"大哥大"，采取的是先入为主的定位策略，但它若一直以老大自居，无视竞争环境变化，不改变定位策略，其市场终有一天会被后来者蚕食。汇丰银行已经意识到了这一点，在强调实力的同时，也强调情感定位，希望拉近与顾客的朋友、伙伴关系。中国银行则在强调实力的同时，更注重加强民族感情，它们努力向顾客灌输这样一个概念：中国人应支持中国自己的银行。恒生银行不跟其他的银行拼实力，而是抓住服务的空隙，强调以优质的服务占领顾客的心。廖创兴银行虽小却自强，抓住中小工商业者这一空当大做文章，终于赢得一片天下。

北大方正集团与巨人集团多元化战略对比分析①

方正和巨人创业伊始是十分相似的，同样并非十分激烈的竞争环境，依靠高科技产品的高附加值，迅速进行资本积累，扩大企业规模。创业之初都曾很辉煌，但随着企业发展，方正日益壮大，一跃成为高科技跨国公司，其主导产品——激光照排系统目前占世界中文市场80%以上。而巨人自1996年开始走向了衰落。为什么创业初期条件十分相似，在发展上都采取了相同的战略——多元化战略，却出现了两种截然不同的结果？

一、方正

20世纪70年代中期，学数学出身的王选，在计算机领域运用数学方法首创汉字数字化存储和高倍率信息压缩新技术，获得专利。这一专利引起中文出版印刷业一场深刻

---

① 王铁男.一个战略两种结果——北大方正集团与巨人集团多元化战略对比分析[J].企业管理，1999，有删改。

的技术革命。

1985年,张玉峰、楼滨龙等5人各凑3000元创办了北大科技开发部,旨在把科技成果转化为商品。1986年,张玉峰等人创办的北大科技开发部变成北大理科技术公司。1988年5月,北大理科技术公司更名为北大新技术公司。在此之前,王选教授发明的激光照排技术,由北京大学和山东潍坊技术机公司等单位共同开发研制,已发展为4型机,但制造质量不过关,废品率高,王选教授从多方面积极努力,改善这一现状。在这种情况下,北京大学决定把开发任务交给新技术公司。这是王选和张玉峰都盼望已久的事,他们两人心中早有了合作愿望。这样,一家以"方正"命名的高科技产业公司就应运而生。

在方正创业初期,曾提出:5年站住脚,跻身中关村前3名;5年大发展,力争1997年成为世界跨国公司。前5年的目标已实现,后5年的目标也已基本实现。从1993—1997年,方正实现了集团化、多元化、国际化。为此,企业进行了多元化和产业结构的调整,形成以北大技术带动发展的方正化工、稀土应用等不同产业的多元化发展,同时利用北大多学科基础研究的成果,向生物工程、精细化工、原材料工业领域扩张的结构调整,这意味着方正以电子信息产业和工业制造为龙头的产业发展战略正在开展和实施。

方正产品的相关性很强,人力、技术、设备的共用性和通用性高,并以北大基础研究和开发研究为基础,作为电子信息产业的高科技企业集团,它开辟的是一条知识经济的道路。它的多元化思路始终有一条脉络分明的主线——汉字激光照排系统和微型计算机,方正化工和稀土应用作为补充产品,并向生物工程、精细化工、原材料工业发展。正如王选院士说:"从收音机到电视机、从计算机到信息网络、从模拟到数字等变化说明,现代科学技术的每次进步、文化知识的每次积累,都推动着人类车轮的前进。对此,我们一定要有现代战略眼光和前瞻意识,紧紧跟上人类文明的迅猛发展。"

二、巨人

1989年8月,史玉柱用全部的4000元钱为自己研制的产品M6401桌面排版印刷系统在《计算机世界》报刊登了一个广告,这个广告为他带来了10万元的回报。史玉柱将这笔钱又全部投入广告,4个月后,M6401为他带来100万元的收益。一年之后史玉柱又拿出了新产品M6402文字处理软件系列产品。有了新技术和资金,史玉柱决心创办一个属于自己的公司。1991年春,珠海巨人新技术公司成立。

巨人创业初期也选择了软件产业,文字处理软件是巨人发展的最初产品,依靠开发电脑软件,巨人曾经创造出了3年发展速度500%的奇迹,然而在主产业尚未成长起来并站稳脚的时候,就遇到1993年中国电脑业的灾难年。随着西方16国组成的巴黎统筹委员会的解散,西方国家向中国出口计算机禁令失效,"康柏"、"惠普"、AST、IBM等国际著名电脑公司,开始向中国电子信息产业大举进军,市场竞争更加激烈甚至残酷,给国内企业带来巨大的压力。电脑业步入低谷,巨人赖以生存和发展的主导产业受到重创。为了摆脱原有单一电脑产业带来的压力和风险,1994年8月巨人提出了二次创业的构想,其总体目标是跳出电脑产业,走多元化之路。为此,巨人投资12亿元兴建巨人大厦,同时投资保健品行业,开展生物工程项目。这一多元化战略的选择是后来巨人走向衰落的转折点。巨人大厦的楼花在初期卖得火热,从香港融资8000万元港币,从内地融资4000万元人民币,短短数月便获得现款1.2亿元。巨人大厦的兴建是巨人危机的直接导火索。按照合同,巨人大厦1996年年底应交付使用,否则要给买楼花者退款并赔偿。但巨人大厦未能如期完工,债主因此登门讨债。由于资金链断裂,集团财务周转不灵,巨人已无钱可还,危机终于爆发。

讨论题

请你从互联网上收集相关资料,分析并回答:
1. 企业进行多元化经营的条件有哪些?
2. 为什么方正、巨人选择的战略相同,但结果差异却很大?

第七章　市场营销组合策划（一）

> 企业在制定了市场营销策略之后，尽管对目标市场上的顾客需求已经有了大致清晰的轮廓，然而，在此阶段，企业仍不能立即组织起有效的市场营销活动。因为，企业满足目标顾客的需要有多种多样可能的方式和方法。这些方法或杂乱无章，或企业可望而不可即，或彼此矛盾甚至相互抵消。这就要求企业必须下大力气进行市场营销组合的研究，并在战略的指导下对营销组合进行实施与控制，即企业市场营销策略与战术结合的问题。

第一节　市场营销组合概述

一、市场营销组合的内容

市场营销组合是市场营销理论体系中一个很重要的概念，是指企业针对选定的目标市场综合地运用各种可能的市场营销策略和手段，组合成一个系统化的整体策略，以达到企业的经营目标，并取得最佳的经济效益。

市场营销组合与市场营销观念、市场细分化和目标市场等概念相辅相成。在市场营销观念的指导下，企业把选定的一个目标市场视为一个系统，同时也把自己的各种营销策略分解归类，组成一个与之相对应的系统。

在这个系统中，各种营销策略均可看作是一个可调整的子系统或变量。营销学家曾对规模不同、行业各异的企业面对的问题逐一进行分析，概括出四类基本变量，形成四个策略子系统，即产品（Product）、价格（Price）、渠道（Place）和促销（Promotion），并把这四个重要组成部分称为"4Ps"。一般认为，市场营销组合是美国尼尔·恩·博登教授于1964年最先提出的概念。同年，美国伊·杰·麦卡锡教授首先将其概括简化为易于记忆的"4Ps"，此后在西方营销学中广为应用。由于产品、价格、渠道和促销英文的第一个字母均为"P"，所以简称"4Ps"。如果说在影响企业经营的诸因素中，市场营销环境是企业不可控制的因素（变量）的话，那么，"4Ps"则是企业可以控制的变量。因此，市场营销组合就是企业可以控制的各个变量的组合。企业的营销优势在较大程度上取决于整体营销策略配套组合的优劣而不是单个营销策略的优劣；企业在目标市场上的竞争地位和经营特色则通过营销策略组合的特点充分地体现出来。

市场营销组合的四个基本策略虽独立构成四个子系统，但又各有其若干可变因素。每一个可变因素都可以确定为一个完整的市场营销策略或战术的组成部分，每个可变因素的变动都可能波及其他的因素,从而产生新的组合关系。

二、市场营销组合的特点

无论是哪种方式的营销策略组合,都体现了现代企业的一种经营思想。企业不是将策略组合可控因素分散、随意地使用,而是让它们按照一定的营销活动规律组合起来,使其产生出较强的综合效应,并可以根据环境的不同,对各种营销组合灵活地加以调整,以适应在各种环境条件下有效地实现企业的营销目标。所以,市场营销组合具有以下一些基本特征:

(一)整体性

企业的营销活动是围绕特定的营销目标所展开的,因此各种营销策略必须在营销目标的指导下组合成统一的整体,相互协调、相互配合,形成较强的合力。各种营销策略在实际运用时彼此之间既有可协调的一面,又有相排斥的一面。如新产品的开发,由于成本增大,可能会对制定有效的价格策略带来影响;以价格优惠的手段来进行营业推广,则可能使产品的品牌声誉下降。所以,企业各营销职能部门在采取某项个别的营销策略时必须考虑其可能给其他营销策略的效应所带来的影响。企业还必须权衡各种营销策略组合起来运用时所产生的正反效应,将它们控制在一定的程度,以使营销策略的组合能产生出最佳的整体效应。

(二)复合性

企业的营销活动往往是对各种营销策略的综合运用。每项营销决策中都体现了几种营销策略在不同层次上的相互复合。从总体上来讲,企业的营销活动包含产品、价格、渠道和促销四大基本营销策略的组合,而对每项营销策略来说又包含广告、人员推销、营业推广和公共关系等具体手段。对于每项具体的营销手段来说,还可能包含有更具体的营销技巧。所以,每项营销决策不仅是四种基本营销策略的组合,确切地讲,是各种营销策略中具体营销手段和营销技巧的复合运用。

(三)灵活性

正由于营销策略组合是各种营销策略、营销手段和营销技巧的复合运用,所以围绕不同的营销目标,面对复杂多变的营销环境,企业营销策略的组合也必须是灵活多变的,这样才能适应各种营销目标和营销环境的需要。如果按照伊·杰·麦卡锡教授的分类,将营销策略组合表示为四个基本策略的组合,若每种营销策略至少有3种变化(如价格可以为高、中、低三档),那么各种营销策略在不同情况下的组合就可能会有 $3^4=81$ 种(当然,在实际的营销活动中,由于某些因素间形成不了组合,实际组合数不可能达到这么多)。所以,企业可以面对各种市场情况,准备多套营销组合的方案,并灵活地加以运用,而决不能墨守成规、一成不变。

(四)主动性

营销策略从本质上来讲是企业对其内部的可控因素加以组织和运用的方式,所以,企业对于营销策略组合的选择和运用应当具有必要的主动性。一方面,企业在营销活动中应拥有充分的自主权,不应过多地受到各种外界因素的干扰。营销决策上的自主权对于企业营销活动的成败是至关重要的。我国目前尚未完全消除政企不分的状况,这在很大程度上妨碍了企业经营决策的自主权,对于企业主动运用营销策略组合是很不利的。当然,随着改革的深入,这种现象应进一步予以消除。另一方面,企业运用营销策略组合的主动性还应表现在企业应当根据市场环境的变化,对营销策略组合进行积极地调整来适应营销环境,甚至促使营销环境中的某些因素向有利于企业的方向发展,变不可控因素为可控因素。

三、市场营销组合的理论意义

市场营销组合的概念出现于20世纪60年代中期,此后不断完善,对市场营销学的学科发展具有重大的意义。在此之前,市场营销学研究的重点是各种概念和术语的推敲、理论体系的构建。这对一门新学科的建立是一个必然而又必要的阶段,但那时的市场营销学还不能真正起到指导企业实践的作用。

市场营销组合的决策思想大量汲取了第二次世界大战后新兴的系统论、管理科学的理论营养,同时也受益于蓬勃发展的企业营销实践活动。在调查总结的基础上,市场营销组合把各种各样的市场营销策略、营销方法和营销手段归结为一个统一系统内的多层次子系统。根据目标市场的外部环境因素的情况,企业力图使各个子系统在动态、复杂的过程中相互协调从而达到总体策略的优化。

在理论方面,市场营销组合的出现使市场营销学有了强烈的"管理导向",成为整个市场营销学理论体系的主要内容之一。市场营销学从此有了明确任务,即面向企业管理,着重研究企业市场营销管理工作中的各项战略和决策。市场营销学的内容、体系和结构随着时间的推移不断更新、完善,"4Ps"依然是研究市场营销问题的核心方法。近年来,在某些著述中,"P"的数目有增加的趋向。如提出增加公众形象(Public Image)、企业哲学(Corporate Philosophy)、物流管理(Physical Distribution)和政府力量(Power of Government)等因素。又如,有学者认为服务类市场营销组合应考虑人员(Personnel)、实体设备(Physical Equipment)和进程(Processing)等管理的因素。但是,这种"6Ps"或"11Ps"的出现并没改变"4Ps"的基本决策构架,只是试图扩大这种基本决策构架涵盖的范围。

在企业营销实践方面,市场营销组合起到了提供系统管理的工具和简化决策程序的双重作用。

在以产品导向为中心的企业内,各个部门都从各自的职能出发提出经营目标和工作安排:生产部门希望提高产量;采购部门希望降低原材料的成本;销售部门想完成最多的销售量;财务部门考虑资金回收和账目平衡。它们或多或少地都与顾客发生联系,但又各自为政,极易抵消营销效率,使企业不能最大限度地开发和满足目标市场需求。现在以市场营销组合为核心形成企业的战略计划和工作安排,市场营销部门便担负起了协调各部门的任务。市场营销组合的"发明创造"意义即在于此。

在现代企业管理中,市场营销组合思想的渗透作用是惊人的:许多的企业根据市场营销组合的各个策略方向设置职能部门和经理岗位;明确部门之间的分工关系;设计工作说明书的格式与内容;划分市场调研的重点项目;确定企业内部和外部的信息流程。

相当多的财务部门在传统的财务报表以外,抽取有关项目,以分析资金运用、固定成本、变动成本支出等情况。新的成本会计分析系统的建立与市场营销系统的发展不乏内在联系。总之,市场营销组合及"4Ps"为企业提供了一种比较系统、由点到面、易于掌握的经营管理思路。

四、市场营销组合的作用

(一)市场营销组合是制定营销策略的基础

企业的营销策略是企业经营管理的战略,是对企业的营销活动进行全面、长期的规划,它包括在营销使命下确定的营销目标和行动方案。营销策略主要是由企业目标和营销因素组合的各成分协调组成的,而营销计划是营销活动正常、有序进行的保证,是实现营销目标的行动方案的具体化。企业在制定营销目标和营销计划时,为了使其能够真正实现,就必须同时考虑市场营销组合各策略的协调配合。如果企业脱离市场营销组合去制定营销目标和营销计划,那么营销目标与营销计划将成为空中楼阁。

(二)市场营销组合是企业进行市场营销的前提

有了市场和消费者的需要,企业才能展开市场营销活动。因此,要想取得营销的良好效果,企业就必须围绕市场和消费者的需要,设计和生产受欢迎的产品,选择合适的路径将产品送到消费者的手里,并且让消费者对本企业的产品产生认同感,使消费者在合理的价格下产生购买行为。

(三)市场营销组合是企业应对竞争的有力手段

在激烈的市场竞争条件下,市场营销组合策略是企业的主要竞争策略之一,市场营销组合的结果会直接影响企业的竞争力。企业在运用市场营销组合时,必须分析自己的优势和劣势,以便扬长避短,在竞争中取胜。企业在使用市场营销组合作为竞争手段时要考虑两个问题:首先,对于不同的行业、不同的产品和不同的服务,企业应当采用不同的营销策略。如对于消费者的家庭日常生活必需品,可以用价格策略作为竞争的主要手段,而对于家用电器或其他奢侈类产品应以产品因素作为第一参考手段进行竞争。其次,企业不能单纯地使用某一个营销策略,而要和其他的营销策略配合使用,以达到企业的利益最大化。

(四)市场营销组合可以较好地协调企业内部各部门的工作

市场营销组合强调产品、价格、渠道和促销四个营销策略的协同配合,要求企业的所有部门以全局利益出发,彼此互相分工协作,共同为满足消费者的需要而尽心尽力来达到企业既定的市场目标。

(五)市场营销组合可以缩短企业营销的决策过程

产品、价格、渠道和促销这四个营销策略由于各自决策的项目繁多,如果单独地对它们进行决策分析将会使决策过程变得复杂而缓慢。而从市场营销组合入手,考虑这四个营销策略之间的协调配合,有利于企业简化市场营销各策略方案的选择,极大地缩短企业营销的决策过程。

第二节　市场营销组合的实践要点

尽管依据市场营销组合的原理可以把企业的各种营销策略和营销手段不断地细分下去,形成一个树形结构。但是,这种树形结构绝不等同于教条式的烦琐罗列。恰恰相反,市场营销组合的作用就在于它力图简化企业的决策程序,加快企业的决策过程。否则,企业仍是无所适从。

随着现代经济的发展,企业可以运用的营销手段也在不断丰富,需要决策的项目成倍增长。如一种产品的特性和外观可能有许多的项目需要决策,包括包装的大小、颜色和材料的变化等,品牌商标可以变更,服务项目可以增删。一家企业能使用的沟通手段、广告媒体也很多;企业可以组织自己的推销队伍,也可以利用不同类型的分销商。企业可以制定不同的价格,并变更折扣率和信用条件等。如果企业分别进行决策,势必头绪繁杂、朝令夕改,使决策工作变得十分缓慢。企业从"4Ps"入手,有利于简化市场营销策略方案的选择。换言之,市场营销组合的过程实际上是一个边理顺、边筛选的过程。

市场营销组合的格局看似简单,但实际上企业在这一格局之内做出各种选择是相当复杂的。假设"4Ps"中每个基本变量都有10种次变量(如10种价格次变量、10种产品次变量),这就有可能排列出上万个市场营销组合。随着各种变量数目的增加,市场营销组合的数目会按几何级数增长。很显然,以人的脑力是很难准确评价所有可能的市场营销组合的。这就需要企业重新回到问题的出发点,着重考虑市场营销组合的各个约束条件,包括目标市场的特点、企业的营销策略、市场营销环境、企业的资源状况和市场营销财务预算,以及企业战略决策与战术决策的有机结合等。企业从这些约束条件出发去进行市场营销组合决策就比较实用和简捷了。

通常来讲,尽管约束条件千差万别,但其基本的整合思路一般遵循以下六个步骤:

一、目标市场的特点

一个恰当的市场营销组合,实质上是由目标市场的需要决定的。因此,企业精心分析了目标市场各个方面的条件,就能够迅速地规划出合理的市场营销组合。一般来说,企业可以应用排除法,先排除掉那些显然极不合适的营销组合,把问题减少到易于处理的程度,然后根据以下四个方面的条件来识别一个可能的目标市场,粗略看一下它们对各个基本营销策略的影响,从而判断哪种市场营销组合更切实可行,更具有吸引力和更有利可图。

(一)潜在顾客所在地区和人口特点

潜在顾客所在地区和人口特点,如年龄、性别、文化、收入和分布密度等。这方面的条件会影响目标市场潜力的大小、通路策略(应使产品在什么地方可买到)、促销策略(在何地对何人进行宣传推销)等。

（二）消费模式和消费者行为

这方面的条件会影响企业的产品策略（设计、包装、品种系列等）和促销策略（适应顾客的物质需要和心理需要，投其所好）等。

（三）潜在顾客购买的迫切性，选购商品的意愿

这方面的条件会影响企业的渠道策略（分销渠道的长度、宽度和销售服务标准）和定价策略（顾客愿意支付的价格水平）等。

（四）市场的竞争特点

这方面的条件会影响市场营销组合的各个方面。如果市场处于垄断状态或是新开发领域，竞争并不激烈，那么一种"较好"的市场营销组合就可以成功，而不必费力追求"最优组合"。如果竞争充分，这就意味着有较多的竞争者的营销组合方案可资借鉴，资料比较丰富，可比性强。这时，企业就应当挑出一些较好的市场营销策略，细致地加以分析，并对每种市场营销组合的效益做出更精确的估量。

二、市场营销策略

市场营销策略不同，则市场营销组合就会有所区别。如在制定市场营销策略的细分市场阶段，有些企业并不愿意也没有必要把市场分得过于精细，以免使备选的市场营销组合方案太多。企业往往采用"市场结合"的方法，即重点放在不同顾客群的相似之处，努力增大本企业产品的选择性和适应性，争取以一种促销策略就能满足不同顾客的心理特点。又如，在化妆品市场上，同一种产品对不同的顾客可能具有不同的意义，或为了清洁，或为了美容，或为了治病等，但一种系列产品附带一份兼顾不同偏好的广告，由于某一系列产品已充分考虑该种系列产品目标顾客群的偏好，其消费市场特征相对明显，因此就无须再去细分市场。这种"存异求同"的市场营销组合方法适用于日用百货、文化用品、食品、化妆品、通用机械等市场。从经济学意义上来讲，企业是把几个目标市场的需求曲线拟合为一条需求曲线，用一种具有普遍号召力的市场营销组合替代几种特异性的市场营销组合，从而在这几个目标市场上都能求得发展。

资金紧缺、行业竞争激烈的中小企业则往往采用与上面背道而驰的方法，即放弃经营完整的产品系列，集中精力专注于一个细分市场，力求在一个有限的目标市场上取得最大的市场占有率和技术领先地位。这样，企业就应当更加突出本企业的市场营销组合的差别优势。

三、市场营销环境

自20世纪70年代以来出现了企业营销活动向社会化、国际化方向发展的趋势。世界各国政府加强了对经济的干预，由此产生了对市场营销组合运用的新认识。有学者认为，市场营销环境已从先影响目标市场需求从而间接地影响企业的市场营销组合，转为直接地制约企业的营销组合，那么，如果这些企业要把它们的市场营销组合推广到其他的国家，则要看那里是否存在同样的环境变量。如果环境变量相似，原有的市场营销组

合就基本适应,不必做大的改动;如果环境变量相差很大,任何市场营销组合的努力都将是徒劳或事倍功半的。

四、企业的资源状况

企业的资源状况决定了企业选择合适的市场营销组合不是一个无止境的过程。企业没有必要、也无能力不断地探索各种可能的途径去满足所有消费者的需要。如某食品厂要开发能满足不同年龄、不同性别和不同收入层次消费者口味的糖果并推销到各类地区,愿望固然好,但实际效益却不一定好。

企业的资源状况包括财务实力、原材料储备、物质技术设施、专利、销售网、公众形象、员工的技能和管理水平等。由于种种原因,一个企业在资源方面会存在与其他的企业相区别的优势和弱点。好的市场营销组合应能充分利用企业的长处,同时避免和那些具有类似实力的企业直接进行竞争。

从企业的资源状况出发,企业探索市场营销组合应注意:(1)不与同类企业直接竞争,开拓新的市场,迎合未曾满足的市场需要,营销组合的选择就会大为简化;(2)不远离企业现有的市场营销组合,"这山望着那山高"会增大因市场机会不确定性带来的风险;(3)不实行过度的多样化经营,"什么都想干"不利于企业充分地调配和利用现有资源;(4)不选择那些收效快但容易损害企业声誉的营销机会。

五、市场营销预算

市场营销组合的设计与市场营销预算决算相关联。市场营销组合决策要耗费企业大量的财力,涉及企业稀有资源的使用,并具有时间性、周期性的特点。如广告预算要用现金,销售队伍需要人力,产品开发要占用一部分原材料,投资需要一段周期才能收回。企业在筹措资金、分配经费的时间内,目标市场可能发生变化,竞争者会调整自己的市场营销组合,国家可能会颁布新的政策、法律、条例。所以,市场营销组合要与企业的市场营销预算计划取得动态上的平衡。企业在设计市场营销组合时,要决定:(1)支持市场营销组合的总预算;(2)以产品项目为中心和以四个营销策略为中心的经费分配计划;(3)各种营销工作日程与资金投入回收周期的衔接。

六、企业战略与战术的结合

选择市场营销组合是市场营销策略的组成部分。但是,在具体的执行过程中,企业还要经常甚至逐日地制定短期战术目标,做出战术性决策,以加强基本的战略决策。只要战术性决策保持在战略方针的限度内,这一市场营销组合决策就没有改变。但是,如果战术性决策经常或多数未能产生预期的结果,那么,企业就有必要重新评价这一市场营销组合在整体战略上是否适当,而不应继续局限在个别战术上进行修修补补,甚至"加倍努力"。

第三节 产品策划

一、产品市场生命周期及其营销策略

产品市场生命周期理论是企业制定产品策略和市场营销组合策略的重要依据。因为,产品处于生命周期的不同阶段,其市场需求状况和竞争程度存在较大的差异,企业的产品策略、市场营销组合策略及其他战略和策略的制定必须适应产品市场生命周期的变化,这是企业在动态的市场环境中求得生存与发展,赢得有利的市场地位的一个关键性问题。

(一)产品市场生命周期的概念

产品从投放市场到退出市场就同其他的事物一样,有出生、成长、成熟到衰亡的过程,市场营销学将产品在市场上的这一过程用产品市场生命周期加以描述。产品市场生命周期是指产品从研制成功投入市场开始,经过成长阶段和成熟阶段,最终到衰退被淘汰退出市场为止的整个市场营销时期。产品在市场上营销时期的长短受消费者的需求变化、产品更新换代的速度等多种因素的影响。因此,不同的产品有着完全不同的生命周期。

产品市场生命周期与产品的使用寿命是两个不同的概念:前者是指产品的市场寿命或经济寿命,产品在市场上存在时间的长短主要受市场因素的影响;而后者是指产品从投入使用到产品报废所经历的时间,其长短受产品的自然属性、质量、使用频率和维修保养等因素的影响。市场营销学所研究的是产品市场生命周期。

(二)产品市场生命周期各阶段及其特点

由于受市场因素的影响,产品在其生命周期内的销售额和利润额并非均匀地变化,不同的时期或阶段,产品有着不同的销售额和利润,从这个角度而言,产品市场生命周期可以以销售额和利润额的变化来衡量。

1. 典型的产品市场生命周期

按照销售额的变化衡量,典型的产品市场生命周期包括介绍期、成长期、成熟期和衰退期四个阶段(如图 7-1 所示)。

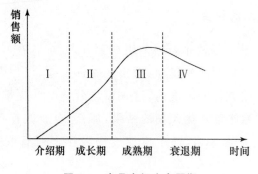

图 7-1 产品市场生命周期

典型的产品市场生命周期的四个阶段分别体现出不同的特点。

(1) 介绍期。

介绍期又称引入期、试销期,是指新产品刚刚投入市场的最初销售阶段。介绍期的主要特点为:① 产品设计尚未定型,花色品种少,生产批量小,单位生产成本高,广告促销费用高;② 消费者对产品不熟悉,只有少数追求新奇的顾客可能购买,销售量少;③ 销售网络还没有全面、有效地建立起来,销售渠道不畅,销售增长缓慢;④ 由于销售量少、成本高,企业通常获利甚微,甚至发生亏损;⑤ 同类产品的生产者少,竞争者也少。

(2) 成长期。

成长期又称畅销期,是指产品在市场上迅速为顾客所接受,销售量和利润迅速增长的时期。成长期的主要特点为:① 产品已定型,花色品种增加,生产批量增大;② 消费者对新产品已经熟悉,销售量迅速增长;③ 企业建立了比较理想的销售渠道;④ 由于销售量增长,成本下降,利润迅速上升;⑤ 同类产品的生产者看到有利可图,进入市场参与竞争,市场竞争开始加剧。

(3) 成熟期。

成熟期又称饱和期,是指产品的销售量趋于饱和并开始缓慢下降,市场竞争非常激烈的时期。通常,成熟期在产品市场生命周期中持续的时间最长。根据该阶段的销售特点,成熟期可以分为成长成熟期、稳定成熟期和衰退成熟期三个时期。这三个时期的主要特点为:① 成长成熟期的销售渠道呈饱和状态,增长率缓慢上升,有少数消费者继续进入市场;② 稳定成熟期的市场出现饱和状态,销售量平稳,销售增长率只与购买人数成比例,如无新购买者则增长率停滞或下降;③ 衰退成熟期的销售水平开始缓慢下降,消费者的兴趣开始转向其他的产品和替代品。

(4) 衰退期。

衰退期又称滞销期,是指产品的销售量急剧下降,产品开始逐渐被市场淘汰的阶段。衰退期的主要特点为:① 产品的需求量、销售量和利润迅速下降,价格下降到最低水平;② 市场上出现了新产品或替代品,消费者的兴趣已完全转移;③ 多数竞争者被迫退出市场,继续留在市场上的企业减少服务,大幅度削减促销费用,以维持最低水平的经营。

2. 非典型的产品市场生命周期

典型的产品市场生命周期是一种理论抽象,是一种理想状况,在现实经济生活中,并不是所有产品的生命历程完全符合这种理论形态。本书将这种产品的市场生命周期称为非典型的产品市场生命周期,主要有以下四种形态:

(1) 再循环型生命周期。

再循环型生命周期是指产品的销售进入衰退期后,由于种种因素的作用而进入第二个成长阶段(如图7-2所示)。这种再循环型生命周期是市场需求变化或企业投入更多促销费用的结果。

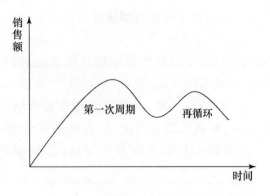

图 7-2 再循环型产品生命周期

（2）多循环型生命周期。

多循环型生命周期是指产品进入成熟期后，企业通过制定和实施正确的营销策略，使产品的销售量不断达到新的高潮（如图 7-3 所示）。

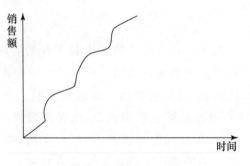

图 7-3 多循环型产品生命周期

（3）非连续循环型生命周期。

非连续循环型生命周期是指产品在一段时间内迅速占领市场，又很快退出市场，过一段时间后又开始新的循环（如图 7-4 所示）。如大多数时髦商品的市场生命周期就属于非连续循环型生命周期。

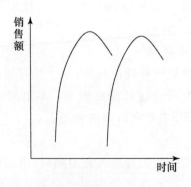

图 7-4 非连续循环型产品生命周期

(4) 产品种类、产品形式和产品品牌的生命周期。

产品种类是指具有相同功能及用途的所有产品(如电视机)。产品形式是指同一类产品,其辅助功能、用途或实体销售有差别的不同产品(如彩色电视机)。产品品牌则是指产品(或服务)具有特定的名称、术语、符号、象征或设计,或是它们的组合,可用以识别不同企业生产的同类产品(如××牌电视)。产品种类具有最长的生命周期,有的产品种类的生命周期的成熟期可能无限延缓;产品形式的生命周期次之,一般表现出比较典型的生命周期过程,常常经历四个阶段。而具体产品品牌的生命周期最短,且不规则,它受市场环境、企业的营销决策、品牌知名度等多种因素的影响,品牌知名度高,其生命周期则长,反之,其生命周期则短。

二、产品市场生命周期各阶段的营销策略

产品市场生命周期的介绍期、成长期、成熟期、衰退期的特征及其营销策略参见表 7-1。

表 7-1 产品市场生命周期的特征及其营销策略

特征	介绍期	成长期	成熟期	衰退期
销售	销售量低	销售量剧增	销售量最大	销售量衰退
成本	高	一般	低	低
利润	亏本	利润增长	利润高	利润下降
顾客	创新者	早期接受者	中间主要一族	落后者
竞争者	很少	增多	数量稳定,开始下降	数量下降
市场营销目标	创建产品知名度和试用	市场份额达到最大	在保护市场份额的同时争取最大利润	减少开支,挤出品牌剩余价值
策略	介绍期	成长期	成熟期	衰退期
产品	提供基本产品	提供产品扩展、服务、担保	品牌和型号多样化	逐渐减少衰退产品
价格	用成本加成法	制定能渗透市场的价格	定价与竞争者抗衡或战胜他们	降价
渠道	选择性销售	密集性销售	更密集性销售	有选择地减少无利润销售点
广告	在早期接受者和分销商中建立产品知名度	在大量市场建立产品知名度和激发兴趣	强调品牌差异和利益	降低到维持住绝对忠诚者所需要的程度
促销	加强促销引诱试用	利用重度消费者的需要,减少促销	为鼓励转化品牌加强促销	降低到最低水平

三、新产品开发策划

(一)新产品的概念

新产品是相对于老产品而言的,目前尚无世界公认的确切定义。新产品一般是指企业初次试制成功的产品,或是在结构性能、制造工艺、型体材质等某一个方面或几个方

面比老产品有显著改进的产品。我国规定"在结构、材质、工艺等某一个方面或几个方面对老产品有明显改变,或采用新技术原理、新设计构思,从而显著提高产品的性能或扩大了使用功能"的产品为新产品。

(二)新产品开发的意义

在科学技术迅猛发展、市场竞争日益激烈的今日世界,新产品开发对于社会进步、生产力发展,对于一个国家和地区经济的发展,对于企业的生存和发展,对于满足消费者的需求,都有着不可估量的作用。

1. 新产品开发能够推动社会进步和生产力的发展

新产品尤其是全新型新产品的出现是科学技术进步和社会生产力发展的结果,但新产品的出现又进一步促进了科学技术和社会生产力的发展,推动社会不断前进。因为有些新产品本身就是先进生产力的要素,人们利用这些要素可以取得科学技术的更大进步、生产力的更大提高。

2. 新产品开发能够促进国家振兴

开发新产品,采用新技术、新材料、新设备是衡量一个国家科学技术水平和经济发展水平的重要标志。在当前形势下,我国的企业要大力开发新产品,为国民经济发展提供更多更新的新材料、新设备和新品种,以加快我国经济建设的步伐。

3. 新产品开发能满足不断增长的消费需求

由于社会生产力的发展和科学技术的不断进步,消费需求不断向多样化和高要求发展,而且人们生活水平的提高正是通过不断增长的收入转化为实际的购买所实现的。这就要求消费品的品种、规格不断丰富,产品质量不断改进提高,就要求企业大力发展新产品,为消费者提供日益增多和丰富多彩的产品来满足他们不断增长的消费需求。

4. 新产品开发直接关系企业的生存与发展

随着科学技术的发展和经济全球化的浪潮,企业间的竞争将更加激烈,产品市场生命周期将越来越短。西方发达国家的企业都设有强大的研究开发部门,并拥有雄厚的研究经费、开发经费和众多优秀的研究开发人员,就是因为它们认识到研究开发新产品是对企业生命攸关的大事。

(三)新产品开发成功的关键条件

在激烈竞争的现代条件下,企业不开发新产品就要冒很大的风险,因为在消费者需求多变、技术日新月异、产品市场生命周期日益缩短以及本国企业和外国企业的竞争与日俱增的情况下,企业的老产品将被淘汰。但是,新产品开发也存在很大的市场风险。

对于新产品开发可能失败的风险管理,就是企业要保证新产品开发的成功。新产品成功开发的关键在于有一个良好组织的管理和支撑。在新产品开发过程的各个阶段中,关键条件主要包括以下两个方面:

1. 企业的组织机构必须按照新产品开发过程来安排

有效的新产品开发工作的一个关键因素,就是建立切实可行的组织机构。从目前国内外企业新产品开发的组织机构来看主要有以下五种:

(1) 产品经理。

产品经理是指专门负责某类或某种产品的计划、生产、销售等一系列工作的经理人员。在许多的企业里,他们也负责新产品的开发工作。不过,产品经理往往忙于管理他们的生产线,除了对品牌更改和扩充感兴趣以外,很少有时间考虑新产品,同时他们也较少具备开发新产品的专有技能和知识。

(2) 产品经理。

有些企业设有产品经理,由他们专门负责新产品的研制开发工作。不过,这种产品经理的工作往往局限在企业已有的产品市场范围的产品改进和产品线的扩展。

(3) 新产品开发委员会。

新产品开发委员会是指一个负责审核批准新产品建议的高层管理机构,由来自营销、生产、财务、技术、工程等部门的代表组成。新产品开发委员会并不直接从事新产品的研究、试制、生产、销售活动,但对企业的新产品开发负有组织、领导的责任,享有决策权和指挥权。

(4) 新产品部。

一些大型企业设有新产品部,直接隶属于最高管理层领导。新产品部的主要职责是产生和筛选新产品构思,指挥和协调研究开发工作,进行实地试销和商品化前的准备工作。

(5) 新产品开发小组。

新产品开发小组是指根据新产品开发需要而成立的,专门负责某项新产品的研究、设计、试制、生产、销售的组织,由各业务部门的专业人员临时组成,相互协作又各司其职。一旦新产品开发成功,成为企业的常规产品,该小组就自行解散。通常,比较大型的企业或高新技术产业企业会有多个新产品开发小组来完成多个新产品开发的任务,并根据进展情况及环境变化予以调整。

由于企业各自的情况不同,企业新产品开发的组织机构也是不一样的。企业有必要从各自的实际情况和需要出发,建立适宜的新产品开发组织,以便迅速而有效地开发新产品。如在日本的企业中出现了一种被称为"产品开发生产销售一条龙"的新产品开发组织,把新产品的研究、设计、试制、生产和销售等环节有机地结合起来,不仅加快了新产品开发速度,而且还使开发出来的新产品适销对路,能迅速占领市场。另外,企业也可以实行契约式新产品开发,即不通过自己的力量来进行开发,而是聘请社会上独立的研究开发人员或新产品开发机构来为本企业开发新产品。

2. 新产品开发必须用最有效的技术来处理开发进程中的每个步骤

企业的最高管理层对于新产品开发工作的成败负有最终的责任,而不能简单地聘请几位新产品开发专家,委托他们提供有用的新产品构思。企业最高管理层必须建立明确的标准来决定是否接受新产品构思,必须决定新产品开发需用多少预算支出。企业按照常规标准编制新产品开发预算是十分困难的,因为新产品开发的结果很不确定。为此,有些企业采用鼓励措施和财务支持的方法来争取尽可能多的项目建议书,并希望从中择优录用。

（四）新产品开发的程序

新产品开发是一项艰巨而又复杂的工作，企业需要投入大量的资金，还要冒很大的风险。为了把有限的人力、财力、物力用在刀刃上，新产品开发工作中极为重要的是：必须按照一定的科学程序来开发新产品。这一程序一般包括产生构思、筛选构思、概念发展与测试、制订营销计划、商业分析、产品开发、市场试销和商品化等步骤。

1. 产生构思

一切新产品的开发都必须从产生构思开始。一个成功的新产品，首先来自于一个有创见性的构思。

新产品构思的来源很多，企业应该集思广益，从多方面寻找好的产品构思。新产品构思的来源有消费者和用户、科研人员与科研机构、竞争者、分销商和代理商、企业管理人员和职工、大专院校、营销咨询公司、工业顾问、专利机构、国内外情报资料等。其中，调查和收集消费者与用户对新产品的要求，是新产品构思的主要来源。实践证明，在此基础上发展起来的新产品成功率最高。据相关调查数据显示，除了军品以外，美国成功的技术革新和新产品有60%～80%来自用户的建议，或用户在使用中提出的改革意见。

真正好的新产品构思来自于灵感、勤奋和技术。通常，能够帮助个人和企业产生好的新产品构思的创造性技术主要有以下五种：

（1）产品属性一览表法。

产品属性一览表法是指将某种产品的主要属性列成一览表，然后对每种属性进行分析研究，提出改进意见，从而在原有产品的基础上发展新产品。

（2）关联法。

关联法是指将几种不同的物品排列出来，然后考虑每一物品与其他物品之间的关系，利用物品的关联性进行组合或延伸来产生一种新产品构思。

（3）结构分析法。

结构分析法是指对一个问题的结构进行分析，然后审查结构的各个方面之间的关系，再进行各种自由联想，找到某些新颖的组合。

（4）消费者提问分析法。

消费者提问分析法是指要求消费者参与新产品构思的产生过程。它要求消费者提出自己在使用某个特定的产品或产品类型时所遇到的问题，每个问题都可能是一个新构思的来源。当然，并非所有的构思都值得开发，企业对消费者提出的问题必须就它们的重要意义、影响程度和改进成本加以评估，据之选定值得开发的构思。

（5）头脑风暴法。

头脑风暴法一般是指由6～10人在一起就某个问题进行讨论。企业在开发新产品时运用头脑风暴法会激发与会者极大的创造力和想象力，可以帮助与会者产生许多的构思。这种方法的有效运用要求与会者尽可能地想象构思，越多越广越好，而且不准批评，鼓励对构思进行合并和改进。

2. 筛选构思

筛选构思是指企业对大量的新产品构思进行评价，研究其可行性，挑出那些有创造性的、有价值的新产品构思。企业筛选构思的目的是选出那些符合本企业发展目标和长远利益,并与企业的资源状况相协调的新产品构思,并及早地发现那些不可行或者可行性不大、没有发展前途的新产品构思。

企业在甄别新产品构思时一般要考虑以下因素:一是环境条件,即涉及市场的规模与构成、产品的竞争程度与前景、国家的政策等;二是企业的战略任务、发展目标和长远利益,这涉及企业的战略任务、利润目标、销售目标和形象目标等方面;三是企业的开发与实施能力,包括经营管理能力、人力资源、资金能力、技术能力和销售能力等方面。由此可见,企业在筛选新产品构思时需要考虑一系列的因素,新产品构思的筛选过程如图7-5所示。

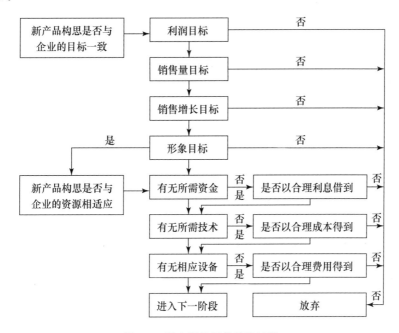

图7-5 新产品构思的筛选过程

企业在筛选新产品构思的过程中要避免出现两种失误:一是误舍,就是将那些可行的新产品构思舍弃;二是误用,就是将一些没有前途的新产品构思付诸开发。无论是误舍还是误用,都会给企业造成重大的损失。因此,企业必须从自身的实际情况出发,根据具体情况决定新产品构思的取舍。

3. 概念发展与测试

新产品构思只是企业希望提供给市场的一个可能产品的设想,在这个阶段企业要将新产品构思发展成产品概念,也即要用有意义的消费者术语将新产品构思予以精心的阐述表达,然后通过测试来了解消费者对这些产品概念的态度。

消费者不会去购买新产品构思,而要去买的是产品概念。任何一个新产品构思都能转化为几种产品概念,由此可以形成多个产品概念。

如一个奶品公司有一个新产品构思,准备开发一种富有营养价值的奶品。由这一构思发展出以下三个产品概念:

概念1：一种早餐饮用的速溶奶粉，使成年人很快地补充营养而不需要准备早餐。

概念2：一种味道鲜美的快餐饮料，供孩子们中午饮用。

概念3：一种保健饮品，适合于老年人晚间就寝时饮用。

每个产品概念都要进行定位，以了解同类产品的竞争状况，优选最佳的产品概念。这需要企业将产品概念提交给目标市场有代表性的消费者进行测试、评估。一般来说，企业通过产品概念测试需要弄清楚下列问题：

（1）该产品概念是否清晰易懂；

（2）消费者是否发现了该产品的突出优点；

（3）与竞争品相比，顾客是否偏爱该产品；

（4）消费者是否想购买这种产品；

（5）消费者是否愿意用这种新产品替代现有产品；

（6）本产品是否符合目标消费者的真正需要；

（7）消费者能否提出一些改进该产品的建议；

（8）消费者是否经常性地购买该产品；

（9）谁会使用该产品；

（10）目标消费者对该产品的价格作何反应。

然后，企业应将一个个精心制作的产品概念说明书放在消费者的面前，要求消费者回答每个概念所带来的问题，包含对概念的理解、偏好性、购买意愿、改进意见、目标用户及价格认定等。通过和合适的目标消费者小组一起测试产品概念，消费者的回答将帮助企业确定吸引力最强烈的产品概念。这个将新产品构思发展成若干可供选择的概念并进行充分测试的阶段是不可缺少的，有些企业忽视此做法可能导致产品后来在市场上遇到各种各样的问题。

通过产品概念的测试，企业可以更好地选择和完善产品概念。

4．制订营销计划

对于经过测试入选的产品概念，企业要制订一个初步的营销计划，这个营销计划将在以后阶段中被不断地完善、发展。

营销计划的内容一般包括以下三个部分：

（1）描述目标市场的规模、结构和行为，该产品的定位、销售量和市场占有率，开始几年的利润目标；

（2）描述该产品最初的价格策略、分销策略和第一年的营销预算；

（3）描述预期的长期销售量和利润目标，以及在不同时期的营销组合策略。

5．商业分析

在企业管理层针对某个产品概念制订了营销计划之后，就可以进一步分析评价该产品概念的商业吸引力。

企业管理层首先要估计销售量的大小能否使企业获得满意的利润；要审查类似产品的销售历史，调查市场意见，还应通过对最低销售量和最高销售量的预计来了解风险的幅度。在销售预测之后，企业的研究开发部门、生产部门、营销部门和财务部门等要进一步估算该产品的预期成本和盈利状况。如果销售量、成本和利润预计能达到企业目标，那么该产品概念就能进入产品开发阶段。

6. 产品开发

产品开发的任务是把通过商业分析的产品概念交由企业的研究开发部门或工艺设计部门等相关部门研制开发成实际的产品实体。在这个阶段，企业需要投入大量的资金，力争把产品构思转化为在技术上和商业上可行的产品。

（1）研究开发部门将开发关于该产品概念的一种或几种实体形式，然后从中选择能满足消费者要求、功能要求和预算要求的一种产品原型。

（2）研究开发部门将对准备好的原型进行一系列严格的功能测试和消费者测试。功能测试是在实验室和现场条件下进行的，以确保产品运行、使用的安全和有效。消费者测试则可以采用多种方式，以了解消费者对产品的意见、建议和偏好等。

7. 市场试销

开发成功、测试满意的产品将进入市场试销阶段。在此阶段，企业要准备确定品牌名称、包装设计和制订营销方案预案，并在更可信的消费者环境中对产品进行试销，以达到了解消费者和分销商对使用、购买及重购该产品的反应和市场规模等目的。

市场试销的数量一般受到企业的投资成本和市场风险、上市时间、研究成本的制约。高投资（高风险）产品更需要企业认真地进行市场试销。试销成本本身也会对试销的数量和方式产生影响。

另外，消费品与工业品的市场试销方法有所不同。

消费品的市场试销，企业希望从中了解消费者对试用、首次购买、再购买、产品认可和购买频率等决定销售状况的主要因素的态度、水平，并了解愿意经营该产品的分销商的数量、规模、承诺和要求。消费品的市场试销方法有以下四种：

（1）销售波试销法。

即企业向最初免费试用产品的消费者以优惠价重复提供该产品或竞争者的产品3～5次（销售波），并注意有多少消费者再次选择本企业的产品及他们表露的满意程度，从而估计消费者在企业的产品与竞争者的产品并存时自己花钱的重复购买率。企业还能用这种方法测定不同的广告概念对产生重复购买的影响程度。

（2）模拟商店测试法。

即企业邀请30～40名顾客观看简短的商业广告，内含该企业将要推出的新产品，但并不进行任何特殊说明。然后，企业提供少量资金供他们到商店中去购物，可以购买或不购买任何物品，企业注意观察有多少消费者购买了新产品和竞争者的产品。接着把他们召集起来了解购买或不购买的理由。几周后，企业用电话再次询问他们对产品的态度、使用情况、满意程度和重购意向。这种方法能衡量产品试用率、广告效果，收效迅速，并能把握竞争状况。

（3）微型市场试销法。

即企业在一两家合适的商店里经销新产品，测试货架安排、橱窗陈列、购货点的促销活动和定价等因素对消费者的影响以及小型广告的效果，并通过抽样调查征求了解消费者对新产品的印象。

（4）代表城市试销法。

即企业选定少数有代表性的测试城市，将产品在商业部门经销并努力取得良好的货架陈列机会，同时展开全面的广告和促销活动。通过这种方法，企业能获得对未来销售较可信赖的预测，能对不同营销计划进行测试，发现新产品的缺点，得到有价值的线索，但费用昂贵。

通过工业品的市场试销，企业主要希望了解新的工业品在实际运作时的性能、影响购买的关键，对不同价格和销售方法的购买反应、市场潜力以及最佳的细分市场。普遍运用的工业品市场试销方法有产品使用测试法、贸易展览会测试法和中间商陈列室测试法三种，有些企业也运用微型市场试销法来研究市场对新产品的兴趣。

8．商品化

依据市场试销提供的信息，企业基本上能做出是否推出新产品的决策。在推出新产品时，企业必须对推出新产品的时机、地域、目标市场和进入战略做出决策。

（1）企业要判断何时是推出新产品的正确时机，要注意新旧产品的接替、产品需求的季节性等因素。

（2）企业要决定新产品是推向某个地区还是多个地区，是全国市场还是国际市场，一般是实行有计划的市场扩展，这当中要对不同市场的吸引力做出评价并关注竞争者的现状及动向。

（3）企业要将它的分销目标和促销目标对准最理想的购买群体，以尽快获得高销售额来鼓励销售队伍和吸引其他新的预期购买者。

（4）企业必须制订一个把新产品引入不断扩展的市场的实施计划，在营销组合中分配营销预算并安排营销活动的合理次序。

第四节　价格策划

一、定价程序

企业在新产品投放市场或者在市场环境发生变化时需要制定或调整价格，以利于企业营销目标的实现。由于价格涉及企业、竞争者和购买者三者之间的利益，因而为产品定价既重要又困难。企业掌握定价的一般程序，对于制定合理的价格是十分必要的，定价程序通常可以分为以下五个步骤：

（一）明确目标市场

定价的第一步是要明确目标市场，目标市场是企业的产品所要进入的市场。具体来讲，就是谁是本企业产品的购买者和消费者。目标市场不同，则定价也不同。分析目标市场一般要分析该市场消费者的基本特征、需求目标、需求强度、需求潜量、购买力水平和风俗习惯等情况。

（二）分析影响产品定价的因素

1. 产品特征

产品是企业整个营销活动的基础，在产品定价前，企业必须对产品进行具体分析，即主要分析产品的寿命周期、产品的功能对购买者的吸引力、产品的成本水平和需求弹性等。

2. 市场竞争状况

在竞争的市场中，任何企业在为产品定价或调价时必然会引起竞争者的关注。为了使产品价格具有竞争力和营利能力，在产品定价或调价前，企业对竞争者的产品及其价格进行分析是十分重要的。对竞争者进行分析的内容包括：(1) 同类市场中主要的竞争者是谁；(2) 其产品特征与价格水平如何；(3) 各类竞争者的竞争实力等。

3. 货币价值

价格是价值的货币表现，商品价格不仅取决于商品价值量的大小，而且还取决于货币的价值量的大小。商品价格与货币价值量成反比例关系。企业在分析货币价值量对定价的影响时，主要分析通货膨胀的情况，一般是根据社会通货膨胀率的大小对价格进行调整，通货膨胀率高，商品价格也应随之调高。

4. 政府的政策和法规

一定的经济政策和法规对企业定价具有约束作用，因此，企业在定价前一定要了解政府对商品定价方面的有关政策和法规。

企业为产品定价，不仅要了解一般的影响因素，更重要的是要善于分析不同经营环境下影响商品定价的最主要因素的变化状况。

（三）确定定价目标

定价目标是企业在对目标市场和影响定价因素综合分析的基础上确定的。定价目标是合理定价的关键。不同的企业、不同的经营环境和不同的经营时期，其定价目标是不同的，在某个时期，对企业的生存与发展影响最大的因素通常会被作为定价目标。

（四）选择定价方法

定价方法是指在特定的定价目标的指导下，根据对成本、供求等一系列基本因素的研究，运用价格决策理论，对产品价格进行计算的具体方法。定价方法一般有三种，即以成本为中心的定价方法、以需求为中心的定价方法和以竞争为中心的定价方法。这三种方法能适应不同的定价目标，企业应根据实际情况择优使用。

（五）最后确定价格

企业确定价格要以定价目标为指导，选择合理的定价方法，同时也要考虑其他的因素，如消费者心理因素、产品新老程度等。最后，企业经过分析、判断以及计算活动，为产品确定合理的价格。

二、制定价格的策略

价格竞争是一种十分重要的营销手段。在市场营销活动中，企业为了实现自己的经营战略和经营目标，经常根据不同的产品并与市场营销组合中的其他因素更好地结合，促进和扩大销售,提高企业的整体效益。

常用的定价策略包括以下三种:

(一)新产品定价策略

在激烈的市场竞争中,企业开发的新产品能否及时打开销路、占领市场和获得满意的利润,这不仅取决于企业采用适宜的产品策略,而且还取决于其他市场营销手段和策略的协调配合。其中,新产品定价策略就是一种必不可少的营销策略。

新产品定价策略包括撇脂定价策略、渗透定价策略和满意定价策略。

1. 撇脂定价策略

撇脂定价策略是一种高价格策略,是指在新产品上市初期,企业将价格定得很高,以便在较短的时间内获得最大利润。

撇脂定价策略的优点如下:

(1)新产品初上市,竞争者还没有进入,企业利用顾客的求新心理,以较高价格刺激消费,开拓早期市场;

(2)由于价格较高,企业因而可以在短期内取得较大利润;

(3)定价较高,在竞争者大量进入市场时,便于企业主动降价,增强竞争能力,同时也符合顾客对待价格由高到低的心理。

撇脂定价策略的缺点是:在新产品尚未建立起声誉时,高价不利于企业打开市场,有时甚至会无人问津。如果高价投放市场销量较好,很容易引来竞争者,加速了本行业竞争的白热化,容易导致价格下跌、经营不长就会转产的局面。因此,企业在采用高价策略时要注意撇脂定价策略的适应条件。

撇脂定价策略一般适用于以下五种情况:

(1)拥有专利或技术诀窍。企业研制某种新产品的难度较大,用高价也不怕竞争者迅速进入市场。

(2)高价仍有较大的需求,而且具有需求价格弹性不同的顾客。如初上市的电视机等,先满足部分需求价格弹性较小的顾客,然后再把产品推向需求价格弹性较大的顾客。由于这种产品是一次购买,享用多年,因而高价市场也能接受。

(3)生产能力有限或无意扩大产量。尽管低产量会造成高成本,高价格又会减少一些需求,但由于采用高价格,比之低价增产,企业仍然有较多的收益。

(4)对新产品未来的需求或成本无法估计。定价低则风险大,因此,企业先以高价投石问路。

(5)高价可以使新产品一投入市场就树立高级、质优的形象。

2. 渗透定价策略

渗透定价策略是一种低价格策略,即在新产品投入市场时,企业将价格定得较低,以便消费者容易接受,很快打开和占领市场。

渗透定价策略的优点是:一方面企业可以利用低价迅速打开产品销路,占领市场,从多销中增加利润;另一方面企业又可以阻止竞争者进入,有利于控制市场。因此,渗透定价策略又被称为别进来策略。

渗透定价策略的缺点是：投资的回收期较长，见效慢、风险大，一旦渗透失利，企业就会一败涂地。

渗透定价策略的适用条件有以下四种：

（1）制造新产品的技术已经公开，或者易于仿制，竞争者容易进入该市场。

（2）企业新开发的产品，在市场上已有同类产品或替代品，但是企业拥有较大的生产能力，并且该产品的规模效益显著，大量生产一定会降低成本，收益有上升趋势。

（3）供求相对平衡，市场需求对价格比较敏感。企业利用低价排斥竞争者，占领市场。低价可以吸引较多的顾客，可以扩大市场份额。

（4）出于竞争或心理方面有利弊，采用哪一种策略更为合适，应根据市场需求、竞争情况、市场潜力、生产能力和成本等因素综合考虑。渗透定价策略和撇脂定价策略的选择标准参见表 7-2。

表 7-2　选择标准

渗透定价策略	低	市场需求水平	高	撇脂定价策略
	不大	与竞争产品的差异性	较大	
	大	价格需求弹性	小	
	大	生产能力扩大的可能性	小	
	低	消费者的购买力水平	高	
	大	市场潜力	不大	
	易	仿制的难易程度	难	
	较大	投资回收期长度	较短	

3．满意定价策略

满意定价策略是指一种介于撇脂定价策略和渗透定价策略之间的价格策略。企业运用满意定价策略所定的价格比撇脂价格低，而比渗透价格要高，是一种中间价格。这种定价策略由于能使生产者和顾客都比较满意而得名，因此有时又被称为君子价格或温和价格。

由于满意价格介于高价和低价之间，因此企业使用满意定价策略面临的风险比前两种策略的风险小，成功的可能性大。但有时企业也要根据具体情况进行具体分析。

以上三种新产品定价策略的价格与销售量的关系如图 7-6 所示。

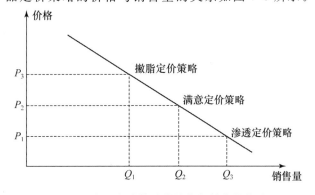

图 7-6　新产品定价策略的价格与销售量的关系

(二)心理定价策略

心理定价策略是指一种根据消费者心理要求所使用的定价策略。这种定价策略是企业运用心理学的原理,依据不同类型的消费者在购买商品时的不同心理要求来制定价格,以诱导消费者增加购买,从而扩大企业的销售量。心理定价策略的具体策略包括以下六种:

1. 整数定价策略

整数定价策略是指在定价时,企业把商品的价格定成整数,不带尾数,使消费者产生"一分钱一分货"的感觉,以满足消费者的某种心理,从而提高商品的形象的定价方法。这种定价策略主要适应于高档消费者或消费者不太了解的某些商品。如一台电视机的定价为2500元,而不是2499.98元。

2. 尾数定价策略

尾数定价策略是指在定价时,企业采用取尾数而不取整数的定价方法。这种定价策略会使消费者在购买时在心理上产生大为便宜的感觉。

3. 分级定价策略

分级定价策略是指在定价时,企业把同类商品分为几个等级,不同等级的商品的价格有所不同的定价方法。这种定价策略能使消费者产生货真价实、按质论价的感觉,因而容易被消费者接受。

企业在采用这种定价策略时,价格等级的划分要适当,级差不能太大或太小,否则就起不到应有的分级效果。

4. 声望定价策略

声望定价策略是指在定价时,企业把在顾客中有声望的商店、企业的商品的价格定得比一般的商品要高的定价方法。这种定价策略是企业根据消费者对某些商品、某些商店或企业的信任心理而使用的价格策略。

在长期的市场经营中,有些商店、生产企业的商品在消费者的心目中有了威望,认为其产品质量好、服务态度好、不经营伪劣商品、不坑害顾客等。因此,这些经营企业的商品可以定价稍高一些。

5. 招徕定价策略

招徕定价策略是指在多品种经营的企业中,对某些商品定价很低,以吸引顾客的定价方法。其目的是招徕顾客在购买低价商品时也购买其他的商品,从而带动其他商品的销售。

6. 习惯定价策略

有些商品在消费者的心目中已经形成了一个习惯价格。这些商品的价格稍有变动,就会引起消费者的不满。提价时,消费者容易产生抵触心理;降价时,消费者会认为企业降低了产品的质量。因此,对于这类商品,企业宁可在商品的内容、包装、容量等方面进行调整,也不愿采用调价的办法。

(三)产品组合定价策略

产品组合是指一个企业所生产经营的全部产品大类和产品项目的组合。对于多品种生产经营的企业来说,各种产品有需求和成本之间的内在相互关系及受到不同程度竞争的影响。如何从企业的总体利益出发，为每种产品定价，发挥每种产品的相关作用，是这类企业在定价过程中经常遇到的问题。

产品组合定价策略包括产品大类定价策略、任选品定价策略、连带产品定价策略和副产品定价策略。

1. 产品大类定价策略

产品大类是一组相互关联的产品，产品大类中每个产品都有不同的特色。确定这类商品的价格差额，企业一般要分析各种产品成本之间的差额、顾客对商品的评价、竞争者的价格等。如果产品大类中前后两个相联产品的价格差额较小，顾客就会更多地购买性能较先进的产品。此时，若这两个产品的成本差异小于价格差额，企业的利润就会增加。

2. 任选品定价策略

任选品是指那些与主要产品密切关联的可任意选择的产品。如顾客去饭店吃饭，除了要点饭菜以外可能还会要点烟、酒、饮料等。在这里，饭菜是主要商品，烟、酒、饮料等就是任选品。

企业为任选品定价有两种策略可供选择：一种策略是为任选品定高价，靠它来盈利；另一种策略是为任选品定低价，把它作为招徕顾客的项目之一。

3. 连带产品定价策略

连带产品又称受制约产品，是指必须与主要产品一同使用的产品。如剃须刀架是剃须刀的连带产品。

大多数企业采用这种定价策略时，将主要产品定价较低，而连带产品定价较高。企业想以高价的连带产品获取高利来补偿主要产品因低价造成的损失。

4. 副产品定价策略

在生产加工肉类、石油产品和其他的化学产品时常常有副产品。如果副产品没有价值而且事实上在处理它们时的花费也很大，这将会影响主要产品的定价。

▷ 阅读材料

英特尔公司的撇脂定价[①]

英特尔公司曾推出一款新的电脑芯片，刚上市时定价为1000美元/片，这个价格被某些细分市场看作是质价相当、物有所值的，因为用这些芯片装配的顶尖个人电脑，不少顾客都迫不及待地等着购买。但当这批价格意识不强、追求高质消费的时尚消费者已大部分购买后，销售量开始下降，以及出现竞争者将推出相类似芯片的威胁时，英特尔公司便将价格降低，以吸引下一个具有价格意识的消费者层，最后价格降到最低谷的200美元/片，使得这种芯片成为市场上最畅销的信息处理装置。采用这种方法，英特尔公司从各个细分市场撇取了最大限度的收入。

---

① 菲利普·科特勒.营销管理[M].梅清豪,译.11版.上海：上海人民出版社,2003,有改动.

 案例研究

只售首批，买完为止①

一、打1折

估计大家都喜欢去买打折的商品，因为感觉能便宜很多。其实，打折是很多商家的一种变相的赚钱方式，一般都是打7折、8折很常见，5折就很少见了。但是，今天要说的这个却是打1折！大家是不是很好奇呢，我们一起来看看吧。

据悉，日本东京有个银座绅士西装店。这里就是首创"打1折"销售的商店，曾经轰动了东京。当时销售的商品是"日本GOOD"。它们是这么实行的：首先定出打折销售的时间，第一天打9折，第二天打8折，第三天、第四天打7折，第五天、第六天打6折，第七天、第八天打5折，第九天、第十天打4折，第十一天、第十二天打3折，第十三天、第十四天打2折，最后两天打1折。看起来好像最后两天买东西是最优惠的，是吗？

商家的预测是：由于是让人吃惊的销售策略，所以，前期的舆论宣传效果会很好。抱着猎奇的心态，顾客将蜂拥而至。当然，顾客可以在这个打折销售期间随意选定购物的日子，如果你想要以最便宜的价钱购物，那么你在最后的那两天去买就行了，但是，你想买的东西不一定会留到最后那两天。实际情况是：第一天前来的顾客并不多，如果前来也只是看看，一会儿就走了。从第三天顾客就开始一群一群地光临，第五天打6折时顾客就像洪水般涌来开始抢购，以后就连日顾客爆满，当然等不到打1折，商品就全部卖完了。

那么，商家究竟赔本了没有？你想，顾客纷纷急于购买自己喜爱的商品，就会引起抢购的连锁反应。商家运用独特的创意，把自己的商品在打5折、6折时就已经全部推销出去。"打1折"只是一种心理战术而已，商家怎能亏本呢？

见过打折促销的，却是没见过如此"打1折"的神奇策略，我们在佩服商家的聪明生意经的同时，也感受到网络营销的强大奇迹。

二、一件货

对买新产品的商家来说，最吸引顾客的无非是"新"，如何再在"新"上继续做文章呢？

意大利有个莱尔市场，就是专售新产品的。有些新产品很畅销，许多顾客抢着购买，没抢到手的顾客要求市场再次进货，可得到的回答竟是：很抱歉，本市场只售首批，卖完为止，不再进货。

对此，有些顾客很不理解，还向旁人诉说。但从此以后，来这里的顾客中意就买，决不犹豫。不难看出，莱尔市场的"割爱"是个绝妙的创意，它能给顾客留下强烈的印象——这里出售的商品都是最新的；要买最新的商品，就得光顾莱尔市场。

---

① http://www.sohu.com/a/222497599_163361，有改动。

三、明亏暗赚

日本松户市原市长松本清,本是一个头脑灵活的生意人。他经营"创意药局"的时候,曾将当时售价200元的膏药以80元卖出。由于80元的价格实在太便宜了,所以"创意药局"连日生意兴隆,门庭若市。由于他不顾赔血本的销售膏药,所以虽然这种膏药的销售量越来越大,但赤字却免不了越来越高。

那么,他这样做的秘密在哪里呢?

原来,前来购买膏药的人几乎都会顺便买些其他的药品,这当然是有利可图的。靠着其他药品的利润,不但弥补了膏药的亏损,同时也使整个"创意药局"的经营出现了前所未有的盈余。

这种"明亏暗赚"的创意,以降低一种商品的价格来促销其他的商品,不仅吸引了顾客,而且大大提高了知名度,有名有利,真是一举两得的创意。

四、"限客进门"销售法

意大利的菲尔·劳伦斯开办了一家7岁儿童商店,经营的商品全是7岁左右儿童吃穿看玩的用品。商店规定,进店的顾客必须是7岁的儿童,大人进店必须有7岁儿童做伴,否则谢绝入内,即使是当地官员也不例外。商店的这一招不仅没有减少生意,反而有效地吸引了顾客。一些带着7岁儿童的家长进门,想看看里面到底"卖的什么药";而一些身带其他年龄孩子的家长也谎称孩子只有7岁,进店选购商品,致使商店的生意越做越红火。后来,菲尔·劳伦斯又开设了20多家类似的商店,如新婚青年商店、老年人商店、孕妇商店、妇女商店等。妇女商店,谢绝男顾客入内,因而使不少过路的女性很感兴趣,少不得进店看一看。孕妇可以进妇女商店,但一般未怀孕的妇女不得进孕妇商店。戴眼镜商店只接待戴眼镜的顾客,其他人只得望门兴叹。左撇子商店只提供各种左撇子专用商品,但绝不反对人们冒充左撇子进店。所有这些限制顾客的做法,反而都起到了促进销售的效果。

五、别具一格的"垃圾"信

在美国,人们经常能收到一些印有"重要!""紧急,请马上回信!""紧急,××月××日前答复!"字样的信件。这些看似重要的信件只是推销产品的广告和订单,被称为"垃圾信"。这些"垃圾信"五花八门,为了能引起消费者和读者的注意,发信者别出心裁。信的形式设计得很精致,印刷精美,有些信甚至冒充"官方通知",信封上标有老鹰标记,寄信地址是"联邦调查局",印有黑体大字"拘票通知",但仔细一看就会发现一行小字"领取现金或奖品通知",打开信封里面竟是"××邀请函"。有的人凭信件可以买到优惠商品,甚至连牛排都可以用干冰邮寄,让消费者难以推却。

六、化整为零出奇效

1945年,战败后的德国一片荒凉,一个德国年轻人在街上在叫"卖收音机,卖收音机!"可由于当时在联军占领下的德国已禁止制造收音机,即使卖收音机也违法的。后来,这个年轻人将组合收音机的所有零件全部准备好,一盒一盒以玩具卖出让顾客动手组装。这一做法果然奏效,一年内卖掉了数十万组,它奠定了德国最大电子公司的基础。

七、一元销售术

美国人卡尔开了家小店,开始时生意萧条,后来他经过精心计算做出决定,只要顾客拿出1美元,便可以购买店里的任意一件商品。于是这家小店招来了大批顾客,销售量超过了附近几家大的百货公司。后来，卡尔改行经营绸布店，又在经营方式上出新，决定凡在该店购买10美元商品，可以获赠白券1张，积5张白券可以兑换蓝券1张，积5张蓝券可以兑换红券1张，1张红券可以任意挑选店中的一件商品。这种"卡尔销售术"使他成为百万富翁。

讨论题

请你根据企业定价策略谈一谈你对价格把控的认识。

第八章　市场营销组合策划（二）

第一节　渠道策划

分销渠道也称销售渠道、分配渠道、流通渠道，它的起点是产品的生产者，终点是产品的最终消费者（或用户），中间环节则由一切协助产品进行有效转移的所有企业和个人所组成。简单来说，分销渠道就是产品在其所有权转移过程中从生产领域进入消费领域的途径。

进行分销渠道的策划，目的就是通过渠道反馈市场信息，有助于企业进一步调整生产经营行为，使得分销渠道能够加速商品流通，从而为生产者开拓广阔的市场，提高生产企业的市场营销活动的效率。

一、渠道的设计

影响分销渠道设计的因素很多，其中，主要因素有以下五个因素：

（一）产品因素

企业生产的产品的特性不同，对分销渠道的要求也不同。

1. 价值大小

一般而言，商品的单价越低，路线越长，分销渠道就越宽，以追求规模效益。反之，商品的单价越高，路线越短，分销渠道就越窄。

2. 体积与重量

体积庞大、重量较大的产品，如建材、大型机器设备等，要求采取运输路线最短、搬运过程中搬运次数最少的分销渠道，这样企业可以节省物流费用。

3. 变异性

易腐烂、保质期短的产品，如新鲜蔬菜、水果、肉类等，一般要求企业采用较直接的分销方式，因为时间拖延和重复搬运会造成巨大损失。同样，对式样、款式变化快的时尚商品，企业也应采取短而宽的分销渠道，以避免不必要的损失。

4. 标准化程度

产品的标准化程度越高，采用中间商的可能性就越大。如毛巾、洗衣粉等日用品，以及标准工具等，单价低、毛利低，往往通过批发商转手。而对于一些技术性较强或是一些定制产品，企业要根据顾客的要求进行生产，一般由生产者自己派员直接销售。

5. 技术性

产品的技术含量越高，分销渠道就越短，常常是直接向购买者进行销售，因为技术性产品一般需要企业提供各种售前服务和售后服务。在消费品市场上,技术性产品的分销是一个难题,因为生产者不可能直接面对众多的消费者,生产者通常直接向零售商进行推销,然后通过零售商提供各种技术服务。

（二）市场因素

市场是分销渠道设计时最重要的影响因素之一,影响分销渠道的市场特征主要包括以下五个方面：

1. 市场分布

不同类型的市场,要求不同的分销渠道与之相适应。如生产消费品的最终消费者的购买行为与生产资料用户的购买行为不同,所以就需要有不同的分销渠道。

2. 市场规模

一个产品的潜在顾客比较少,企业可以自己派销售人员进行推销；如果其潜在顾客较大、市场面较广,分销渠道就应该长些、宽些。

3. 顾客集中度

在顾客数量一定的条件下,如果顾客集中在某个地区,可以由企业派人直接销售；如果顾客比较分散,则企业必须通过中间商才能将产品转移到顾客的手中。

4. 用户的购买数量

如果用户每次购买的数量大,购买频率低,企业可以采用直接分销渠道；如果用户每次购买的数量小,购买频率高,则企业宜采用长而宽的渠道。如一家食品生产企业会向一家大型超市直接销售,因为其订购数量庞大。但是,同样是这家食品生产企业会通过批发商向小型食品店供货,因为这些小型食品店的订购数量太小,所以其不宜采取过短的渠道。

5. 竞争者的分销渠道

在选择分销渠道时,企业应考虑竞争者的分销渠道。如果企业自己的产品比竞争者的产品有优势,那么企业可以选择同样的分销渠道；反之,企业则应尽量避开渠道竞争。

（三）企业的自身因素

企业的自身因素是企业进行分销渠道选择和设计的根本立足点。

1. 企业的规模、实力和声誉

企业的规模大、实力强,往往有能力担负起部分商业职能（如仓储、运输、设立销售机构等）,则企业有条件采取短渠道。而规模小、实力弱的企业无力销售自己的产品,只能采用长渠道。声誉好的企业,希望为之推销产品的中间商就多,生产者很容易找到理想的中间商进行合作；反之则不然。

2. 企业的营销管理能力和经验

营销管理能力较强和经验较丰富的企业往往可以选择较短的分销渠道,甚至直销；而营销管理能力和经验较差的企业一般将产品的分销工作交给中间商去完成,自己则专心于产品的生产。

3. 对分销渠道的控制能力

企业为了实现自己的战略目标,往往要求对分销渠道实行不同程度的控制。如果企业控制分销渠道的愿望强,就会采取短渠道；反之,渠道可以适当长些。

（四）环境因素

影响分销渠道设计的环境因素既多又复杂，如科学技术发展可能为某些产品创造新的分销渠道，食品保鲜技术的发展使水果、蔬菜等的分销渠道有可能从短渠道变为长渠道。又如，在经济萧条时企业被迫缩短渠道。

（五）中间商因素

不同类型的中间商在执行分销任务时各自有优势和劣势，企业在设计分销渠道时应充分考虑不同中间商的特征。对于一些技术性较强的产品，企业一般要选择具备相应技术能力或设备的中间商进行销售。有些产品需要一定的储备（如冷藏产品、季节性产品等），企业就需要寻找拥有相应储备能力的中间商进行经营。零售商的实力较强，经营规模较大，企业就可以直接通过零售商经销产品；零售商的实力较弱，经营规模较小，企业只能通过批发商进行分销。

阅读材料 8-1

高露洁公司的渠道选择

高露洁公司十分重视销路的选定，在确定销路时，首先分析各种因素，依据客观允许的条件和自己经营的产品性质等，选择最佳的销路。高露洁公司确立销路的主要依据有以下五个方面：

一、产品特性

特性包括时尚性、技术性、共用性或通用性，企业可以根据产品的体积、重量、包装、价格和保存条件等特性来选定行销道路。如该公司经营的科学器材属时尚性强、技术性高和专用性突出的产品，就直接卖给用户。而价格较低的产品，如牙膏，选定的行销道路就长些。

二、市场特性

一般来说，市场需求潜力越大，顾客的购买频率高而数量不少，就需要选择较长的销路，并利用中间商，如牙膏就属于这类；如果市场需求潜力小，顾客又集中一次性大批购买，就可以不用中间商，直接进行销售。另外，消费的心理、传统购买习惯或消费方式、消费兴趣的转移都应成为选定销路的考虑因素。

三、竞争情况

竞争情况对于选择销路的影响较大，特别是同类产品竞争，竞争对手选用何种销路是值得研究的。有时候，可以采用与竞争对手同样的销路，这样比较容易进入市场和占领市场，因为消费者已习惯于这种购买行为。有时候各种销路被竞争对手利用或垄断了，就需要换一种销路开展竞争，以新奇的销路产生不同的效果。

四、企业实力

企业的财力、规模、信誉、管理经验、销售、财务的能力，都对销路的选择产生重大影响。一般来说，企业的实力强，可以在国内外市场设立广泛的销售网点或连锁点，这比交给中间商销售的效果要好。即使选择中间商进行销售，也要有较大的优势对中间商实行控制。

五、社会环境

一些国家对某些产品实行配额许可证管理,这些配额许可证不是任何企业都可以领取的。还有些国家或地区流行超级市场销售方式,而有些国家或地区则不兴这种方法等。如何根据这些情况及其他的变化做出销路的选择,对企业的经营来说是严峻考验,善者胜,不善者败。

高露洁公司的决策者认为,企业的行销渠道的选择依据确定后,还必须进一步根据经验把渠道明细化,即明确行销渠道的宽度。具体来说,必须从以下三种形式中选择渠道和分销:

一、广泛的分销渠道

广泛的分销渠道又被称为密集型分销渠道,它的核心就是尽可能多地使用中间商销售其产品,让自己的产品到处可以见到,以便市场上现有的消费者和潜在的消费者到处有机会购买其产品。

二、有选择的分销渠道

有选择的分销渠道是指在目标市场中选用少数符合自己产品特性以及经营目标的中间商销售其产品。有些商品专用这种渠道,因为这些产品的消费者对产品用途有特殊需求或对品牌有偏爱,而广泛的分销渠道不一定能推销这些产品,或起码效果不那么好。

三、独家分销渠道

独家分销渠道是指在特定的市场区域选择一家中间商经销其产品。这种渠道有利于维持市场的稳定性,有利于提高产品的身价,有利于提高销售效率。

高露洁公司由于在决定市场需要的渠道、选择行销渠道的形式及管理各级渠道上有战略化的思想和措施,所以其产品(特别是牙膏)畅销于美国乃至全球,迅速发展成为大型跨国企业。

尽管渠道设计涉及的因素很多,但也有一些规律可以遵循(参见表 8-1)。

表 8-1 分销渠道设计应该考虑的因素

	因素	渠道长度		渠道宽度			因素	渠道长度		渠道宽度	
		长	短	宽	窄			长	短	宽	窄
产品	价值	低	高	低	高	企业	企业实力	弱	强	弱	强
	变异性	稳定	不稳	不稳	稳定		管理能力	弱	强	弱	强
	体积重量	小	大	小	大		控制愿望	弱	强	弱	强
	技术性	弱	强	弱	强	中间商	积极性	高	低	高	低
	标准化	高	低	高	低		经销条件	低	高	低	高
	寿命周期	后期	前期	后期	前期		开拓能力	强	弱	强	弱
市场	市场规模	大	小	大	小	环境	经济形势	好	差	好	差
	市场分布	分散	集中	分散	集中		国家的法规政策	依法设计			
	购买习惯	便利	选购	便利	选购						

渠道成员是企业整体供应链的关键组成部分,它们各有不同的战略规划和策略选择,如何将这些成员整合形成具有战略意义的联盟,是渠道管理效率高低的关键。

二、渠道的管理

(一)渠道成员的管理

1. 选择渠道成员

一是确定中间商的类型,如一般批发企业和零售企业、外贸进出口公司、新型的连锁商业企业(如连锁超市、专营连锁店和便利连锁店)。对中间商类型的选择,企业要从产品属性、销售区域、物流载体以及售后服务要求等多因素来考虑。

二是根据本企业的经营缺陷和中间商的经营能力,在进销规模、销售点分布、资金能力与信用、信息、物流和服务条件等方面,选择那些经营能力强、条件齐全或能明显弥补本企业经营缺陷的中间商。

三是所选择中间商的市场范围是否与本企业产品的目标营销范围相一致。如果不具备这个条件,就不能使企业的产品有效地到达目标顾客,从而使企业营销目标的实现受到极大影响。如果没有合适的中间商独家代理,企业可以在同一目标市场和销售空间内物色若干个中间商,形成区域性分销系统内的竞争压力,同时也要适当控制同一区域内中间商的数量和密度。

四是与中间商业务方式的选择,即是采用独家代理、多家普通代理,还是经销约定或与各种中间商进行随机性合作。

五是所选择中间商的资金及信用状况是否良好,其采用的付款方式能否为本企业所接受。在以代销方式进行合作时,这一点显得尤为重要,否则会严重影响生产企业资金的回收。在市场竞争行为不很规范、假冒伪劣产品盛行的环境中,企业对中间商的业务行为应当有较高的标准予以约束,对中间商的信用状况要进行考核。企业要物色那些商业信誉好、消费者信任的中间商作为主要的分销合作对象。

六是所选择中间商的经历及发展潜力如何,是否具备较高的管理水平,这也是企业选择合作伙伴的重要参考因素。这是一项综合性因素,能全面反映某一中间商能否成为一个良好的合作伙伴。与中间商进行长期、卓有成效的合作是企业自身发展所必不可少的重要条件。所以,企业必须对备选中间商的从业年限、协作能力、商业声誉以及经营思想、经营作风、管理风格、内部组织机构设置和管理体制等进行全面考察。

上述六个方面是企业在对其渠道成员进行选择时一般要考虑的因素。在实践中,企业要根据自己的营销策略和营销战术、企业资源以及企业发展阶段等做出一些取舍,选择那些对企业发展有重大影响的要素进行严格、详细的考核和评估,同时运用一些数学方法进行决策的量化,从而使决策更具有规范性、科学性和合理性(参见表8-2)。

表 8-2　选择中间商的条件

销售和市场方面的因素	产品和服务的因素	风险和不稳定因素
1. 市场专业知识 2. 对客户的了解 3. 和客户的关系 4. 市场范围 5. 地理位置	1. 产业知识 2. 综合服务能力 3. 市场信息反馈 4. 经营产品类别	1. 对工作的热情 2. 财务实力及管理水平 3. 预期合作程度 4. 工作业绩

2. 激励渠道成员

中间商需要企业的激励以尽其职,使他们加入分销渠道的因素和条件已构成部分的激励因素,但尚需企业不断地进行督导与鼓励。在处理与分销商的关系时,企业往往采取不同的方式,主要有合作、合伙和分销规划三种。分销规划是指建立一套有计划、专业化管理的垂直市场营销系统,把制造商及分销商的需要结合起来。制造商在市场营销部门下成立一个专门的部门,即分销关系规划处,主要工作为确认分销商的需要,制订交易计划及交易方案,以帮助分销商能以最适当的方式进行经营。

(1) 中间商并不属于某一个制造商,而是一个独立的市场营销机构。事实上,渠道成员在大多数情况下均是以独立的企业法人存在,他们并非受雇于企业,虽然他们是企业分销渠道系统中的一个组成部分。

(2) 在营销实践中,渠道成员大多首先是顾客的采购代理人,其次才是企业的销售代理人。另外,企业若不给中间商特别奖励,中间商绝不会保存所销售的各种品牌的记录。那些有关产品开发、定价、包装和激励规划的有用信息常常保留在中间商很不系统、很不标准、很不准确的记录中,有时中间商甚至故意对供应商隐瞒不报。

(3) 作为一个重要而特殊的"阶层",渠道成员不仅数量众多,而且分布广泛。企业对于渠道成员的"话语权"的大小与企业的实力和品牌知名度成正相关。即便如此,任何企业对渠道成员也不可能拥有完全的"话语权",否则,企业会因为渠道成员的动荡而遭受不可估量的损失。

在市场竞争如此激烈的情况下,企业对于渠道成员的有效管理就显得格外重要,但现代管理更多地强调通过激励来营造整个渠道系统的和谐气氛,通过激励来调动渠道成员的积极性。因此,企业对于渠道成员的有效激励就成了几乎所有的企业渠道管理中一项不可或缺的重要内容。

事实上,在营销实践中,企业大多同时采用两种或两种以上的激励方式配合使用,这样可以根据企业设计的渠道激励目标组合成各种各样的激励方案,以达到最大的激励效果。企业对渠道成员的激励方法参见表 8-3。

表 8-3　企业对渠道成员的激励方法

相互交流方面的激励	工作、计划、关系方面的激励	扶助方面的激励
1. 向分销商提供最新产品 2. 定期的私人接触 3. 定期的信息交流 4. 经营磋商	1. 对分销商的困难表示理解 2. 经常交换意见 3. 一起进行计划工作 4. 承担长期责任 5. 安排分销商会议	1. 提供销售人员以加强销售队伍 2. 提供广告和促销方面的支持 3. 培训其推销人员 4. 提供市场调研信息 5. 融资支持

3. 评估渠道成员

企业必须定期评估中间商的绩效是否已达到某些标准。如果中间商的绩效低于标准，则企业应考虑造成的原因及补救的方法。企业有时必须容忍这些令人不满的绩效，因为若断绝与该中间商的关系或以其他的中间商来取代现有的中间商可能会造成更严重的后果。但若对该中间商的使用存在其他有利的方案时，企业应对中间商达到某种水平有时限，否则就要将其从分销渠道中剔除。

如果企业及渠道成员能事先就绩效及制裁标准达成协议，则可以避免许多的失误。其实，企业经常以制定销售配额来代替其对当期绩效的期望。在某些情况下，这些配额仅供参考，而在另一些情况下，它却代表严格的标准。有些企业在销售期间结束后引出各中间商的销售量并加以评分，这种做法是希望激励那些名列榜尾的中间商为了自尊而努力上进，而使名列前茅的中间商为了荣誉而保持其良好表现。

（1）评估渠道成员的绩效。

渠道运行环境评估主要是指渠道整体所处的宏观环境和微观环境。渠道战略与战术评估，主要是渠道成员的战略和战术是否对渠道效率有实质性的贡献。

中间商绩效评估主要包括对销售额的贡献、对利润的贡献、分销商的能力、分销商的顺从度、分销商的适应能力、对增长的贡献和顾客满意度等七个方面。

渠道销售人员的业绩评估指标包括定额完成情况、一定时期新客户增加与老客户失去数目、访问客户次数及平均时间、访问效果、销售成本、助销次数及效果、客户投诉率、遵守渠道政策情况、资金回笼情况和市场信息反馈情况等十个方面。

对中间商及销售人员的考核和评估指标的运用要依据企业的具体情况，为每项指标规定权重，结合每项得分求出最终的分值，并把这一最终分值作为对中间商及销售人员的奖惩依据。

中间商和销售人员的销售绩效低于群体平均水平或未达既定比率而排名偏后，可能是主观原因所致，也可能是一些客观原因造成的，如当地经济衰退、某些顾客不可避免的流失、主力推销员的丧失或退休等。因此，企业应根据具体情况采取有针对性的措施来加以扭转。

（2）渠道的调整及完善。

企业不仅需要建立良好的分销渠道系统并使之投入运行，而且还需要对分销渠道系统进行定期的调整，以适应市场环境的变化，这也是企业分销策略的一项重要内容。事实上，为了适应市场需要的变化，企业要对整个分销渠道系统或部分分销渠道成员必须随时加以调整。

分销渠道的调整可以从三个层次上来考虑：从经营的具体层次来看，可能涉及增减某些渠道成员；从特定市场规划的层次来看，可能涉及增减某些特定分销渠道；从企业系统计划阶段来看，可能涉及整个分销渠道系统构建的新思路。

① 增减某些渠道成员。

在分销渠道的管理与改进活动中，最常见的就是增减某些中间商的问题。由于个别中间商的经营不善而造成市场占有率下降，从而影响整个渠道的效益时，企业可以考虑对其进行削减,以便集中力量帮助其他的中间商搞好工作,同时企业也可以重新寻找几个中间商来替补。市场占有率的下降,有时可能是由于竞争对手的分销渠道扩大而造成的,这就需要企业考虑增加中间商的数量。

② 增减某些分销渠道。

当企业在某一目标市场中仅通过增减个别中间商不能解决根本问题时,就要采取增减某一条分销渠道的做法。如营养保健品生产企业前些年主要以药品批发零售渠道来销售产品,近年来,随着医疗制度的改革,这类产品的销售受到了一定程度的影响,许多的企业开始寻求新的销售渠道。但是,企业做这种决策时需要对可能带来的直接的、间接的市场反应及经济效益进行系统分析,以便获得最大的收益。

③ 调整整个分销渠道系统。

企业调整整个分销渠道系统,即企业对以往的分销渠道进行通盘调整。对于企业来说,最困难的渠道变化决策就是调整整个分销渠道系统,因为这种调整不仅是渠道策略的彻底改变,而且产品策略、价格策略、促销策略也必须作相应的调整,以期和新的分销渠道系统相适应,所以企业必须慎重对待。

(二) 分销渠道的控制

企业对于渠道成员的控制从一定程度上反映了其市场把握力的大小,通常企业控制市场是通过控制渠道成员实现的。

1．激励

如给予渠道成员较大的利润幅度和各种促销津贴,给予渠道成员在某一地域经销某些产品的权力,或无偿给予销售设备等。激励必须针对受控制的渠道成员的真正需要。

2．强制

强制包括制裁和处罚等手段,如减少渠道成员的产品利润幅度,撤销过去所答应的奖励措施,减少供货量或采购量等。

3．利用专门知识

渠道领袖拥有能帮助渠道成员提高经营能力的专门知识,利用这些专门知识可以促使渠道成员的业务行为与自己的期望相一致。

4．利用权威性

渠道中的一个成员具有很高的市场声誉,其他的成员就会自觉地依附和服从它。因此,渠道中实力强的大企业常被其他的成员看作是当然的领袖,但这种形式施加的影响范围是比较小的。

(三) 渠道冲突的管理

渠道合作是同一渠道中各成员之间的通常作为。分销渠道实际上由各企业基于相互利益结合而成,制造商、批发商和零售商彼此互有需求,各成员由于相互合作而获得的利益,要比自己单独从事分销工作所获得的利益大得多,正是在利己心理的驱动下,企业为了使得自己的利益最大化,就必然选择渠道合作,这种合作有利于各企业更好地满足目标市场的需求。

在目前竞争激烈的市场中,技术与产品的差异正在变得越来越小,渠道正在成为新的"竞争焦点"。但是,由于存在各个分销商、各级代理商、零售商与企业本身利益的冲突,会直接影响产品的价格、利润和品牌。因此,渠道冲突也就成了影响分销渠道效率的重要原因之一。渠道冲突是渠道关系中必然存在的自然现象,不能被消灭和根除。

1. 渠道冲突的根本原因

(1) 产生渠道冲突的原因。

产生渠道冲突的原因很多。如供货商要以高价出售,并倾向于现金交易,而购买者则想支付低价。矛盾的一个主要原因是企业与中间商有不同的目标,企业希望占有更大的市场,获得更多的销售增长额及利润。但是,大多数零售商,尤其是小型零售商,希望在本地市场上维持一种舒适的地位,即当销售额及利润达到满意的水平时,就满足于安逸的生活。制造商希望中间商只销售自己的产品,但中间商只要有销路就不关心销售哪种品牌的产品。企业希望中间商将折扣让给购买者,而中间商却宁愿将折扣留给自己;企业希望中间商为其品牌做广告,中间商则要求企业来负担广告费用。同时,每个渠道成员都希望自己的库存少一些,企业多保持一些库存。

(2) 渠道成员的任务和权利不明确。

有些企业有自己的销售队伍向大客户供货,同时它的授权分销商也努力向大客户推销,这样会导致地区边界、销售信贷等方面任务和权利的模糊与混乱,从而带来诸多冲突。冲突还可能来自渠道成员的市场知觉差异,如企业预测近期经济前景良好,要求分销商的存货水平高一些,而分销商却可能认为经济前景不容乐观,不愿保留较多的存货。

(3) 中间商对企业的依赖过高。

由于一些中间商专业从事市场销售,并不掌握技术,尤其是产品技术,没有独有知识产权产品,因此对企业的产品过度依赖。如汽车制造商的独家分销商的利益及发展前途直接受制造商产品设计和定价决策的影响,这也是产生冲突的隐患。所有这些都可能使渠道成员之间的关系因相互缺乏沟通而趋于紧张。

阅读材料 8-2

渠道冲突的直接原因[①]

一、价格原因

各级批发价的价差常常是渠道冲突的诱因。制造商常抱怨分销商的销售价格过高或过低,从而影响了其产品形象与定位。而分销商则抱怨制造商给其的折扣过低而无利可图。

二、存货水平

制造商和分销商为了自身的经济效益,都希望把存货水平控制在最低。而存货水平过低又会导致分销商无法及时向客户提供产品而引起销售损失甚至使客户转向竞争

---

① http://www.globrand.com/2007/72511.shtml,有改动.

者。同时，分销商的低存货水平往往会导致制造商的高存货水平，从而影响制造商的经济效益。此外，存货过多还会产生产品过时的风险。因此，存货水平也是容易导致渠道冲突的问题。

三、大客户原因

制造商与分销商之间存在的持续不断的矛盾的来源是制造商与最终用户建立直接购销关系，这些直接用户通常是大客户，是"厂家宁愿直接交易而把余下的市场领域交给渠道中间商的客户（通常是因为其购买量大或有特殊的服务要求）"。由于工业品市场需求的"80/20规则"非常明显，分销商担心大客户直接向制造商购买产品而威胁其生存。

四、争占对方的资金

制造商希望分销商先付款、再发货，而分销商则希望制造商能先发货、后付款。尤其是在市场需求不确定的情况下，分销商希望采用代销等方式，即货卖出去后再付款。而这种方式增加了制造商的资金占用，加大了其财务费用支出。

五、技术咨询与服务问题

分销商不能提供良好的技术咨询和服务，常被制造商作为采用直接销售方式的重要理由。对某些用户来说，甚至一些技术标准比较固定的产品，仍需要通过技术咨询来选择最适合其产品性能的产品以满足生产过程的需要。

六、分销商经营竞争对手的产品

制造商显然不希望自己的分销商同时经营竞争企业同样的产品线。尤其在当前的工业品市场上，用户对品牌的忠诚度并不高，经营第二产品线会给制造商带来较大的竞争压力。但是，分销商常常希望经营第二产品线甚至第三产品线，以扩大其经营规模，并免受制造商的控制。

2. 渠道冲突的管理

（1）发现渠道冲突。

① 企业对渠道成员定期进行调查，及时听取渠道成员对各种问题的反馈。

② 进行市场营销渠道审计。所谓市场营销渠道审计，是指企业对分销渠道的环境、目标、战略和活动进行的全面、系统、独立和定期的检查，目的在于发现机会，找出问题，提出正确的行动方案，以保证渠道计划的实施或不合理的渠道计划的修正，提高企业的总体营销绩效。

③ 定期召开分销商大会（如一年一次）。在大会上，企业除了介绍企业的新政策，表扬优秀的分销商，对分销商进行培训以外，还有一个非常重要的任务，就是营造一个宽松和谐的气氛，让分销商把自己的不满和牢骚都发泄出来，这样企业就可以直接了解到分销渠道中存在的冲突和矛盾。

（2）评估渠道冲突的影响。

渠道冲突必然会对渠道成员的关系和渠道绩效产生一定的影响。企业必须判断渠道冲突到底是处在哪一个水平上：是低水平冲突、中等水平冲突还是高水平冲突。

(3) 保持现状或解决渠道冲突。

并不是所有的渠道冲突都应该加以消灭。低水平和中等水平的渠道冲突具有建设性的一面,企业可以视而不见;但是,高水平的渠道冲突将会对分销渠道带来破坏性的影响。所以,企业必须及时加以解决。

3. 国内企业冲突管理的基本策略

(1) 关系型渠道策略。

关系型渠道策略是指为了提高整条营销渠道的质量和效率,在保证企业与分销商双赢局面的基础上,企业从团队的角度来理解和运作与分销商的关系,以协作、双赢、沟通为基点来加强对企业分销渠道的控制力,为消费者创造更具价值的服务,并最终实现企业渠道管理目标。这是鉴于当前国内企业分销渠道冲突在很大程度上是因为企业与下游渠道成员之间关系恶化的事实而采取的策略,其实质是通过加强企业与渠道下游其他成员之间的关系来预防和化解渠道冲突,具体包括以下三种:

① 信息加强型策略。

即企业可以通过加强自己与其他渠道成员之间的信息交流与沟通,实现信息共享,从而增进相互了解和相互信任,达到弱化和降低渠道冲突的目的,并起到预防渠道冲突的作用。

② 设立"超组织"目标。

这种方法通常是处理渠道矛盾和冲突的主要方法。其实质就是由合作者确立共同的奋斗目标以及共同的价值观,共同价值观的核心是增进各个成员对渠道合作、相互依赖的认识。它特别适用于渠道成员感觉到环境威胁,而且又对他方力量有明显依赖需要的情况。

③ 建立战略联盟。

建立战略联盟是一种典型的关系营销形式,主要以产销联盟的形式出现。产销联盟由低到高有会员制、独家销售代理制、联营公司等多种形式。这种形式有利于渠道成员形成较长期的利益共同体,减少短期行为。

(2) 渠道的整体优化策略。

① 渠道的整合策略。

渠道的整合策略即企业在对现有的渠道模式、渠道关系以及企业运作渠道的管理方式进行重新审视、分析的基础上,对自身现有的渠道进行重新组合、优化,简化渠道关系,提高渠道整体运行的效率,以此来适应渠道环境变化,增进渠道成员彼此之间的合作,从而预防和控制渠道冲突。

② 渠道扁平化策略。

渠道扁平化策略主要是围绕减少和消除多余的中间环节,避免信息传递的失真和失效,降低渠道运行和管理成本,减少利益纠纷。在信息技术不断发展与成熟的年代,这种策略实施的可能性正在不断加大。

三、渠道策划方案的评估

每个分销渠道方案都是企业将产品送达目标顾客的可能路线,分销渠道方案确定以后,企业就要根据各种备选方案,按照一定的标准进行评估、筛选,找出最优的渠道路线和满足企业长期目标的最佳方案。

分销渠道方案的评估标准有以下三个方面:

(一)经济性标准

经济性标准是分销渠道方案评估的最主要标准,主要是通过比较分销渠道的销售额与销售成本之间的关系,对不同分销渠道的经济效益进行评估。

经济性分析主要是比较每个分销渠道方案可能达到的销售额及费用水平,比较由本企业推销人员直接推销与使用销售代理商哪种方式的销售额水平更高,比较由本企业设立销售网点直接推销所花费用与使用销售代理商所花费用哪种方式支出的费用大,企业通过对上述情况的权衡和比较,从中选择最佳的分销方式。

(二)控制性标准

企业对分销渠道的选择不应仅考虑短期经济效益,还应考虑分销渠道的可控性。因为分销渠道稳定与否对企业能否维持并扩大市场份额、实现长远目标关系重大。如果企业不能对渠道运行有一定的主导性和控制性,分销渠道中的物流、物权流、货币流、促销流、信息流就不能顺畅有效地进行。所以,企业在评估分销渠道方案时要根据本企业的实力和产品状况,尽量增强自己对分销渠道的控制力,从而为企业营销目标的顺利实现奠定一个良好的基础。

(三)灵活性标准

企业在选择分销渠道时就必须充分考虑其对市场的灵活性。首先是地区的灵活性,在某一特定的地区建立商品的分销渠道应根据该地区的市场环境、消费水平、生活习惯等做出灵活的决策;其次是时间的灵活性,企业根据不同时间商品的销售状况应能采取不同的分销渠道与之相对应。

总之,一个分销渠道方案只有在经济性、控制性和灵活性等方面都具有比较优势时企业才可予以考虑。

第二节 促销策划

促销策略是市场营销组合策略中一个不可缺少的构成内容。企业常用的促销手段主要有人员推销、广告、公共关系、销售促进等。为了使这个活动过程更具有科学性,获得更大的经济效益,企业必须对这一过程的一切活动进行精心策划。

一、促销的基本策略

根据促销活动运作的方向进行划分,企业促销的基本策略包括推动式策略和拉动式策略两种。

（一）推动式策略

推动式策略是指企业以中间商为主要促销对象，通过推销人员的工作，把产品推进分销渠道，最终推上目标市场，推向消费者。

一般来说，推动式策略多适用于以下情况的市场促销：

(1) 传播对象比较集中，目标市场的区域范围较小；
(2) 处于销售量长期稳定状态，市场趋于饱和的产品；
(3) 品牌知名度较低的产品；
(4) 投放市场已有较长时间的产品或品牌；
(5) 需求有较强选择性的产品（如化妆品）；
(6) 顾客购买容易疲软的产品；
(7) 购买动机偏于理性的产品；
(8) 需要企业较多介绍消费、使用知识的产品。

企业使用推动式策略的目的是说服中间商与消费者购买企业的产品，并层层渗透，最后到达消费者的手中。这种方法是通过分销渠道将产品"推"给最终消费者，也就是企业直接对渠道成员进行营销活动，以诱导他们选购产品并促销给终端消费者。推动式策略主要是对中间商或消费终端进行刺激以形成订单。

（二）拉动式策略

拉动式策略又称拉式策略，是指企业以最终消费者为主要促销对象，通过运用广告、营业推广、公共关系等促销手段，向消费者展开强大的促销攻势，使其产生强烈的兴趣和购买欲望，纷纷向分销商询购某种商品，而中间商看到这种商品的需求量大就会向企业进货。

拉动式策略的适用情形有以下五种：

(1) 目标市场范围较大，销售区域广泛的产品；
(2) 销售量正在迅速上升和初步打开销路的产品；
(3) 有较高知名度的品牌，感情色彩较浓的产品；
(4) 容易掌握使用方法的产品，满足需求的多种选择的产品；
(5) 客户经常需要的产品。

在实践中，一些工业品企业（如医疗机械公司）只采用推动式策略，而一些采取直接营销的企业则只采用拉动式策略。但大多数企业采用的是推拉结合的混合策略，也就是说：一方面要用广告来拉动最终用户，刺激最终用户产生购买欲望；另一方面要用人员推销的方式向中间商进行推荐，以使中间商乐于经销或代理自己的商品，以形成有效的分销链。如可口可乐公司一方面通过地毯式广告轰炸，树立品牌，刺激消费者购买；另一方面，大力支持中间商，帮助中间商铺货、促销，使产品随时随地到达消费者的手中。

二、促销方案的策划

企业要取得理想的促销效果，就必须策划有效的促销方案，促销方案的策划步骤如下：

（一）识别目标受众

要制订有效的促销方案，企业首先必须要弄清沟通的对象是谁：沟通的对象可能是企业产品的潜在购买者或使用者，也可能是对做出购买决策有影响的人。企业所选定的目标受众不同，其传递信息的内容、方式、时间、地点和渠道等都有所不同。

（二）确定沟通目标

沟通目标的确定主要取决于市场需求所处的状态。如果是新产品投放市场，企业的沟通目标就是引起目标顾客的注意，让其了解产品；若企业的产品已经被目标顾客所熟悉，那么，企业的任务就是要以实际利益来打动顾客，引起他们的兴趣直至采取购买行动。

（三）信息设计

根据一定的目标受众和沟通目标，企业就可以开始进行信息的设计。一个理想的信息应能够起到引起注意（Attention）、产生兴趣（Interest）、激发欲望（Desire）及促成行动（Action）的作用，即 AIDA 模式。但是，很少有信息可以同时达到这些作用。企业要设计出具有 AIDA 特性的信息，必须要解决的问题有：信息内容，即企业要说些什么；信息结构，即如何将信息表达得合乎逻辑；信息形式，即有效传递信息的格式。

（四）选择沟通渠道或媒介

沟通渠道主要包括人员渠道与非人员渠道。人员渠道是指企业对选定的个人或群体进行直接、正面的接触，它可以通过推销人员或企业代表以面谈形式、专家咨询、社交途径等来实现。非人员渠道是指企业主要通过媒介传送信息进行间接接触沟通，其途径主要有大众传播媒体，如广播、电视等。人员渠道与非人员渠道的效果有着相当明显的差异，这种差异在一定程度上限制了企业促销沟通意图的表达和目标的实现。当然，两者之间亦非针锋相对、相互排斥。企业应根据实际情况选择适合的传播渠道。

（五）衡量促销效果

促销效果是企业最为关注的问题之一。企业要对自己设计的信息和选择的沟通渠道所能够带来的促销效果进行评估和衡量，以便进行决策和实施。

三、促销方式及其特点

（一）人员推销

人员推销是指企业通过销售人员直接与消费者沟通交流、传递信息并说服消费者购买的促销方式。人员推销的针对性强，通过一对一的双向交流，消费者能更详细地了解产品并对其产生反应，销售人员则可以及时地根据消费者的反应采取相应的措施。这样可以建立消费者偏好，增强信任感，容易构成较稳定的购销关系，对促成购买行为有较好的效果。但是，人员推销的成本较高，特别是企业很难得到优秀的销售人员。

（二）广告

广告是指广告主通过付费的方式借助一定的传播媒体所进行的信息传递行为。广告传播迅速，受众面范围广，通过反复渲染、反复刺激来扩大产品的知名度，对于产品的市场开发有着显著的效果。很多不知名的产品借助大规模的广告便一夜成名，其原因就在于广告的这种大众传播功能。尽管广告的功能强大,但它最大的缺点是信息流通的单一性,这种信息流通是一种由企业到消费者的单向传递,缺乏与消费者的双向交流,很难决定消费者的最终购买行为。

（三）公共关系

公共关系是指企业利用各种公共媒体或公共活动来传播相关的企业信息和产品信息,如新闻发布会、体育赞助等。这种促销方式不同于广告,如果说广告是在推销产品和服务的话,那么公共关系则是直接在推销企业,树立的是企业的良好形象。由于公共关系是借助第三方媒体来进行的,所以对于提高企业的美誉度具有重要的推动作用。但是,公共关系不如其他的促销方式见效快,不适合新产品的市场开发。

（四）销售促进

销售促进是指企业在短期内采用一些刺激消费者的手段,如赠品、抽奖等来鼓励消费者快速购买的促销方式。这种促销方式可以使消费者产生迅速的反应,在较短时间内提高产品的销售量,同时也能有效地抵制和击败竞争对手的促销活动。但是,如果企业的销售促进使用不当的话,很容易使消费者对产品质量和信誉产生怀疑,反而有损企业的形象。

表 8-4 对人员促销、广告、公共关系和销售促进这四种促销方式进行了比较。

表 8-4　四种促销方式的比较

促销方式	优点	缺点
人员促销	方法灵活,有利于深谈,容易激发兴趣,促进当时成交	费用较大,影响面较窄,难以有效管理,培养及寻找合适人才不易
广告	信息覆盖面广,容易引起注意,可重复使用,信息可艺术化	说服力小,信息反馈慢,不易调整,难以迅速导致购买行为
公共关系	影响面大,容易得到信任,效果持久	企业难以控制传播过程,见效较慢
销售促进	吸引力大,能及时改变传播对象的购买习惯	容易引起怀疑,自贬身价

除了以上四种常见的促销方式以外,随着社会、经济的发展以及市场营销理论与实践的不断进步,也有一些新的促销方式被人们所关注,如直接销售（包括电话营销、邮寄营销和网络营销等）。直接销售借助新的信息平台及时、迅速地把产品信息发送给特定的目标消费者,并能较好地满足个体消费者的需求;同时,消费者可以通过信息平台及时进行反馈,从而形成互动型的双向传播。而与人员推销相比,由于直接销售减去了销售人员的环节、成本要低,因此越来越受到企业的欢迎。

四、影响促销组合的因素

企业在实际促销活动中是采用一种促销方式,还是采用两种或两种以上的促销方式,这就需要企业根据自身的实际情况进行选择。如果企业选择两种或两种以上的促销方式,就要涉及以哪种促销方式为主、以哪几种促销方式为辅的问题。把各种促销方式有机搭配和统筹运用的过程就是促销组合。促销组合是指企业根据产品、市场性质等因素的不同,将直接促销方式和间接促销方式加以灵活选择、巧妙组合和综合运用,形成一套针对选定的目标市场的促销策略。它体现了整体决策思想,即将各种促销方式有目的、有计划地组合起来,形成整体效果最优的促销决策。促销组合包括促销沟通过程的各个要素的选择、搭配及其运用。如何选择、搭配、有效地运用促销组合,如何优化促销组合,是每个企业都要面临的问题。企业必须考虑预算、产品以及产品市场生命周期、促销策略、消费者购买阶段等因素。

（一）促销预算和费用

企业在进行促销活动实施的时候必然会受到费用的制约,费用是约束条件,企业要想达到最佳的促销效果,必然要在促销费用一定的情况下,在不同的促销方式中进行合理分配以达到最佳的促销效果,促使有限的费用发挥出最大效用。为此,企业要运用一些预算方法来做出促销预算,确定其应该支出多少的促销费用,以便筹措资金和进行费用支出控制。企业常用的预算方法有以下五种：

1. 竞争均势法

竞争均势法是指企业保持与竞争对手相同支出水平的促销预算的方法。这样的促销预算可以维持市场竞争均势,并有助于防止企业之间开展促销战。

2. 目标任务法

目标任务法是指企业通过确定特定的目标,并估计和测算实现这些目标需要完成的任务以及完成这些任务的成本,以此为依据确定促销预算的方法。这种方法被认为是最合乎逻辑的预算方法。

3. 销售额百分比法

销售额百分比法是指按预定的促销费用占企业（目前或预测）销售额或售价的百分比来确定促销费用的方法。当百分比一定时,企业的销售额越高,促销费用也就越高。这种方法有不少的优点,但是它在理论上存在严重缺陷。销售额百分比法错误地把销售额视为促销费用的"因",这意味着企业的销售状况好时,促销费用投入得多;而企业的销售状况差时,反而促销费用投入得少。

4. 量力支出法

量力支出法是指企业根据自己的财力水平来确定促销预算的方法。这种方法简便易行,但并不合理。它忽视了促销活动对销售量的巨大影响作用,将促销活动看成是可有可无的。

5. 倾力投掷法

倾力投掷法是指企业将经营活动中所耗费的料、工、费等各项成本支出,以及上缴利税和企业留成的各项基金从收入中剔除后,剩余部分作为促销预算的方法。

以上方法各有自身的优点和缺点,企业在运用时应根据自身的具体情况扬长避短,灵活加以选用。

（二）产品类型

产品的性质不同,则促销组合就有差异。消费品和工业品就是两类不同性质的产品,各种促销方式对于它们来说具有不同的重要程度。一般来说,消费品的促销组合次序是广告、销售促进、人员推销、公共关系,工业品的促销组合次序是人员推销、销售促进、广告、公共关系。

(三) 消费者购买阶段

消费者购买阶段不同对企业的促销方式会产生直接影响。消费者购买阶段包括知晓、了解、信任以及购买四个阶段。一般来说，广告、销售促进和公关宣传在建立购买者知晓方面的作用比人员推销的作用显著，但购买者购买与否以及购买多少，广告和公关宣传的作用不甚显著，而人员推销的作用则十分明显。

依据各种活动对消费者产生影响的显著程度，在不同的购买阶段，促销组合的次序如下：

(1) 知晓阶段，促销组合的次序是广告、销售促进、人员推销；
(2) 了解阶段，促销组合的次序是广告、人员推销；
(3) 信任阶段，促销组合的次序是人员推销、广告；
(4) 购买阶段，促销组合的次序是以人员推销为主，销售促进为辅，广告可有可无。

(四) 产品市场生命周期阶段

产品所处的市场生命周期阶段不同，促销目标就不同，企业应采取的促销策略就不同。如表 8-5 所示，在介绍期，产品鲜为人知，企业应加强广告宣传，提高潜在顾客对产品的知晓程度，同时配合销售促进和人员推销等促销方式来刺激顾客购买或试用。在成长期，产品的销售量增长迅猛，但竞争者出现并快速增多，这个时期广告依然是企业主要的促销方式，但广告内容转变为产品优势宣传上，同时配合销售促进和公关宣传，使度过试用期的顾客形成对产品的偏爱，并出现新顾客。在成熟期，销售量增长率下降，市场供应量达到高潮，竞争更加激烈，在广告配合适当的销售促进的同时，企业还应利用公共关系突出企业的声誉、提高企业的形象、显示产品的魅力，以稳定并扩大市场。产品进入衰退期，企业应以销售促进为主，辅以提醒式广告，此阶段促销费用不宜过多，以免得不偿失。

表 8-5 产品市场生命周期各阶段的促销组合策略

产品市场生命周期阶段	促销目标重点	主要促销方式
介绍期	认识了解产品	各种介绍型广告、人员推销
成长期	提高产品的知名度，增进兴趣与偏爱	改变广告的形式与内容
成熟期	增加产品的美誉度	以企业形象广告为主
衰退期	促成信任购买	销售促进为主，辅以提醒式广告

(五) 市场性质

针对不同性质的市场，企业应采取不同的促销组合。通常，企业可以从以下三个方面来分析市场并采取措施：

1. 市场范围

小市场的顾客集中，企业应以人员推销为主；大市场的顾客分散，企业应以广告及销售促进为主。

2. 市场类型

消费品市场以广告、产品陈列、展销及产品介绍为主，而工业品市场则以人员推销为主。

3. 消费者特性

若目标消费者的文化水平较低,企业应以视听广告为主;若文化水平较高,则企业应以说理性强的知识介绍及宣传为主。

五、评价促销效果

对促销效果的评价不仅是对促销活动的总结,而且对于了解某种促销方式的有效性和如何运用其他的沟通策略以提高整体营销效率,以及为今后改进和提高促销方式提供丰富的经验教训等方面都有积极意义。

(一)前后比较法

前后比较法是指企业将开展促销活动之前、之中和之后三段时间的销售额进行比较来测评效果的方法。这是最常用的消费者促销评估方法。促销前、促销期间和促销后产品的销售额变化会呈现出几种不同的情况,这说明促销产生了不同的效果。通常,可能出现的情况有以下四种:

(1)初期奏效,但在促销中期销售额就逐渐下降,到结束时,已恢复到原来的销售水平(如图8-1所示)。这种促销冲击力强,但缺乏实质内容,没能对消费者产生真正的影响。主要原因可能是促销活动缺乏长期性,策划创意缺乏特色,促销管理工作不力。

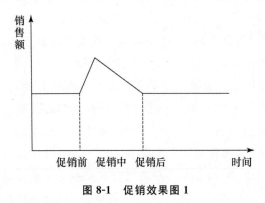

图8-1 促销效果图1

(2)促销期间稍有影响,但促销后期销售额低于原来水平(如图8-2所示)。这时促销出现后遗症,说明由于产品本身的问题或外来的其他因素使该产品的原有消费者构成发生动摇,而新的顾客又不愿加入,从而在促销期满后,销售量没有上升。其中的主要原因可能是促销方式选择有误、主管部门干预、媒体协调出现问题、消费者不能接受、竞争者的反攻生效,争夺了大量的消费者。

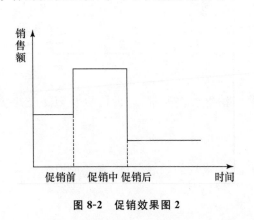

图8-2 促销效果图2

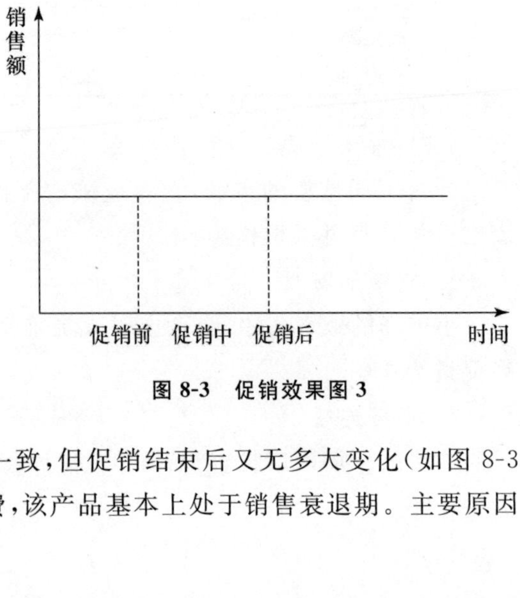

图8-3 促销效果图3

(3)促销期间的销售情况同促销前基本一致,但促销结束后又无多大变化(如图8-3所示)。这说明促销无任何影响,促销费用浪费,该产品基本上处于销售衰退期。主要原因可能是由于企业对市场情况不熟悉,促销方式缺乏力度,信息传播方式、方法出现问题,产品根本没有市场。

(4)促销期间销售额有明显增加,且促销结束后销势不减或略有减少(如图8-4所示)。这说明促销的效果明显,且对今后有积极影响,这种促销方式对路。促销产品的市场销售量上升,增加的原因是由于促销对消费者产生了吸引力。在促销活动结束后的一段时期内称为有货消耗期,消费者因消耗在促销期间积累的存货而没有实施新的购买,从而商品的销售量在刚结束的时候略有下降,但这段时间过后,商品的销售量比促销前上升,说明促销取得了良好的效果,使产品的销售量增加。

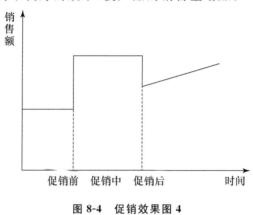

图8-4　促销效果图4

(二)市场调查法

市场调查法是指一种企业组织有关人员进行市场调查分析确定促销效果的方法。这种方法比较适合于评估促销活动的长期效果,包括确定调查项目和市场调查法的实施方式两个方面。

1. 确定调查项目

调查项目包括促销活动的知名度、消费者对促销活动的认同度、销势增长(变化)情况、企业的形象在前后变化情况等。

2. 市场调查法的实施方式

一般来说,采用的方法是企业寻找一组消费者样本与他们进行面谈,了解有多少消费者还记得促销活动,他们对促销活动的印象如何,有多少人从中获得利益,对他们今后的品牌选择有何影响等。通过分析这些问题的答案企业就可以了解到促销活动的效果。

(三)观察法

观察法是指企业通过观察消费者对促销活动的反应,从而得出对促销效果的综合评价的方法。调研者主要是对消费者参加竞赛与抽奖的人员、优惠券的回报率、赠品的偿付情况等加以观察,从中得出结论。这种方法相对而言较为简单,而且费用较低,但结论易受主观影响,不很精确。

案例研究

无本可否万利？[①]

互联网时代是传播最容易的时代，因为传播信息和获取信息都变得很容易。但互联网时代也是传播最困难的时代，因为海量的信息充斥在人们的眼前；加上现在传播渠道的碎片化，有效的传播效率反而降低了。

明晃晃的是酒香也怕巷子深。

互联网产品想要在第一时间站到用户的眼前，并且在用户的心中占据一席之地，除了过硬的产品质量以外，传播也显得尤为重要。很多企业在创业初期，70%的费用都花在产品宣传上。可是，这家企业在短短16个月就做到了，不仅一跃成为行业的领头羊，拥有了超过1000多万的用户。最不可思议的是，这一切竟然一分钱也没花。

一、瞄准用户，让用户做推广

CEO黄金在创立易企秀之前，先后担任过中国互联网信息中心（CNNIC）信息化项目负责人和北龙中网移动产品线总监。在这个行业中数十年，是一个互联网老兵。对于互联网思维，他有着自己独特的理解。"互联网思维是说，我先做用户，同时让用户爱用，这才是互联网思维。"所以，易企秀最先瞄准的不是现成的客户，而是用户。传统的产品推广是首先找到目标用户群，直接找到企业的老板和负责人，向他们介绍产品，陈述产品的优势，通过销售人员说服老板们接受新产品。这样的优势是客户目标明确，而且销售人员成一单就有一单的收益。但短板也很明显，用户的增长缓慢，推广传播费用高昂。易企秀最先瞄准的却是实实在在的用户，因为说到不如看到、看到不如做到。先让用户免费使用，用起来之后，员工工作得到了切实的帮助，老板也看到了切实的效果。这样一来，用户不仅做了销售推广人员的事，而且还直接转化成了客户。

二、花钱是一门重要学问

"我们现在基本上零市场费用，在花钱上我们特别省，也有特别不省的地方。"对于企业中的钱该怎么用，CEO黄金有自己的一套理论。既然不在传播上烧钱，那么钱都花在哪里？易企秀的办公室环境简单活泼而不奢华，在这里所有人都是敞开办公的，包括CEO黄金在内，没有任何人有自己的私人办公室。易企秀的企业文化崇尚简单务实，黄金用六个字来形容易企秀的企业文化"不喊总，不叫哥"。在易企秀里，"我们既反对官僚化，不叫什么总，也反对江湖化，不叫什么哥，我们内部大家都叫英文名字，管我叫杰米。"

易企秀的钱大部分都花在用人和产品研发上面。黄金认为这是极其有价值的，钱就是要花在该花的地方。花在研发上的钱不是花费，而是积累，而且这样的积累越多越好。

这么花钱的效果十分明显。过硬的技术和营销模式让易企秀在短短16个月的时间里就成为HTML5行业的领头羊。

目前，市面上大概有2000多款手机，但是没有一款HTML5工具像易企秀那样可以适配主流市场上80%的手机，最大程度地覆盖了所有的手机用户。易企秀的更新换代非常快，几乎每周都在迭代。不需要美工，不需要写代码，任何一个用户都可以在易企秀里找到自己最想要的设计与模板，独立制作一款酷炫的带有音乐、文字、动画的场景。

[①] 李昊. IBM（中国）商业价值研究院出品的月度电子期刊，2016，有改动。

三、花钱才是不科学的传播

先来做个算式：一个企业如果要做一个HTML5,要花多少钱？大把时间＋文案费＋策划活动经费＋中间交流人力资本费。

如果全程自行研发、测试到上线,5万元根本是原始配置。然而效果可能差得不能看了。

所以,最常见的办法就是寻找第三方制作、宣传、推广。这中间转了一个环节,对接、创意、适配等问题都需要人力、物力来进行沟通,过程复杂且周期较长。然而麻烦依旧没有解决,只是把它甩给另一些人而已。时间成本和沟通成本依然降不下来！是花了钱,也不一定能做出来效果。这种方式也叫作"他营销"。易企秀为这种方式带来革命性的变化,他们要做的是"自营销"。通过易企秀,企业中的个人就可以产生宣传材料,省掉了中间多方的磨合适配。而且通过全员的机制,可以做成全员营销,以达到花很少的钱去撬动更大推广渠道的目的。

易企秀采用傻瓜式操作,且模板众多,用户无须掌握复杂的编程技术,就能简单、轻松制作基于HTML5的精美手机幻灯片页面。不仅如此,易企秀与主流社会化媒体打通,让用户通过易企秀平台的社会化媒体账号就能进行传播、展示业务,收集潜在客户。这省掉了中间环节,为企业节约了大量的人力和物力成本。

四、兑茶就是茶,兑咖啡就是咖啡

从易企秀的名字来看,黄金对企业级服务情有独钟,他说："我们要做的是标准化的产品,而不是定制类的项目。"

技术只是易企秀的敲门砖,易企秀的目标是为现在企业的定制传播需求搭建一个生态系统,成为水一样的平台。

兑茶就是茶,兑咖啡就是咖啡,完全取决于用户自己。众包思路始终贯穿在易企秀的发展中。乔布斯生前曾预言过HTML5将代表未来,黄金对此深以为然。HTML5去年是元年,今年绝对是蓬勃发展。就连曾经说过"我们最大的错误是在HTML5上赌太大"的扎克伯格也开始在Facebook上做自己的HTML5产品。

关于易企秀的未来,CEO黄金充满了信心："我现在用HTML5,可能未来HTML5变成HTML6了,但是核心一句话,我是用新技术来帮企业实现便捷快速的自营销,这点是不会变的。这个方向支撑下的易企秀肯定是越来越发展壮大,我们肯定是能够成就一番事业的。"

无论是瞄准用户对客户的狙击创新创业理念,还是零市场费用的推广手段,抑或是打造标准化平台的企业战略,这些都是让易企秀在互联网时代成为行业大鲨鱼的秘诀。易企秀成立不过两年,还是一个比较年轻的企业,拥有无限的可能,在未来成为独角兽企业指日可待。

讨论题

1. 请你用两种视角解析易企秀的自营销成功之道。
2. 请解释消费者何以认可并参与企业市场推广？

第九章 品牌策划

> 品牌策划是企业通过品牌上对竞争对手的否定，与竞争对手进行差异化竞争，在品牌价值传递上与竞争对手拉开距离来引导消费者的选择，是在与外部市场对应的内部市场（即心理市场）上的竞争。品牌策划注重的是意识形态和心理描述，即对消费者的心理市场进行规划、引导和激发，是把人们对品牌的模糊认识清晰化的过程。

第一节 品牌策划基础

一、品牌的概念

对于品牌的定义有多种，有的观点认为"品牌就是牌子、商号、商标"，而著名的市场营销专家菲利普·科特勒这样解释品牌："品牌是一种名称、术语、标记、符号或图案，或是它们的相互组合，用以识别某个消费者或某群消费者的产品或服务，并使之与竞争对手的产品或服务相区别。"

上述定义说明，品牌是一个复合概念，它由品牌外部标记（包括名称、术语、图案等）、品牌识别、品牌联想和品牌形象等内容构成。

二、品牌的作用

（一）品牌——产品或企业核心价值的体现

品牌是消费者或用户记忆商品的工具，企业不仅要将商品销售给消费者或用户，而且要使消费者或用户通过使用对商品产生好感，从而重复购买，并不断地进行宣传，最终形成品牌忠诚。消费者或用户通过品牌，通过对品牌产品的使用，形成满意，就会围绕品牌形成消费经验，将其储存在记忆中，为将来的消费决策形成依据。一些企业更为自己的品牌树立了良好的形象，赋予了美好的情感，或代表了一定的文化，使品牌及品牌产品在消费者或用户的心目中留下了美好的记忆。

（二）品牌——识别商品的分辨器

品牌的建立是由于竞争的需要，用来识别某个企业的产品。企业的品牌设计应具有鲜明的个性特征，品牌的图案、文字等要与竞争对手有所区别，代表本企业的特点。同时，互不相同的品牌各自代表着不同的产品，可以为消费者或用户购买、使用提供借鉴。通过品牌，人们可以认识产品，并依据品牌选择购买。如人们在购买汽车时会发现有众多的品牌,每种品牌的汽车代表了不同的产品特性、不同的文化背景、不同的设计理念、不同的心理目标,消费者或用户可以根据自身的需要,依据产品特性进行选择。

(三) 品牌——质量和信誉的保证

企业设计品牌、创立品牌、培养品牌的目的是希望此品牌能变为名牌,因此企业会在产品质量上下功夫,在售后服务上做努力。同时,品牌代表着企业,企业(特别是名牌产品、名牌企业)从长远发展的角度考虑必须在产品质量上下功夫。于是品牌(特别是知名品牌)就代表了一类产品的质量档次,代表了企业的信誉。如提到家电品牌,人们就会联想到"海尔"家电的高质量,"海尔"优质的售后服务和海尔人为消费者着想的动人画面。又如,"耐克"作为世界知名的运动鞋品牌,其人性化的设计、高科技的原料、高质量的产品为人们所共睹。

(四) 品牌——企业竞争的武器

树品牌、创名牌是企业在市场竞争的条件下逐渐形成的共识,人们希望通过品牌对产品和企业加以区别,通过品牌形成品牌追随,通过品牌扩展市场。品牌的创立正好能帮助企业实现上述目的,使品牌成为企业有力的竞争武器。品牌,特别是名牌的出现,使消费者或用户形成了一定程度的忠诚度、信任度、追随度,由此使企业在与竞争对手的竞争中拥有了后盾基础。品牌还可以利用其市场扩展的能力,带动企业进入新市场,带动新产品打入市场。企业还可以利用资本运营的能力,通过品牌以一定的形式(如特许经营、合同管理等)进行扩张。总之,品牌作为市场竞争的武器常常会给企业带来意想不到的效果。

三、品牌策划的原则

(一) 眼光原则

品牌策划必须具有前瞻性,也就是说策划人要有"眼光",要看得远,要看到其他人没有看到的,这样才能抢占先机、出奇制胜,反之则"人无远虑,必有近忧",整日被琐事缠身,裹足不前。俗话说:"不谋万世者,不足谋一时,不谋全局者,不足谋一域",说得也是这个道理。这个原则很容易理解,很多的策划人都在实践中努力遵循这个原则,只是在程度上存有差异。如很多的企业没有做品牌战略策划就忙着请广告公司发布广告,大量的资金砸下去之后,可能会有一定的收益,但必然是事倍功半。

(二) 阳光原则

阳光原则是指品牌策划必须见得着阳光,经得起日光的"曝晒",即经得起检验,符合法律法规和社会公序良俗。换句话说,策划人必须心胸坦荡,不能做昧着良心的策划,亦即品牌策划不能欺诈消费者,不能损害消费者的利益,更不能有悖于社会道德和伦理。目前,虽然一些品牌策划案违背了这个原则,但是已引起了社会各方面的重视。

(三) X光原则

X光是一种波长很短的电磁波,波长在 0.1~10nm,有很大的穿透能力,被广泛应用于科技和医疗等方面。这里借指策划人要有"掘地三尺"的精神和能力,洞穿问题的本质,或者说找到问题的根源,然后再结合存在的资源进行策划。这样,品牌策划案实施后才有可能实现釜底抽薪、药到病除的效果,否则必然是隔靴搔痒、治标不治本。如某商场做了错误的品牌定位,热衷于大搞一些不痛不痒的演出活动、促销活动,结果自然是解决不了根本问题,几个月后依旧是"门前冷落鞍马稀"。

四、品牌的塑造

作为一项艰巨而又复杂的系统性工程,品牌的塑造需要按照一定的步骤来进行。

品牌的塑造一般要经过对品牌相关内容的调研、制订品牌设计计划、品牌定位与设计、品牌推广、品牌效果评估这样几个步骤,下面对这些步骤分别进行说明。

(一)品牌调研

品牌调研是指策划人要对企业的品牌现状进行了解,或者对企业计划树立的品牌相关内容进行资料收集。对于已有品牌的现状,策划人主要是了解企业品牌的知名度、美誉度、代表意义等,其意义在于明确企业预期的状况及实际品牌所处状态,另外还需了解员工的品牌意识、对该品牌的理解程度。而对于企业计划树立的品牌,策划人应了解企业的声誉、品牌产品或服务的质量性能、同行业中的地位,目标受众对品牌的关注,何种因素对目标受众的品牌意识最具有影响等。总之,品牌调研就是策划人发现品牌系统存在的问题或影响因素并对其进行全面了解。

(二)制订品牌设计计划

通过品牌调研,在掌握了大量的情报资料,确定了品牌系统中存在的问题或影响因素之后,策划人的下一步工作就是制订品牌设计计划。

品牌设计计划有长期战略规划、年度工作计划,也有品牌项目设计工作计划。品牌设计计划的制订主要是确定品牌打造目标,设计品牌打造方案,确立设计内容及评估预算。

(三)品牌定位与设计

品牌定位与设计,就是策划人依据品牌目标为品牌确立适当的位置,并进行具体设计。策划人依据品牌设计计划开展工作,在综合考虑企业的现状、竞争对手、社会公众等各种影响条件后开始设计品牌。另外,品牌设计一定要遵循科学的原则、采用科学的方法,并在企业近期目标、远期目标、企业形象等影响要素的约束下进行。

(四)品牌推广

品牌设计完毕之后,策划人就要对品牌加以推广。品牌推广指综合运用广告、公关、媒介、名人、口碑、营销人员、品牌质量等多种要素,结合目标市场进行综合推广传播,以树立品牌形象。

在品牌推广中,策划人既要善于利用广告、公关等宣传手段,也要善于利用名人、事件等推动因素,把握品牌质量、品牌服务,树立长远发展战略。

(五)品牌效果评估

品牌效果评估与品牌调研这两个阶段的工作有相同之处,策划人要利用市场调研收集资料、获取信息。这两个阶段的工作首尾相接,品牌效果评估的主要工作内容是了解品牌打造工作是否按期、保质的完成,是否达到了预期的效果,经过评估工作,策划人还要确定工作中的问题,是否需要对品牌进行二次锻造、开展二期工程。

五、品牌策划的层次

对品牌价值和内涵的正确认知是企业品牌构建成功的基础,是品牌塑造的起点。品牌策划是一个复杂的系统,具有六种意思的表达,即属性、利益、使用者、文化、个性、价值。这六者彼此紧密联系,又隶属于不同的层级,它们构成了品牌的基本内涵。与品牌基本内涵相对应的是品牌价值传递的三个层次,即自我表达价值、情感价值、功能价值。品牌价值和品牌内涵之间存在对应的关系(如图9-1所示)。

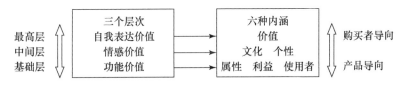

图 9-1 品牌价值和品牌内涵的关系

品牌内涵以价值表现为最高层次,其次是以文化、个性为中心的中间层,最后是以属性、利益和使用者为中心的基础层。三个层次分别对应品牌的三种价值体现即自我表达价值、情感价值和功能价值,而这三个层次的价值体现由基础层到最高层分别对应的是企业由产品导向向购买者导向过渡的经营理念。

品牌价值和品牌内涵是一套比较复杂的信息系统,是构成品牌信息的基本组成内容,品牌信息承载量是购买者和其他利益相关者接收到的与品牌有关的所有信息。品牌信息是企业在对所有的市场信息进行收集和分析的基础上,制造出满足购买者和其他利益相关者需求的相关信息,从而有效地推动品牌的传播和推广。在市场上,制造品牌信息的方式多种多样,关键是品牌管理者要抓住本类型产品的特性,深入挖掘品牌利益相关者的需求,不断充实品牌的内涵,使品牌信息能够真正地承载市场的需求,反映品牌的含金量。

品牌构建成功的基础是企业对于品牌内涵的深入提炼和品牌价值的深刻认知。比如,比较德国奔驰对于品牌的六种内涵、三个价值层次的认知,我们能够明显发现奔驰的品牌信息承载量是非常大的。从企业的角度出发,企业对于品牌六种内涵理解的越清楚,品牌的内涵就越丰富;对于价值三个层次认识的越深刻,品牌的核心价值就越突出(参见表9-1)。

表 9-1 德国奔驰对于品牌内涵和品牌价值的认知

六种内涵	奔驰的品牌信息		三个层次
价值	成功的社会地位	自我实现	自我表达价值
文化 个性	讲究质量的德国文化	成功 严谨	情感价值
属性 利益 使用者	技术好 安全 成功者	追求品质	功能价值

第二节　品牌的定位策划

一、品牌定位的概念

品牌定位是指企业在市场定位和产品定位的基础上,对特定的品牌在文化取向及个性差异上的商业性决策,它是建立一个与目标市场有关的品牌形象的过程和结果。换言之,品牌定位是为某个特定品牌确定一个适当的市场位置,使商品在消费者的心目中占领一个特殊的位置,当某种需要突然产生时,消费者随即会想到该品牌。如在炎热的夏天人们突然觉得口渴时,会立刻想到"可口可乐"红白相间的清凉爽口。

品牌定位是品牌经营的首要任务,是品牌建设的基础,是品牌经营成功的前提。品牌定位在品牌经营和市场营销中有着不可估量的作用。品牌定位是品牌与某一品牌所对应的目标消费者群建立的一种内在的联系。

二、品牌定位"三步曲"

品牌定位的目的就是将产品转化为品牌,以利于潜在顾客正确认识。成功的品牌都有一个特征,就是以一种始终如一的形式将品牌的功能与消费的心理需要连接起来,通过这种方式将品牌定位信息准确地传达给消费者。因此,企业最初可能有多种品牌定位,但最终目的是要建立对目标人群最有吸引力的竞争优势,并通过一定的手段将这种竞争优势传达给消费者,转化为消费者的心理认识。

▇ 阅读材料

日本淡啤酒的成功[①]

1987年,日本第三大啤酒厂 Asahi 推出一种新产品——淡啤酒。这种啤酒喝起来清凉爽口,稍具甜味,而且喝过之后口中不会残留酒精的味道。产品推出后大受欢迎,成为日本有史以来最成功的品牌之一。这种现象促使其他的啤酒厂商相继推出淡啤酒,不到一年就拥有了日本啤酒市场近33%的市场份额。日本啤酒厂商不满足于国内市场的成功,积极准备开拓国外市场,当时日本四大啤酒厂商都相继在美国建立了分公司,筹备打入美国市场。

当时,美国啤酒厂商中比较成功的有安氏、美乐等几家,面对日本啤酒厂商的进攻,安氏公司决定在日商打入美国之前抢先推出一种品牌的淡啤酒。为此,安氏公司到日本进行市场调查,并得到以下结论:

(1) 市场正期待一种新的、更刺激的啤酒;

[①] 陈放.品牌学——中国品牌实战原理[M].北京:时事出版社,2002,有改动。

(2) 消费者对淡啤酒感到非常好奇——好奇是来源于味道还是口感；

(3) 消费者了解"淡"在葡萄酒或香槟酒上的意思，但不知道淡啤酒是怎么一回事；

(4) 嗜饮啤酒的人急欲知道更多有关淡啤酒的信息。

根据调查结果并分析日本淡啤酒成功的反应，安氏公司认为推出一个品牌的淡啤酒时机已经成熟，当时，安氏公司旗下有米雪罗、百威及布希三种啤酒品牌，其中"百威"是最成功的一个品牌。是选择其中一个品牌还是新创一个品牌，如果沿用旧品牌应选择哪一个呢，这是安氏公司当时面临的又一品牌决策。经过分析，安氏公司最终选择了"米雪罗"作为其新产品的牌子，原因有以下几点：

(1) 由于是全美第一的新产品类别，风险及投资都将比一般产品大，需要一个稳健的品牌名称来支撑；

(2) 日本的淡啤酒品质似乎较符合有上流形象的"米雪罗"系列的特征；

(3) "米雪罗"淡啤酒与"百威"淡啤酒都可能畅销，如果市场空间如预期的大，应可容纳两者并行发展，但如果由"百威"淡啤酒先行推出，即可能因为其品牌强势及消费者有忠诚度，致使"米雪罗"淡啤酒无法顺利推广。

(4) 安氏公司急需改善"米雪罗"系列产品的销售状况，因为"米雪罗"从1981年起销售量一直在下降，以"米雪罗"的牌子推出淡啤酒有可能使这个产品线再度充满生机。

通过对市场的调查分析，并根据淡啤酒的品质和对"米雪罗"这个品牌的正确认识，安氏公司为"米雪罗"淡啤酒选定了目标市场。

(1) 教育程度中上的年轻人，有着上流社会的品位；

(2) 女性（喜欢饮用后口中不残留酒味的特性）；

(3) 喜欢喝清淡口味啤酒的人。

由于品牌定位的准确，在推出一年之后，"米雪罗"淡啤酒就占领了83%的淡啤酒市场。在此两年之后，安氏公司又推出"百威"淡啤酒，借其品牌强势大受消费者的欢迎。1990年年底，安氏公司旗下两大品牌拿下了淡啤酒市场的94%，几乎垄断了淡啤酒市场。

根据阅读材料，安氏公司用旧品牌推出新产品并由此使旧品牌焕发生机的案例，基本上涵盖了品牌定位的过程，即明确企业潜在的竞争优势，准确选择竞争优势并选定目标市场，通过一定的手段向市场传播，这就是品牌定位的"三步曲"。

三、品牌定位策略

品牌定位是企业之间智慧的较量，但这种较量并不是盲目的，必须讲究策略，而且企业应明确运用品牌定位策略的目的。

（一）品牌策略的目的

一个品牌可以有多种定位，如低价定位、优质定位、服务定位等，如何将这些定位信息传递给消费者就依赖于正确的品牌定位策略来完成。品牌定位策略的目的是企业希望获取竞争优势。市场细分和评估细分的过程也就是认识和选择企业竞争优势的过程，但这种竞争优势不会自动在市场上显示出来，需要企业借助各种手段和策略将其表现出来，这个过程就是企业运用品牌定位策略的过程。

在运用品牌定位策略时，企业应避免以下三种致命错误：

1. 定位过低

即消费者认为某种品牌是低档产品，不符合产品使用的环境和质量属性，因而对其不屑一顾。如某种高科技或技术含量较高的产品，其品牌定位过低，则可能没有市场。

2. 定位过高

即品牌定位过高，会在消费者的心目中造成不敢轻易购买的形象，从而失去一部分有能力购买而被其定位吓跑的消费者。如 Steuben 牌的玻璃器皿价格从 50~1000 美元的都有，但大多数的消费者认为 Steuben 牌的产品价格都在 1000 美元以上，心理价位落差使其失去了部分潜在购买者。

3. 定位混乱

即品牌定位不清晰，消费者难以清楚识别。如对于克莱斯勒汽车，有的消费者认为是名牌轿车、制造精良，而有的消费者则认为它是平民驾驶的轿车、粗制滥造。反之，奔驰牌轿车的定位则清晰得多，人们会一致认为它品质高贵、制作精良，是高档名牌轿车。

（二）品牌定位策略的种类

品牌定位策略多种多样，但企业常用的有以下五种：

1. 首席定位

首席定位是指企业追求品牌成为本行业中领导者的一种定位策略。首席定位的依据是人们对"第一"印象最深刻的心理规律。如第一个登上月球的人、第一位恋人的名字、第一次的成功或失败等。尤其是在现今信息爆炸的社会里，各种广告、品牌多如牛毛，消费者会对大多数信息毫无记忆。有学者认为，一般消费者只能回想起同类产品中的 7 个品牌，而名列第二的品牌的销售量往往只是名列第一的品牌的一半。因此，首席定位能使消费者在短时间内记住某品牌，并为以后的销售打开方便之门。

但是，在每个行业、每个产品类别里，"第一"只有一个，而企业、品牌众多，并不是所有的企业都有实力运用首席定位策略，只有那些规模巨大、实力雄厚的企业才有能力采用这种定位策略。对大多数的企业而言，重要的是发现本企业的产品在某些有价值的属性方面的竞争优势，并取得第一的定位，而不必非在规模上最大。采用这种定位策略能使品牌深深地印在消费者的脑海中。

新产品具有占据第一的基础。品牌经营者不应该放弃这样的机会。当市场上还没有同类产品或者消费者还没有清楚地认识该产品时，企业应该选择该产品最具优势的形象将其推到消费者的面前，并告诉他们：我们是最好的，是你们所需要的。因此，企业运用首席定位是推出新产品最有效的策略之一。

2. 加强定位

加强定位是指企业在消费者的心目中加强自己现在形象的一种定位策略。品牌是被设计出来的,当企业在竞争中处于劣势且竞争对手的实力强大不易被打败时,品牌经营者可以另辟蹊径,避免正面冲突,以期获得竞争的胜利。如美国阿维斯公司强调"我们是老二,我们要进一步努力",七喜汽水的广告语是"七喜非可乐";我国亚都公司恒温换气机则告诉消费者"我不是空调"等。

3. 空当定位

空当定位是指企业寻找为许多消费者所重视的,但尚未被开发的市场空间的一种定位策略。任何企业的产品都不可能占领同类产品的全部市场,也不可能拥有同类产品的所有竞争优势。在市场中,机会无限,就看企业有没有善于发掘的机会。谁善于寻找和发现市场空当的能力强,谁就可能成为后起之秀。如美国M&M公司生产的巧克力,其广告语"只溶在口,不溶在手"给消费者留下了深刻的印象;而露露集团开发的杏仁味"露露"饮料由于具有醇香、降血压、降血脂、补充蛋白质等多种功能,因而将其定位为"露露一到,众口不再难调",同样是成功的空当定位。

4. 对地定位

对地定位是指企业通过与竞争品牌的客观比较来确定自己的市场地位的一种定位策略。在市场经济发达的国家和地区,产品、品牌成千上万,企业要发现市场空当不是一件容易的事情。此时,企业要想让自己的品牌在消费者的心目中占有一席之地,只有设法改变竞争对手的品牌在消费者心目中现有的形象,找出缺点或弱点,并与自己的品牌进行对比。

5. 高级俱乐部定位

高级俱乐部定位是指企业强调自己是某个具有良好声誉的小集团的成员之一的一种定位策略。当企业不能取得第一位和某种有价值的独特属性时,那么将自己和某一名牌划归为同一范围不失为一种有效的定位策略。如克莱斯勒汽车公司宣布自己是美国"三大汽车公司之一",使消费者感到克莱斯勒和第一、第二一样都是知名轿车,从而缩小了自己与三大汽车公司之间的距离,和"七喜非可乐"一样收到了意想不到的效果。

以上五种定位策略各有特点,企业在运用时根据情况可以结合使用,使其相互补充。

第三节 品牌策略的选择

一、统一品牌策略

统一品牌策略是指企业将经营的所有产品全部统一使用一个品牌的策略。如李宁公司的产品统一使用"LI-NING"商标。这种品牌策略可以使企业节省品牌设计费用,提高广告效果,树立企业形象;有利于商品的销售,有利于利用名牌产品的良好信誉,消除消费者对新产品的不信任感。运用统一品牌策略,企业在推出新产品的时候比较容易为消费者所接受,从而迅速将新产品推向市场,这样企业宣传介绍新产品的费用开支较低；如果企业的整体形象比较好，则其各种产品均可从中得益。统一品牌，由于只有一个品牌，企业可以避免耗费大量的财力去设计和运营多个品牌，因而节省了经费。总之，统一品牌可以给消费者留下深刻的印象，壮大企业的声势，还能大大地节约企业的广告宣传费用。

同一品牌的不足之处在于如果同一品牌下的某种产品发生了问题，导致其在消费者心目中的地位下降，则可能会累及其他类型的产品。此外，在各类产品之间差异性较大的时候，容易使消费者感到无所适从，如"三九"胃泰和"999"啤酒。一般消费者会对此产生疑惑，"三九"胃泰是健胃的，而啤酒喝多了则会伤胃。两种产品出自同一个企业，往往会让消费者产生某种误会，这样不利于品牌形象的建立。

企业在使用统一品牌策略时必须具备两个条件：一是这种品牌必须在市场上已经获得一定的信誉；二是采用统一品牌的各种产品要具有相同的水平，否则会因某种产品质量不佳而影响整个企业的形象。

实行统一品牌策略较为成功的典型例子是飞利浦公司，该公司生产的音响、电视等产品都冠以同一品牌。结果，飞利浦公司的成功经营使"飞利浦"品牌畅销全球。另外，雅马哈公司生产的摩托车、钢琴、电子琴都以"YAMAHA"品牌来销售。这两家企业都成功地使用了统一品牌扩张策略。但是，也有些企业的扩张是比较牵强的，不能完全令消费者接受。如三九集团以药业为核心产业，"999"这一品牌给人们的定位是一种药用品牌。而三九集团推出"999啤酒"进行统一品牌扩张，使人们把啤酒与药品联系到一起，效果则不佳。

二、个别品牌策略

个别品牌策略是指一个企业针对不同的产品采用的不同品牌的策略。个别品牌策略的优点在于：便于区分高档、中档、低档各类型产品，以适应市场上不同顾客的需求；使企业的声誉与众多产品品牌相联系，以提高企业整体在市场竞争中的安全感；每种产品采用一个品牌，能激励企业内部各产品之间创优质名牌的竞争；可以扩大企业的产品阵容，从而可以提高企业的声誉。

所谓个别品牌，是指企业的不同产品分别采用不同的品牌。这种多重品牌策略主要在两种情况下使用：一是企业同时经营高档、中档、低档产品时，为了避免企业某种商品的声誉不佳从而影响整个企业声誉；二是企业的原有产品在社会上有负面影响，为了避免消费者的反感，企业在发展新产品时特意采取多个品牌来命名，而不是沿用原有的成功品牌，并且故意不让消费者在企业的传统品牌与新品牌之间产生联想，甚至隐去企业的名称，以免传统品牌以及企业的名称对新产品的销售产生不良的影响。

提起美国的飞利浦·莫里斯公司，人们立即就会联想到香烟，大名鼎鼎的"万宝路"牌香烟就是这家公司的拳头产品。然而，要是有人问"卡夫"酸奶和奇妙酱、"果珍"饮品、"麦斯威尔"咖啡以及"米勒"啤酒是哪家公司生产的，许多中国的消费者也许都会发愣，其实发愣的不仅仅是中国的消费者，连美国的消费者都是要么发愣，要么认为是美国通用食品公司的产品。其实，这些产品全部出自这家公司。

是突出品牌形象还是突出企业形象历来是市场营销的关键。飞利浦·莫里斯公司突出品牌、淡化企业形象显然是明智之举。当该公司从通用食品公司买下"卡夫卡""麦斯威尔"等品牌之后,一直在广告中突出这些品牌的形象,其中除了有这些商标已经形成巨额无形资产的考虑以外,更让企业关心的是在全球禁烟运动此起彼伏的今天,再使用同一品牌策略,即采用"万宝路"品牌是不合适的。如何不让烟草公司的形象吓倒那些赞成禁烟的消费者,以避免产生不良的社会效果,可供选择的最佳途径就是不让企业本身在这些产品的广告中露面。

飞利浦·莫里斯公司的这一品牌策略获得了巨大的成功。全球无数的禁烟主义者在购买上述品牌的产品时并不知道在这些品牌背后的正是烟草大王——飞利浦·莫里斯公司。

三、多重品牌策略

多重品牌策略是指企业在同一产品中设立两个或两个以上相互竞争的品牌的策略。这虽然会使原有品牌的销售量略减,但几个品牌加起来的总销售量却比原来一个品牌时更多,因而这种策略又被企业界称为"1+1>1.5"策略。

世界著名的日用化学品生产企业——宝洁公司首创多重品牌策略并成功地使用了这一策略。宝洁公司的产品有洗衣粉、香皂和洗发水等,其不同的产品线及不同的产品项目使用不同的品牌,如洗衣粉品牌有汰渍、碧浪等,香皂品牌有舒肤佳,洗发水品牌有飘柔、潘婷、海飞丝等。宝洁公司的多重品牌策略获得了成功,其主要好处体现在以下三个方面:

(一)采用多重品牌策略有助于企业全面占领一个大市场,满足不同偏好消费群的需要

一种品牌有一个个性定位,可以赢得某个消费群,而多个品牌各有特色,就可以赢得众多的消费者,广泛占领市场。一般来说,单一品牌产品的市场占有率达到20%已相当不错,宝洁公司的3个洗发水品牌曾为其带来超过60%的市场占有率。

(二)多重品牌策略有利于提高企业抗风险的能力

采用多重品牌策略的企业赋予每种产品一个品牌,而每个品牌之间又是相互独立的,个别品牌的失败不至于殃及其他品牌及企业的整体形象。这不同于单一品牌策略,实行单一品牌策略,企业的形象或企业所生产的产品特征往往由一个品牌全权代表,一旦其中一种产品出现了问题就会影响品牌的整体形象。

(三)采用多重品牌策略适合零售商的行为特性

零售商通常按照品牌来安排货架,多个品牌可以在零售货架上占有更大的空间,由此增加了销售机会。

多重品牌策略虽有众多的好处,但其对企业实力、管理能力的要求较高,市场规模也要求较大,因此,企业采取多重品牌策略应慎重考虑。

目前,多重品牌策略在美容用品、洗涤用品等行业中的运用已经较为普遍。如上海家化联合股份有限公司也分别推出"六神""高夫""美加净""佰草集""家安"等许多品牌,以期占领不同的细分市场。

多重品牌策略之所以对企业有如此大的吸引力，主要是由于：第一，零售商的商品陈列位置有限，企业的多种不同品牌的产品只要被零售商店接受，就可以占用较多的货架面积，而竞争者所占用的货架面积当然会相应地减少；第二，许多的消费者属于品牌转换者，具有求奇求新的心理，喜欢试用新产品，企业要抓住这类消费者、提高产品市场占有率的最佳途径就是推出多个品牌；第三，发展多种不同的品牌有助于在企业内部各个部门之间、产品经理之间开展竞争，提高效率；第四，不同的品牌定位于不同的细分市场，其广告诉求点、利益点不同，可以使企业深入到各个不同的细分市场，占领更大的市场。

四、品牌联合策略

品牌及其产品和服务的结合是很常见的，创建联合品牌的两个或多个企业通过品牌的联合达到了共赢。品牌的联合会对品牌的影响力产生积极的促进作用。

使用品牌联合策略最成功的例子是英特尔公司。英特尔公司是世界最大的计算机芯片制造商，它与世界主要的计算机企业都开展了合作。1991年，英特尔公司推出了奔腾系列芯片，并随之制订了耗资巨大的促销计划，拟每年花1亿美元，鼓励计算机的制造商在其产品上使用"Intel Inside"的标识。对参与这个计划的计算机制造商购买产品上也注有"Intel Inside"的话，则给予5％的折扣。1992年，英特尔公司的销售额比1991年增加63％，"Intel Inside"的标识也随着计算机产品更广范围地被人们认知。由于芯片是计算机的核心板，而英特尔公司一直是优良芯片的供应商，因此，消费者的心目中形成了一种印象，计算机就应该使用英特尔公司的芯片，计算机就应该加上"Intel Inside"的标识。如今，众多的计算机品牌均把"Intel Inside"标识加在其产品上，英特尔公司的品牌名声也越来越大。

又如，小天鹅公司与宝洁公司进行了战略上的合作，这种合作使双方均获益。小天鹅公司的决策人员认为，洗衣机的用户也就是洗衣粉的用户，小天鹅公司与宝洁公司有着共同的用户市场。在广告上，小天鹅公司的广告出现了往机器里倒碧浪洗衣粉的镜头，宝洁公司则在30万吨产量的洗衣粉包装袋上统一印上小天鹅公司的商标。小天鹅公司在大学里办洗衣房的计划则是由小天鹅公司向大学提供洗衣机、宝洁公司提供洗衣粉。宝洁公司是国际上有名的大公司，小天鹅公司则在中国有着广阔的市场，两者的合作将会产生互补优势。

第四节　品牌管理

品牌管理是指针对企业产品和服务的品牌，综合地运用企业的资源，通过计划、组织、实施、控制来实现企业品牌战略目标的经营管理过程。

品牌管理的实质就是以消费者为中心的"交易管理"。也就是说，品牌管理不应仅停留在对品牌形象的维护，或者是广告传播、促销推广上的策划，它应该是对品牌代表的交易进行经营，对新产品开发、营销投资和投资回报率进行管理，对市场、销售、利润和品牌资产进行全面负责。

首先,因为品牌存在于消费者的大脑中,属于消费者,所以品牌管理始终需要以消费者为中心,围绕消费者的期望值、消费者体验和消费者满意度来进行。

其次,品牌管理不是肤浅的,其根本目的是服务于经营的需要,脱离经营的品牌管理是自娱自乐。

更为重要的是,品牌管理的工作不是仅仅存在于营销环节,而是应该贯彻到企业经营中的每个环节。

品牌管理的意义就在于:品牌管理就是围绕品牌的核心竞争力,通过品牌创新、品牌推广、商标管理等内容来增加品牌的知名度、美誉度,实现品牌价值的保值增值,巩固和提升企业产品和服务的市场地位,并最终转化为可持续的经济效益。

一、品牌管理的重点

(一)品牌核心价值

一个品牌必须要有自己核心的品牌价值,也就是品牌承诺。品牌核心价值是品牌生存与发展最宝贵的财富,是品牌持续发展最强大的推动力。企业在分析、研究消费者真正的内心需求时,推出自己有创新、有优势、最能引起消费者关注的产品。这种产品就能充分体现品牌的核心价值。如可口可乐公司为消费者传达快乐、让人有振奋的感觉;宝马汽车公司则让消费者感受到"信赖、崇敬、自豪和满足"。

(二)品牌定位

品牌定位是指企业在市场定位和产品定位的基础上,对特定的品牌在文化取向及个性差异上的商业性决策,是建立一个与目标市场有关的品牌形象的过程和结果。根据企业的实际情况,如何在某一特定的消费群体中让自己的品牌与竞争者的品牌相区别。品牌定位需要企业考虑市场细分与消费者群体的选择,明确目标竞争者,确定品牌差异的属性。如耐克公司的运动鞋产品定位在有朝气、有活力的青年人群体,中国移动的"动感地带"也是定位在年轻消费者的身上。

(三)品牌识别

品牌识别是从表现风格和主题两个方面来进行考虑。品牌的风格可以传达品牌思想(品牌的核心价值)和品牌个性,它会影响消费者对品牌的感知。对于消费者来说,他们对品牌风格的感知是从一点一滴的局部开始,企业树立品牌风格必须在创建品牌时就要作总体性的考虑。风格是外表特征,通过直观的感知来建立品牌的认同度和忠诚度。而主题则是内涵本质,通过市场行为激发消费者对品牌的购买与拥有欲望。消费者以风格感知品牌个性,以主题体验品牌价值,借助风格和主题两个认知通道,品牌形象才能展现得完整。品牌标识能够体现品牌个性和品牌价值。如耐克公司的标识给人以活泼向上、积极进取的感觉,而IBM公司则给消费者留下成熟稳重、拥有实力的印象。

(四)品牌推广

品牌推广是品牌树立、维护过程中的重要环节,包括传播计划及执行、品牌跟踪与评估等。品牌的创意再好,但如果没有强有力的推广执行做支撑也不能成为强势品牌,而且品牌推广强调一致性,在执行过程中的各个细节都要统一,即"魔鬼在细节中"。如麦当劳在全世界的快餐店的装饰都是一种风格,无论在哪个国家、哪个城市,只要走进麦当劳人们就会强烈地感受到品牌的亲和力和感染力。

(五)品牌组织架构与流程

组织架构与流程是品牌管理工作的根本保证。品牌管理贯穿于品牌创建、品牌维护、品牌推广的每个环节,需要方方面面的支持和配合才能得以正确实施。如果没有一个强有力组织体系和严格的制度流程做前提,品牌工作是难以想象的。如中国网通成立了品牌管理委员会和专门的品牌管理处,以强化品牌的集中管理,强调品牌的一致性,确保品牌管理工作的顺利进行,目的就是一个——打造网通新品牌、树立网通新形象。

二、品牌管理的步骤

品牌管理是一个科学、复杂的过程,不可以省略任何一个环节。下面是成功的品牌管理应该遵守的四个步骤:

(一)勾画出品牌的"精髓",即描绘出品牌的理性因素

企业首先把品牌现有的可以用事实和数字勾画出的看得见、摸得着的人力、物力、财力找出来,然后根据目标再描绘出需要增加哪些人力、物力和财力才可以使品牌的精髓部分变得充实。这包括消费群体的信息、员工的构成、投资人和战略伙伴的关系、企业的结构、市场的状况、竞争格局等。

(二)掌握品牌的"核心",即描绘出品牌的感性因素

由于品牌和人一样除了有躯体和四肢以外还有思想和感觉,所以企业在了解现有品牌的核心时必须了解它的文化渊源、社会责任、消费者的心理因素和情绪因素并将感情因素考虑在内。根据要实现的目标,企业应重新定位品牌的核心并将需要增加的感性因素一一列出来。

(三)寻找品牌的灵魂,即找到品牌与众不同的求异战略

企业通过第一步和第二步对品牌的理性因素和感性因素的了解和评估,升华出品牌的灵魂及独一无二的定位和宣传信息。如人们喜欢吃麦当劳,不是因为它是"垃圾食物",而是它带给儿童和成年人的一份安宁和快乐的感受。人们喜欢去迪士尼乐园并不是因为它是简单的游乐场所,而是人们可以在那里找到童年的梦想和乐趣。所以,品牌不是产品和服务本身,而是它留给人们的想象和感觉。品牌的灵魂就代表了这样的感觉和感受。

(四)品牌的培育、保护及长期爱护

品牌形成容易但维持是一个很艰难的过程。如果企业没有很好的品牌关怀战略,品牌是无法成长的。

很多企业的品牌只靠花掉大量的资金做广告来增加客户资源,但由于不知道品牌管理的科学过程,在有了知名度后,不再关注客户需求的变化,不能提供之前承诺的一流服务,失望的客户只有无奈地选择了新的品牌,致使企业花掉大把的钱得到的品牌效应却是昙花一现。所以,品牌管理的重点是品牌的维持。

三、品牌管理的要素

（一）建立卓越的信誉

信誉是品牌的基础。没有信誉的品牌几乎没有办法与竞争对手进行竞争。中国加入WTO后很多的"洋"品牌同中国本土品牌竞争的热点就是信誉。由于"洋"品牌多年来在全球形成的规范的管理和经营体系使得消费者对其品牌的信誉度的肯定远超过本土品牌。我国的企业同跨国品牌竞争的起点是开始树立信誉，不是依靠炒作，而要依靠提升管理的水平、质量控制的能力，提高顾客满意度的机制和提升团队的素质来建立信誉。我国的企业必须马上开始研究客户需求的变化并不断创新出可以满足他们不同需求的具有个性化功能的产品或服务。未来的品牌竞争将是靠速度来决定胜负的。只有在第一时间了解市场变化和客户消费习惯变化的品牌才可能以最快的速度调整战略来适应变化的环境并最终占领市场。

（二）争取广泛的支持

没有企业价值链上所有层面的全力支持，品牌是不容易维持的。除了客户的支持以外，来自政府、媒体、专家、权威人士及分销商等的支持也是同样重要。有时候，企业还需要名人的支持并利用他们的效应来增加自身品牌的信誉。

（三）建立亲密的关系

由于客户需求的动态变化和取得信息的机会不断增加，为客户提供个性化和多元化的服务已成为竞争最终获胜的唯一途径。只有那些同客户建立了紧密的、长期关系的品牌才会是最后的胜利者。所以，国内外的品牌现在都不遗余力地想办法同客户建立直接的联系并保持客户的忠诚度。

（四）增加亲身体验的机会

现在，客户购买的习惯发生了巨大的变化，光靠广告上的信息就决定购买的机会已经越来越少了。客户需要在购买前进行尝试或体验后再决定自己是否购买。所以，品牌的维持和推广的挑战就变成了如何让客户在最方便的环境下，不需要花费太多的时间、精力就可以充分地了解产品或服务的质量和功能。这种让客户满意的体验可以增加客户对品牌的信任并产生购买的欲望。

对于任何品牌而言，衡量品牌管理的四个要素的指数均可量身裁定，成为专项指数。这些指数可以成为品牌评估的基准线，提供"跟踪"衡量品牌形象变化的依据。

绝味 VS 周黑鸭：惊人的落差，逆天的模式①

一只鸭子，经过拆解和卤制，从鸭头到鸭脚，从鸭舌到鸭心，都在为吃货们提供无穷无尽的诱惑，也在为制作这些美食的企业提供不菲的收益。继煌上煌2012年登陆A股

---

① 作者根据相关资料整理。

之后,周黑鸭、绝味上市的传闻都已做实。这些主要以鸭类卤制品,特别是鸭脖为主产品的休闲食品企业,正在以上市的方式"豪赌"全球国民中有多少吃货。

在吃货的助攻下,绝味和周黑鸭都有着不俗的营收数据。分析双方2015年的数据令人惊讶地发现,周黑鸭以24亿元的营业收入取得13.7亿元的毛利润,而绝味以29亿元的营业收入取得3.86亿元的毛利润。这一切惊人的落差究竟是为何?

一、看起步　从"战国混战"到与资本"共度蜜月"

鸭脖,起源于武汉,一开始也有许许多多的鸭脖品牌互相竞争,犹如"战国混战",在很长一段时间,卤鸭市场都处在江湖混战的年代,大多数的企业或者鸭脖店都出不了武汉,小富即安。

但在2004年绝味的掌门人戴文军决定跳出武汉,率先在湖南长沙开了绝味鸭脖专营店。与此同时,创业充满了传奇经历的周黑鸭的掌门人周鹏在武汉已有了两家分店。

根据绝味鸭脖公开的IPO(Initial Public offerings,首次公开募股)招股材料,公司获得了九鼎投资和复星创投两家知名资本公司的青睐。复星创投持股2880万股,占发行前的8%;九鼎投资旗下周原九鼎、文景九鼎、金泰九鼎合计持有3240万股,占比9%。资本的狂热,让这家卤鸭企业得以疯狂扩张。

2010年,天图资本投资周黑鸭5800万元,占股10%,周黑鸭估值达5.8亿元。2012年6月,美国国际数据公司进入,投资周黑鸭1亿元。自此,周黑鸭也进入快速发展通道。

这些鸭脖,开始获得资本的青睐,并开始了与资本"共度蜜月"。

二、看模式　加盟模式让绝味"变味"?

绝味采用的是加盟的模式,以批发价卖给加盟商,加盟商再卖给消费者。而周黑鸭在初期经过被"加盟商"坑过之后采用的一直是直营的方式,这或许是双方毛利润产生惊人落差的一个重要原因。

当年,鸭脖混战时,起步较晚的绝味很好地借助了加盟商的力量,加盟商每年仅向绝味缴纳4000~8000元不等的加盟管理费,3年后只交管理费。加盟让绝味的势力范围迅速扩大,销售量噌噌往上涨,一举超过了周黑鸭以及一大批武汉本地品牌。近三年时间,绝味还以每年1000家加盟店的速度在疯长。

周黑鸭的创始人周鹏在创业伊始,一口气开了11家加盟店,并从中尝到了甜头,最终把品牌授权给加盟商。可是在加盟店发展的过程中假货漫天,加盟店的质量难以把控,周鹏只得以30万元的高价将门店回收。此后,周鹏坚持做直营,这也是今天为什么周黑鸭没有加盟店的重要原因。

三、看售卖　周黑鸭"锁鲜"包装,锁住的不只是新鲜

增长迅猛却非直营的绝味,其所需要的运输和存储时间相对没那么严格,所以其开始一直是散装零售。而周黑鸭则采用了真空包装以及"锁鲜"包装,大大增加了保质期,这就意味着其拥有更大的配送范围和更长的售卖时间。

绝味在2015年的销售量超过8.3万吨,周黑鸭只有2.7万吨。绝味卖得多,成本自然也高——绝味2014年采购鸭脖子等原材料的成本高达19.6亿元,周黑鸭只花了7.4亿元。

绝味的门店数比周黑鸭多那么多，但收入只差 5 亿元，是因为周黑鸭是直接卖给消费者，产品平均售价达到了 80.8 元/公斤；而绝味则是卖给加盟门店，是批发价，产品平均售价只有 36 元/公斤左右。

看到"邻居"周黑鸭如此赚钱，绝味也开始推广自己的锁鲜包装。但这部分产品的销售收入只占到营业总收入的 0.79%。

四、看眼光　IPO招股书：市场容量数据差千亿元

同行业两家公司的招股书上，对市场容量分析数据出现截然不同的两个版本。周黑鸭和绝味两份公开的招股说明书，对于同一时段我国休闲卤制食品市场规模的表述竟相差高达千亿元以上。

根据周黑鸭的招股说明书上的数据，我国休闲卤制食品行业的零售价值由 2010 年的 232 亿元增至 2015 年的 521 亿元。零售价值到 2020 年预计将达到 1201 亿元。

而绝味的招股说明书上的数据则显示，2008 年我国休闲卤制食品市场规模便达 744.77 亿元（与周黑鸭 2010 年的数据相差 2 倍多），2011 年已达到 1301.43 亿元（与周黑鸭 2015 年的数据相差 2 倍多），预计 2016 年更达到 2230.59 亿元（与周黑鸭 2020 年的数据相差近 2 倍）。

两家公司对于市场前景"一致看好"，但其市场行业数据相差甚至达到 3 倍，令人匪夷所思。两者市场数据的打架，是绝味过度乐观了还是周黑鸭太过谨慎所导致？其背后更多的，或是两位老板对于鸭脖市场的博弈。

两家公司让鸭脖成功冲击了资本市场，其成功固然与产品贴合大众味蕾不无关系。但其营销数据的背后，推广、运营、资本运作的选择，我们更可以看出两位"掌门人"独特的眼光所在，这其中也有诸多我们需要学习的地方。进入资本市场后的两家企业能否俘获全世界吃货的味蕾？来日方长，这场"豪赌"中谁能胜出，我们拭目以待。

讨论题

请你收集相关材料，对比这两家企业经营的优劣，并谈谈你的认识。

第十章 服务营销策划

营销理论和营销实践的发展起源于有形产品的销售。然而,进入20世纪80年代后,随着经济、技术发展水平的日益提高,人们对服务产品需求的日益增多,服务市场显现出了巨大的商机。世界经济开始步入"服务经济时代",服务营销成为国内外营销学界的研究热点,现代营销学之父菲利普·科特勒明确指出服务营销是未来市场营销学的主要研究领域之一。

第一节 服务的本质和类型

一、服务的含义

菲利普·科特勒认为"服务是一方能够向另一方提供的以无形性和不导致任何所有权转移为基本特征的行动或表现。它的生产既可能与某种有形产品相关联,也可能与之毫无关系"。美国营销学会对"服务"的定义是:服务是"可被区分界定,主要为不可感知,却可使欲望获得满足的活动,而这种活动并不需要与其他的产品和服务的出售联系在一起。生产服务时,可能会或不会需要利用实物,而且即使需要借助某些实物协助生产服务,这些实物的所有权将不涉及转移的问题。"A.佩恩在《服务营销》中提出"服务是一种涉及某些无形性因素的活动,它包括与顾客或他们拥有财产的相互活动,它不会造成所有权的变更。条件可能发生变化,服务产出可能或不可能与物质产品紧密相连"。

从上面的定义我们可以看出,服务基本上可以是无形的活动,可以是纯粹的服务,也可以与有形的产品结合在一起。前者如通信服务、咨询服务、保险服务,后者如餐饮服务、航空服务。产品可以分为以下五种类型:

(一)纯粹有形产品

此类产品主要是有形物品,诸如肥皂、牙膏或盐等。此外,在有形产品中没有伴随服务。

(二)伴随服务的有形产品

此类产品包括有附带旨在提高对顾客的吸引力的一种或多种服务的有形商品。如汽车生产商出售的汽车包含保险单、维修和保养说明等在内。

(三)有形产品与服务的混合

此类产品包括有形商品与服务,如餐馆既提供食品又提供相应的服务。

(四) 主要服务伴随少量有形产品

此类产品由一项主要服务和辅助物品一起组成。如航空公司的乘客购买的是运输服务,他们到达目的地的开支并没有表现为任何有形的物品。但是,一次旅程包括供给某些有形物品,如食物、饮料和航空杂志。

(五) 纯粹服务

此类产品主要是服务,如照看小孩、精神治疗和按摩。

> **阅读材料**

肯德基公司的全球营销[①]

肯德基公司作为国际快餐服务业的巨擘之一,推出了它的全球营销策略。

(1) 肯德基公司的出发点是满足全球的现代人对快餐的迫切需要。

(2) 肯德基公司的产品是统一化、标准化的,如不管在世界哪里出售的炸鸡,它的中心温度必须达到65℃。

(3) 肯德基公司的服务是统一化、标准化的,如顾客在任何一家肯德基快餐店付款后必须在两分钟内上餐,服务员替顾客换菜时弄破炸鸡的皮必须予以替换,炸鸡在15分钟内没有售出就不允许再出售。

(4) 肯德基公司在全世界近60个国家和地区开设了一万多家网点,所有网点的内外装修都按统一的7套图纸进行,因此肯德基快餐店无论开在哪里都有统一的形象。

(5) 肯德基快餐,无论在世界哪里,其价位都与当地大众化的购买力相适应。

(6) 肯德基公司在世界各地都通过特许专卖合同的方式拓展网点。

(7) 肯德基公司对分布在世界各地的快餐店员工都按统一的规范进行服务培训。

由此,肯德基公司靠全球营销在全球范围培养了一个"肯德基共同市场"。

二、服务的特征

服务的以下四个主要特征对制订营销方案的影响很大,这些特征是无形性、不可分离性、可变性和易消失性。

(一) 无形性

服务与有形产品不同,服务是无形的。服务的无形性是指与实体商品相比较,服务在被购买之前,是看不见、尝不到、摸不着、听不到或嗅不出的。如消费者在理发前,不知道自己的头发将会变成什么样子,消费者在美容前也不能确定美容后自己将变成什么样子。服务的这一特征决定了消费者在购买服务前,不能像购商品一样,通过触摸、聆

---

① 陈祝平.国际营销理论与实务[M].上海:立信会计出版社,2003,有改动.

听、尝试等去判断服务的优劣。为了减少不确定性，购买者会寻求服务质量的标志或证据。他们根据看到的人员、地方、设备、宣传资料、广告和价格来判断服务的质量。因此，服务提供者的任务是将无形的、顾客难以直接了解的服务转化为有形的、顾客可以直接看到的人员、地方、设备、宣传资料、广告和价格。服务提供者通过对它们的有效管理来增强服务的吸引力。

（二）不可分离性

实物产品的生产、销售和消费往往是在不同的时间和空间进行的。商品被制造出来后，先投入存储，随后销售，最后被消费。服务产品则不同，在大多数情况下，服务产品的生产过程和消费过程是同时进行的，服务人员向顾客提供服务之时，也正是顾客消费、享用服务的过程，两者在时间上难以相互割裂开来。当服务正在生产时，如果顾客也在场，服务人员和顾客相互作用是服务营销的一个特征。提供服务的人和顾客两者对服务的结果都有影响。企业要提高服务的水平，一方面需要提高服务人员的素质，另一方面需要引导顾客参与服务生产过程，并及时沟通服务人员与顾客之间的关系。

（三）可变性

服务具有极大的可变性，因为服务的质量取决于由谁来提供、在何时和何地提供以及提供给谁。当服务人员十分疲劳或心情十分糟糕时，其服务质量可能会受到影响，这也是一种随意性的表现。此外，不同的消费者由于消费需求、心理状态不同，对服务的期望会有所差异，对同一服务的质量的评价可能会存在很大的差异。

（四）易消失性

服务的易消失性是指服务无法储存。由于服务不能储存，当需求上下波动时，企业就会很为难。企业在顾客购买其服务之前必须形成一定的服务生产能力。如果企业的服务生产能力较低，当需求很大时，企业往往难以很好地满足顾客的需求；如果企业形成了很高的服务生产能力，当需求很小时，没有顾客购买服务，服务能力就浪费了。企业要提高服务的生产能力，往往需要更多的服务人员、设备。如果服务不能被及时地消费，服务能力就是一种浪费，给企业造成损失，如车船、电影、剧院、公共汽车的空位，旅馆的闲置房间等。

三、服务营销的原则

服务营销是一种通过关注顾客，进而提供服务，最终实现有利交换的营销手段。实施服务营销首先必须明确服务对象，即"谁是顾客"。如饮料行业的顾客分为分销商和消费者两个层次。对于企业来说，应该把所有的分销商和消费者看作是上帝，并提供优质的服务，通过服务来提高顾客满意度和建立顾客忠诚。

企业必须坚定不移地树立服务顾客的思想，认清市场发展形势，明确分销商是企业的上帝，消费者是最高上帝。企业所做的一切都要以顾客的需求为最终的出发点和落脚点，通过分销商将工作渗透到消费者层次上，从源头抓起，培育顾客满意度和忠诚度，坚持为他们提供一流的产品和一流的服务：一来能体现企业对产品的责任、对分销商的责任、对消费者市场的责任;二来可以加强沟通,增加企业的吸引力,提高企业的竞争力,与客户共同进步、共同得益,实现企业、分销商、消费者的"多赢"。

作为服务营销的重要环节,"顾客关注"工作质量的高低将决定后续环节的成功与否,影响服务营销整体方案的效果。以下就"顾客关注"介绍九项原则:

(一)获得一个新顾客比留住一个已有的顾客花费更大

企业在拓展市场、扩大市场份额的时候往往会把更多的精力放在发展新顾客上,但发展新顾客和保留已有的顾客相比花费将更大。此外,根据国外的调查资料显示,新顾客的期望值普遍高于老顾客。这使企业发展新顾客的成功率大受影响。不可否认,新顾客代表新的市场,不能忽视,但企业必须找到一个平衡点,而这个平衡点需要每个企业不断地进行摸索。

(二)除非企业能很快弥补损失,否则失去的顾客将永远失去

每个企业对于各自的客户群都有这样或那样的划分,客户由此可以享受不同的客户政策。但是,企业必须清楚地认识到一点,即每个顾客都是企业的衣食父母,不管他们为企业所做的贡献是大或小,企业都应该避免出现客户歧视政策,所以企业不要轻言放弃客户、退出市场。

(三)不满意的顾客比满意的顾客拥有更多的"朋友"

企业的竞争对手会利用顾客的不满情绪,逐步蚕食其忠诚度,同时在该企业的顾客群中扩大不良影响。这就是为什么不满意的顾客比满意的顾客拥有更多的"朋友"。

(四)畅通沟通渠道,欢迎投诉

有投诉,企业才有改进工作的动力,因此企业应及时处理投诉,这样才能提高顾客的满意度,避免顾客忠诚度的下降。畅通沟通渠道,便于企业收集各方反馈的信息,有利于市场营销工作的开展。

(五)顾客不总是对的,但怎样告诉他们是错的会产生不同的结果

顾客不总是对的。"顾客永远是对的"是留给顾客的,而不是企业。企业必须及时发现并清楚了解顾客与自身所处立场有差异的原因,告知并引导他们。当然,这要求企业的相关人员具有一定的营销艺术和营销技巧,因为不同的方法会产生不同的结果。

(六)顾客有充分的选择权利

不论什么行业和什么产品,即使是专卖,也不能忽略顾客的选择权。市场是需求的体现,顾客是需求的源泉。

(七)企业必须倾听顾客的意见以了解他们的需求

企业为客户服务不能是盲目的,要有针对性。企业必须倾听顾客的意见,了解他们的需求,并在此基础上为顾客服务,这样才能做到事半功倍,提高顾客忠诚度。

(八)如果企业不愿意相信,又怎么能希望企业的顾客愿意相信

企业在向顾客推荐新产品或是要求顾客配合进行一项合作时,必须站在顾客的角度,设身处地为顾客考虑。如果企业自己觉得不合理,就绝对不要轻易地尝试。因为企业的强迫永远和顾客的抵触在一起。

(九)如果企业不去照顾自己的顾客,那么别人就会去照顾

市场竞争是激烈的,竞争对手对彼此的顾客时刻都在关注。企业必须定期与自己的顾客进行沟通,了解顾客的想法,解决顾客提出的问题。忽视顾客的企业等于拱手将顾客送给竞争对手。

以上九个方面都是简单的原则,如果企业能遵循上述原则将会有事半功倍的效果。当然,没有不变和永恒的真理。随着市场的变化及企业经验的不断积累,相信更多精辟、实用的"顾客关注"法则会应运而生,"顾客关注"工作也将被推向更新的高度。

第二节 服务营销策划

一、服务营销观念

服务营销观念与市场营销观念有着质的不同。市场营销观念以市场为导向,企业的营销活动是围绕市场需求来进行的,虽然它也重视产品的售后服务,但认为售后服务是解决产品的售后维修,认为售后服务部门是成本中心而不是利润中心,认为做好售后服务是为了推销出更多的产品。

服务营销观念是以服务为导向,企业营销的是服务,服务是企业从产品设计、生产、广告宣传、销售安装、售后服务等各个部门的事,甚至是每个员工的事。售后服务部门也不是成本消耗部门,企业的产品经过每个部门都被赋予了新的增值。因此,企业将更积极主动地关注售后维修保养,收集用户对产品的意见和建议并及时反馈给产品设计开发部门,以便不断地推出能满足甚至超出用户预期的新产品。同时,在可能的情况下企业对已售出的产品进行改进或升级服务。

从服务营销观念来理解,用户购买了企业的产品,企业的营销工作仅仅是开始而不是结束。对用户而言,产品的价值体现在服务期内能否满足用户的需求。如一个用户选择了某家电信公司的网络,购买了该电信公司的手机和 SIM 卡,显然买方与卖方的交易并没有结束,真正的交易是今后该用户长期使用企业提供的网络通信服务并按时缴纳通信费,手机和 SIM 卡只是该电信公司向用户提供电信服务的媒介。同样,生产空调产品的企业,当用户购买了该企业的空调时也可以看作是营销工作的开始,因为用户购买空调不是最终目的,而是购买由企业提供的室内温度自动控制服务,只是用户已为这种服务预支了今后若干时间的服务费而已。在这里,空调也只是企业向用户提供室内温度自动控制服务的媒介。显然,这种观念与传统的市场营销观念有质的不同。企业将不再认为售后服务部门是成本中心,是不产生利润的。实际上,这种观念给用户留下的体验是完全不同的,这将使企业与用户建立长久、良好的客户关系,为企业积累宝贵的用户资源。

同传统的营销方式相比较,服务营销是一种营销理念,企业营销的是服务,而传统的营销方式只是一种销售手段,企业营销的是具体的产品。在传统的营销方式下,消费者购买了产品意味着这桩买卖的完成,虽然它也有产品的售后服务,但那只是一种解决产

品售后维修的职能。而从服务营销观念的角度来理解,消费者购买了产品仅仅意味着销售工作的开始而不是结束,企业关心的不仅是产品的成功售出,而且更注重的是消费者在享受企业通过产品所提供的服务的全过程的感受。这一点也可以从马斯洛的"需求层次理论"上来理解:人最高的需求是尊重需求和自我实现需求,服务营销正是为消费者(或者人)提供了这种需求,而传统的营销方式只是提供了简单的满足消费者在生理或安全方面的需求。随着社会的进步、人民收入的提高,消费者需要的不仅是一个产品,更需要的是这种产品带来的特定或个性化的服务,从而有一种被尊重和自我价值实现的感觉,而这种感觉所带来的就是顾客的忠诚度。服务营销不仅是某个行业发展的一种新趋势,更是社会进步的一种必然产物。

二、服务营销策划的几个关键问题

（一）树立关系营销观念

市场营销观念是企业进行经营活动的基本指导思想,对企业的市场经营活动起着导向作用。企业能否树立与营销环境及营销方式相适应的营销观念直接关系企业的成败。在服务企业中引入关系营销是顺应市场环境变化和顾客要求的一种适应和变革,是对一种全新的经营管理方式的采用。关系营销是指服务企业通过建立、保持并增进与顾客和其他参与者之间的关系,以实现长期发展目标的一种新型的营销观念和营销方式。关系营销的实质是企业与顾客建立、保持长期稳定的关系。建立关系是企业向顾客做出的种种许诺,保持关系的前提是企业履行诺言。国外许多的服务企业已在关系营销方面达到痴迷的程度,如家乐福、沃尔玛等。这是因为关系营销强调顾客忠诚度,保持老顾客比吸引新顾客更重要。根据美国消费者协会近几年所做的一项调研发现,高度满意与忠诚的顾客至少向5个人推荐产品,而对产品不满意的顾客将告诉其他的11个人。而美国《哈佛商业评论》发表的一项研究报告进一步指出:再次光临的老顾客,可以为企业带来25%~85%的利润。在关系营销的情况下,企业与顾客保持广泛、密切的联系,价格不再是最主要的竞争工具,竞争者很难破坏企业与顾客的关系。

我国的服务企业要想在21世纪获得竞争优势,就必须注重同顾客的关系,实施关系营销的策略。服务企业的关系营销包括三个过程:第一个过程是与顾客初次接触以形成某种关系,此阶段需要良好的沟通技巧;第二个过程是维持现有的关系,使顾客愿意继续与这一关系中的其他参与者打交道,维持关系需要良好的销售活动,这要求服务人员具备过硬的沟通技能;第三个过程是强化不断发生的关系,需要企业增加对顾客的关心度,提高顾客的认知价值。从服务提供者的角度来看,建立顾客关系是做出承诺,维持关系依赖于实现承诺,发生或强化关系则意味着企业在实现了前面的承诺的前提下提出一系列新的承诺。

（二）加强服务产品创新

随着社会经济的发展和人民生活水平的提高,消费者的需求日益多样化、个性化,必然要求服务企业对消费者的服务方面不断创新,从而满足消费者的要求。因此,企业可以通过以下途径来加强服务产品的创新:

1. 创造服务需求

创造服务需求是指通过与顾客建立、保持和维护双方良好的互利互惠的关系,通过提供良好的服务可以使企业及时得到反馈的信息,发掘对企业的服务与销售具有重要价值的机会。创造需求,企业并非纯粹打探顾客现实的需要或潜在的需要,而是要求引起顾客的需求与购买动机;它不是简单地套用旧的营销模式,而是用创新的眼光去审视与分析顾客的生活方式和消费观念等。

2. 开发服务新产品

企业的整个经营活动要以最大限度地让渡顾客价值为目的来满足顾客的需求,即在服务产品的各个方面以便利顾客为原则,及时研究顾客购买后的感受,调整企业的经营目标,开发出顾客最需要的新产品,最大限度地使顾客满意,最终培育顾客对服务的高度忠诚。

3. 追踪顾客不满

那些积极寻求现存顾客和潜在顾客反馈信息的企业会发现他们与顾客的密切接触能够为企业提供巨大数量的市场信息,并使企业增加利润。这些企业还发现,给企业打进电话来的消费者所提供的不仅仅是抱怨,从中企业还可以获得忠告和信息,为企业改善服务产品质量和开发服务新产品提供了重要的来源。

(三)建立服务品牌

当今世界已进入品牌竞争的时代,品牌已成为企业进入市场的"敲门砖",甚至成为衡量一个国家经济竞争力强弱的标志。法国家乐福、泰国正大等知名企业为什么能够长盛不衰,无不是品牌的魅力。菲利普·科特勒在《营销管理》一书中将"品牌"定义为:"品牌就是一种名称、术语、标志、符号或者设计,或是它们的组合运用,其目的是借以辨认某个销售者或某群销售者的产品或服务,并使之同竞争对手的产品和服务区别开来。"对于服务营销来说,品牌给顾客提供了有效的信息来识别特定企业的服务,因此,树立企业服务品牌至关重要。企业要建立服务品牌,一般可以采取下列途径:

1. 提高服务质量

一方面,企业要提高服务质量,把服务质量作为企业的生命力。另一方面,质量会影响服务需求的总量以及会产生什么样的需求。服务质量对于一项服务产品的营销至关重要,它是判断一家企业好坏的最主要的凭据,也是企业与其他竞争者相区别的最主要的定位工具。

2. 克服服务市场的零散状况,形成一定的集中度

服务业处在一种零散的环境中进行竞争,没有一个企业占有显著的市场份额,也没有一个企业能够对服务市场实施重大的影响。如果某个企业能够克服零散状况,则能够建立服务品牌。根据美国竞争战略之父迈克尔·波特在《竞争战略》一书中的论述,可以通过创造规模经济或经验曲线使多样化的市场需求标准化,使造成零散的主要因素中立化或分离,通过收购获得临界批量等方法克服零散,从而形成一定程度的集中,创造服务品牌。

3．实施品牌创新策略

品牌创新策略一般通过企业的服务开发、营销开发、文化开发、人力资源开发等途径来不断提高服务产品和企业的知名度、美誉度，不断提高顾客的满意度。在品牌创造的过程中，企业要注意保护自己的知识产权，保护自己的商誉，抓紧做好服务商标的注册工作，防止被竞争对手抢注。

三、实施内部营销

在服务市场营销中，人是服务产品中的一个重要因素。服务人员在所有的服务企业中都相当重要，尤其是在没有实物产品作为证物时，顾客仅能从员工的举动和态度中获得对企业的印象的情况下，服务人员的重要性可想而知。企业必须促使每个员工成为服务产品的推销员。如果服务人员态度冷淡或粗鲁，他们等于破坏了为吸引顾客而所做的所有营销工作。为此，企业必须实施内部营销。内部营销是指企业针对由雇员构成的内部市场，开展一系列的积极、协同、营销式的活动，以调动员工的工作热情，促使其树立强烈的服务意识和顾客导向观念，确保企业整体营销的高效性。内部营销的宗旨是把员工当作顾客看待，通过向员工提供让其满意的"工作产品"，吸引、发展和保持高水平的员工，建立一支能够并且愿意为企业"创造真正顾客"的由员工组成的营销队伍。为成功地开展内部营销活动，企业应做好以下工作：

（1）认真挑选并训练服务人员。招聘、挑选、训练和开发员工的任何计划都应该适应所提供服务的实际需要。服务人员对本身的工作应有清晰的了解，并将工作进行详细化、规范化，同顾客接触的种种要求也要明确界定。

（2）不断了解内部顾客的实际需要，关心他们的个人发展，以提高企业的凝聚力。

（3）服务行为一致化。企业提供的服务质量往往因服务人员中的个人因素而提供不同的服务。显然，企业必须设置一套服务程序和服务规范，以确保服务实现的一致性。服务人员创造形象和显现服务质量，应当从自己的外观着手。服务人员的外观可以由服务企业的管理层予以控制。这样企业可以建立统一的整体形象，形成一项极为重要的无形资源。

（4）建立高效的绩效评估系统和奖励系统，强化竞争机制，教育和激励服务人员不断提高服务水平。通过这样的机制，在企业内部建立起一种良好的氛围，进而形成一种企业文化，通过全员的参与，实现企业整体服务水平的提高。

第三节　服务质量的测量

一、服务质量的概念

服务质量是企业生产的服务或服务业满足现实或潜在要求（或需要）的特征和特性的总和。与有形产品的质量一样，服务的质量是由顾客来确定的，而不是由企业来确定的。虽然企业可以用客观的方法来衡量服务质量，但是顾客对服务的满意程度才是最重要的衡量标准。服务质量同有形产品的质量在内涵上又有很大的不同,两者的区别在于:第一,服务质量较有形产品的质量更难被消费者所评价;第二,顾客在对服务质量进行评价时,不仅要考虑服务的结果,而且还要考虑服务的过程;第三,由于服务具有不可分离性,所以服务质量发生在服务生产和交易过程之中。

顾客对服务质量的感受不仅取决于技术质量、职能质量、形象质量与真实瞬间的水平,而且也取决于预期质量同实际质量之比。技术质量是指服务过程的产出,即顾客从服务过程中所得到的东西。职能质量是指顾客在同服务人员打交道的过程中,服务人员的行为、态度、穿着和仪表等给顾客带来的利益和享受。形象质量是指企业在社会公众心目中形成的总体印象。真实瞬间则是指在服务过程中顾客与企业进行服务接触的过程。这个过程是企业向顾客展示自己服务质量的时机。预期质量是指顾客对企业所提供服务预期的满意度。感知质量是指顾客对企业所提供服务的水平的实际感知。企业应该设法使顾客对其所提供的服务有一个合理的预期质量。如果顾客的预期质量太低,企业就难以吸引顾客;如果预期质量过高,那么即使企业所提供的服务水平是很高的,顾客可能仍然会认为企业的服务质量较低,对服务质量感到不满意。

国外有学者提出一种服务质量差距模型,对服务提供过程中导致服务失败的五种差距进行了全面分析(如图10-1所示)。

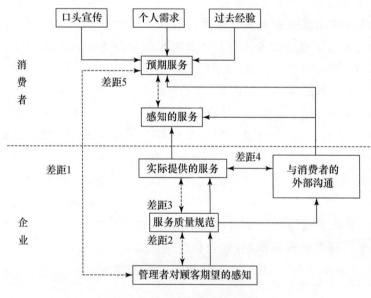

图 10-1 服务质量差距模型

服务质量差距模型是在20世纪80年代中期到90年代初,由美国营销学家帕拉休拉曼、赞瑟姆和贝利等人提出的,是专门用来分析质量问题的根源。顾客差距(差距5)即顾客期望与顾客感知的服务之间的差距——这是服务质量差距模型的核心。要弥合这一差距,就要对以下四个差距进行弥合:差距1——不了解顾客的期望;差距2——未选择正确的服务设计和服务标准;差距3——未按标准提供服务;差距4——服务传递与对外承诺不相匹配。最主要的差距是顾客期望与顾客感知的服务之间的差距(差距5)。

这五个差距以及它们造成的结果和产生的原因分述如下：

(一)管理者认识的差距——不了解顾客的期望(差距1)

这个差距是指管理者对期望质量的感觉不明确。其产生的原因有：

(1)对市场研究和需求分析的信息不准确；

(2)对期望的解释信息不准确；

(3)没有需求分析；

(4)从企业与顾客联系的层次向管理者传递的信息失真或丧失；

(5)臃肿的组织层次阻碍或改变了在顾客联系中所产生的信息。

针对以上原因,其治疗的措施各不相同。如果问题是由管理引起的,显然不是改变管理,就是改变对服务竞争特点的认识。不过后者一般更合适一些,因为在正常情况下没有竞争也就不会产生什么问题,但管理者一旦缺乏对服务竞争本质和需求的理解,就会导致严重的后果。

(二)质量标准差距——未选择正确的服务设计和服务标准(差距2)

这个差距是指服务质量标准与管理者对质量期望的认识不一致。其产生的原因有：

(1)计划失误或计划过程不够充分；

(2)计划管理混乱；

(3)组织无明确目标；

(4)服务质量的计划得不到最高管理层的支持。

第一个差距的大小决定质量标准的实施计划的成功与否。但是,即使在顾客期望的信息充分和正确的情况下,质量标准的实施计划也会失败。出现这种情况的原因是,最高管理层没有保证服务质量的实现。质量没有被赋予最高优先权。治疗的措施自然是改变优先权的排列。今天,在服务竞争中,顾客感知的服务质量是成功的关键因素,因此在管理清单上把质量排在前列是非常必要的。

总之,服务生产者和管理者对服务质量达成共识,缩小质量标准差距,远要比任何严格的目标和计划过程重要得多。

(三)服务交易差距——未按标准提供服务(差距3)

这个差距是指在服务生产和交易过程中员工的行为不符合质量标准。其产生的原因有：

(1)标准太复杂或太苛刻；

(2)员工对标准有不同的意见,如一流服务质量可以有不同的行为；

(3)标准与现有的企业文化发生冲突；

(4)服务生产管理混乱；

(5)内部营销不充分或根本不开展内部营销；

(6)技术和系统没有按照标准为工作提供便利。

可能出现的问题是多种多样的,通常引起服务交易差距的原因是错综复杂的,很少只有一个原因在单独起作用,因此治疗的措施不是那么简单。差距原因粗略可以分为三类：

管理和监督；员工对标准规则的认识和对顾客需要的认识；缺少生产系统和技术的支持。

（四）营销沟通的差距——服务传递与对外承诺不相匹配（差距 4）

这个差距是指企业的营销沟通行为所做出的承诺与实际提供的服务不一致。其产生的原因有：

（1）营销沟通计划与服务生产没有统一；

（2）传统的市场营销和服务生产之间缺乏协作；

（3）营销沟通活动提出了一些标准，但企业却不能按照这些标准完成工作；

（4）有故意夸大其词、承诺太多的倾向。

引起这个差距的原因可以分为两类：一是外部营销沟通的计划与执行没有和服务生产统一起来；二是在广告等营销沟通过程中往往存在承诺过多的倾向。

在第一种情况下，治疗的措施是建立一种使外部营销沟通活动的计划和执行与服务生产统一起来的制度。例如，至少每个重大活动应该与服务生产行为协调起来，达到两个目标：第一，市场沟通中的承诺要更加准确和符合实际；第二，外部营销活动中做出的承诺能够做到言出必行，以避免夸夸其谈所产生的副作用。

在第二种情况下，由于营销沟通存在滥用"最高级的毛病"，所以只能通过完善营销沟通的计划加以解决。其治疗的措施可能是更加完善的计划程序，另外在管理上严密监督也很有帮助。

（五）感知服务质量差距——顾客期望与顾客感知的服务之间的差距（差距 5）

这个差距是指感知或经历的服务与期望的服务不一样，它会导致以下后果：

（1）消极的质量评价（劣质）和质量问题；

（2）口碑不佳；

（3）对企业形象的消极影响；

（4）丧失业务。

第五个差距也有可能产生积极的结果，它可能导致相符的质量或过高的质量。感知服务差距产生的原因可能是已经讨论的众多原因中的一个或者是它们的组合。当然，也有可能是其他未被提到的因素。

二、服务质量的测定标准

由于服务具有无形性和差异性等特点，企业的服务人员难以把握顾客对服务产品质量的感知，所以很难用固定标准来衡定服务质量的高低。但是，从管理的角度出发，优质的服务必须符合以下标准：

（一）可感知性

可感知性是指服务产品的"有形部分"，如各种设施、设备以及服务人员的仪表、沟通材料、其他正在接受服务的顾客的行为等。有形部分是服务人员对顾客更细致的照顾和关心的有形表现，直接影响顾客对服务质量的感知和评价。

（二）可靠性

可靠性是指企业可靠、准确无误地履行服务承诺的能力。它意味着服务以相同的方式、无差错地准时完成。可靠性实际上是要求企业避免在服务过程中出现差错,因为差错不仅会使企业蒙受直接的经济损失,而且可能会使企业失去许多的潜在顾客。许多以优质服务著称的企业都是通过可靠的服务来建立自己的声誉的。

（三）反应性

反应性是指企业随时准备为顾客提供快捷、有效的服务。对于顾客的各种要求,企业能否给予及时的满足将表明企业是否把顾客的利益放在第一位。当出现服务失败时,如果企业能迅速地解决问题,消费者可能会原谅企业。让顾客等待,特别是没有原因的等待,会影响顾客对质量的评价。有研究表明,在服务传递过程中,顾客等候服务的时间是一个关系顾客的感觉、顾客印象、企业形象以及顾客满意度的重要因素。所以,尽量缩短顾客的等候时间,提高服务传递效率将大大提高企业的服务质量。

（四）保证性

保证性是指服务人员的友好态度与胜任能力。服务人员良好的服务态度和较高的专业技能能增强顾客对企业的服务质量的信心和安全感。当顾客同一位友好、和善并且学识渊博的服务人员打交道时,他就会产生安全感。友好的态度和胜任能力两者是缺一不可的,服务人员不友善的态度会使顾客感到失望,而服务人员缺乏必要的专业知识和技能也会令顾客感到不快。

（五）移情性

移情性是指企业和服务人员能设身处地地为顾客着想和努力满足顾客的要求。为此,企业要了解顾客的实际需要,甚至是私人方面的特殊要求,并想方设法予以满足,使整个服务过程富有"人情味"。

顾客从以上五个方面将预期的服务和接受的服务相比较,最终形成自己对服务质量的判断。企业可以通过调查问卷和其他的方式来了解顾客的预期质量和实际质量。

第四节　服务营销组合

一、服务营销组合的要素

服务营销组合是企业依据营销策略对营销过程中的七个要素变量进行配置和系统化管理的活动。

营销组合是为了方便管理者控制所有的变数条件并使之系统化,因为这些变数条件会影响市场交易。服务营销组合的形成过程大致与其他型态的市场相似,其过程主要是将产品分解成部分或细节组合,将各细节组合调整成为营销组合。

每个企业所采用的独特的服务营销组合应随条件(如需求水平、服务提供的时代)的变化而变化,营销组合过程也是随着变动的市场状况和需求来不断修正和调整其构成要素的。不可避免地,服务营销组合的各种不同成分之间会有所重复且相互关联。因为在做决策时,企业会考虑组合中的一项内容,不可能不考虑它对其他组合项目的牵制和影响(参见表10-1)。

表 10-1　企业的服务营销组合(7Ps)

要素	内容
产品(Product)	1.领域(Range);2.质量(Quality);3.水准(Level);4.品牌名称(Brand Name);5.服务项目(Service Line);6.保证(Warranty);7.售后服务(After Sales Service)
定价(Price)	1.水准(Level);2.折扣[(Discounts),包括津贴(Allowances)及佣金 Commissions)];3 付款条件(Payment Terms);4.顾客的认知价值(Customer's Perceived Value);5.质量/定价(Quality/Price);6.差异化(Differentiation)
地点或渠道(Place)	1.所在地(Location);2.可及性(Accessibility);3.分销渠道(Distribution Channels);4.分销领域(Distribution Coverage)
促销(Promotion)	1.广告(Advertising);2.人员推销(Personal Selling);3.销售促进(Sales Promotion);4.宣传(Publicity);5.公关(Public Relation)
人(People)	1.人力配备(Personnel):(1) 训练(Train);(2) 选用(Discretion);(3) 投入(Commitment);(4) 激励(Incentives);(5) 外观(Appearance);(6) 人际行为(Interpersonal Behavior) 2.态度(Attitudes) 3.其他顾客:(1) 行为(Behavior);(2) 参与程度(Involvement);(3) 顾客/顾客之接触度(Customer/Customer Contact)
有形展示(Physical Evidence)	1.环境:(1) 装潢(Furnishings);(2) 色彩(Color);(3) 陈设(Layout);(4) 噪声水准(Noise Level) 2.装备实物(Facilitating Goods) 3.实体性线索(Tangible Clues)
过程(Process)	1.政策(Policies);2.手续(Procedures);3.器械化(Mechanization);4.员工裁量权(Employee Discretion);5.顾客参与度(Customer Involvement);6.顾客取向(Customer Direction);7.活动流程(Flow of Activities)

（一）产品

对于服务产品,企业所必须考虑的是提供服务的范围、质量和水准,同时还应注意的事项有品牌、保证以及售后服务等。在服务产品中,这些要素的组合变化相当大,人们可以从一家供应数样菜色的小餐馆和一家供应各色大餐的五星级大饭店相比较之后看出这些变化。

（二）定价

企业在定价方面要考虑的因素包括价格水平、折扣、折让和佣金、付款方式和信用。在区别一项服务和另一项服务时,价格是一种识别方式,因此顾客可以从一项服务中获得价值观。而价格与质量间的相互关系在许多服务价格的细部组合中是企业重要的考虑对象。

（三）地点或渠道

提供服务者的所在地以及其地缘的可达性在服务营销组合中都是重要因素。地缘的可达性不仅是指实物上的,而且还包括传导和接触的其他方式。所以,销售渠道的形式以及其涵盖的地区范围都与服务可达性的问题有密切关系。

（四）促销

促销包括广告、人员推销、销售促进或其他宣传形式的各种市场沟通方式,如公关。

产品、定价、渠道和促销四项是传统"4Ps"要素,但企业的营销人员显然有必要增添更多的要素,如人、有形展示和过程。

（五）人

在企业担任生产或操作性角色的人（如在银行做职员或在餐馆做厨师）,在顾客的眼中其实就是服务产品的一部分,其贡献也和其他的销售人员相同。大多数企业的特色是操作人员可能担任服务表现和服务销售的双重任务。换言之,在企业中服务执行者工作得如何,就像一般销售活动中销售能力如何一样重要。

此外,对某些服务业而言,顾客与顾客间的关系也应重视。因为一个顾客对一项服务产品质量的认知很可能受到其他顾客的影响。如一家餐厅其他食客的行为有可能影响顾客所得到的服务产品,在这种情况下,企业的管理者应面对的问题是在顾客与顾客之间相互影响方面的质量控制。

（六）有形展示

在市场交易上没有有形展示的"纯服务业"极少,因此有形展示的部分会影响消费者和客户对于一家服务营销企业的评价。有形展示包括的要素有实体环境（如装潢、颜色、陈设、声音）以及提供服务时所需用的装备实物（如汽车租赁公司所需要的汽车）,还有其他的实体性线索,如航空公司所使用的标识或干洗店在洗好的衣物加上的"包装"。

（七）过程

人的行为在企业很重要,而过程也同样重要,即服务递送过程。如表情愉悦、对顾客表达了关切之情的服务人员可以减轻顾客因必须排队等待服务所产生的不耐烦的感觉,或者平息顾客的怨言或不满。当然,服务人员的良好态度对这些问题是不可能全部进行补救的。整个服务体系的运作政策和程序方法的采用、服务供应中的器械化程度、雇佣人员裁量权用在什么情况、顾客参与服务操作过程的程度、咨询与服务的流动、订约与等候制度等都是企业的经营管理者需要特别关注的事情。

二、服务营销组合应注意的问题

服务营销组合较之产品营销组合的特殊性首先表现为服务营销组合包括七项要素而不是四项要素。产品、定价、渠道和促销四项要素的传统式组合结构是适用于有形产品营销的营销策略,这样的组合结构已不适用于服务业了,而必须采用新的营销组合要素及结构,这是由以下原因决定的:

（1）"4Ps"营销组合是根据制造业的情况确定的。由于服务业产品的非实体性特征,决定了适宜于实物产品的营销组合并不能适应服务业的需要。

（2）服务业的营销实务从事者认为,"4Ps"营销组合的内容不足以涵盖服务业的需要。在实践中,服务业管理者发现,若与制造业企业相比,他们必须要应付一些显然不同性质的问题。

（3）越来越多的证据显示,"4Ps"营销组合的层面和范围不适应于服务业管理,有必要重新制定营销组合以适应服务营销,如以现有的结构和背景,提供或从事服务的人并没有想到现有布局、气氛和陈列方式的问题,但这些问题可能对于某些服务的购买者具有重要影响。事实上有一系列的要素（如人员、有形展示和过程）是传统营销组合框架所未能涵盖的。

服务营销组合的特殊性还表现为服务营销组合是一种艺术也是一种科学，建立营销组合的步骤是人的直觉和理性研究的结果。因此，服务营销策略的制定必须注意以下问题：

（一）业种问题

业种即行业的种类。服务业可以依据经营方式划分若干个业种。业种的区分和描述是制定营销策略的依据。如是以"设备基础"还是"人为基础"来区分服务。依此区分，"设备基础"服务行业可能是自动化的（如自动洗车），由非专门技术人员操作的（如干洗店等）或者由专门技术人员操作的（如电脑）；"人为基础"服务行业包括使用技术性劳力的（如家电修理）、非技术性劳力（如清洁服务）或者专业性劳务的（如会计等）服务。以此种方式来区分服务业，关键是解决两个问题：（1）这项服务如何实现；（2）什么样的设备或人来进行这项服务？

（二）购买动机

营销策略制定的一个重要步骤是确认目标市场、了解顾客需求以及顾客的购买动机。显然，这些问题是所有以营销为导向的企业都会面临的，不过服务企业的问题可能稍有不同。如对于消费者行为，虽然人们都做出了许多理论上的解释，可是很少有人探讨消费者对服务的决策和基本选择模式。另外，有人对于特定类别服务业做过专门的研究，并有所发现：专业服务的买主是"购买"卖主的才能，因此当买主在做决定时可能会去评估服务企业的业主或代表人的行为和个性。此外，买主也要评估该企业本身，如所在地、声誉和外观等。

（三）竞争反应

每个企业都必须先考虑如何进入市场，然后如何建立并维持自己的竞争地位。要发展并维持具有特色地位的方法虽然很多，但在服务业中实行起来却不容易，因为企业所提供的服务往往会缺乏一个强有力的实体核心。因此，企业要建立坚强的竞争地位，一个重要的方式是利用服务差异化，借此在消费者的心目中创造企业及其服务的鲜明形象，并在市场上形成一种具有特色的定位。

（四）业务效率

许多的劳动力密集型服务业试图以机械化、规范化和利用各种科技及系统的方法来提高业务效率。当然，在提高效率方面，服务业所面临的问题比制造业更多。虽然有些服务业可以用传统的"以资金取代劳动力"的解决方式，但并不是在所有的服务业领域中都行得通，尤其是"以人的要素为基础"的服务业是不能以资金取代劳动力来解决问题的。各种策略性的挑战在服务业市场总是与其他的市场有所不同。

（五）产品开发

产品规划和开发对企业而言是一个重要问题，因为要建立一个具有防卫性的竞争地位是很不容易的，尤其对于服务业而言更为抽象而不易掌握。另外，为了要向顾客提供搭配均衡的服务类别，企业的产品规划也很重要。一般而言，企业在研究、开发和产品规划方面的发展都不如制造业。不过,企业没有理由不采取系统的方式从事研究开发工作。当然,要测试、开发服务产品并使其规范化是有一定的困难的,尤其是所谓的"以人为基础"的服务业往往缺乏真正的创新,而以模仿居多(如航空公司和银行业的服务)。

因此,企业在营销策略上受到的挑战包括如何导入更系统的新服务产品开发程序,以及如何设计高度非实体及创意性服务。服务产品的开发可以采用收购方式,不过是否适合采用收购方式则因业种而定,若与制造业的收购相比较,则可能必须用不同的标准来评价。以收购的方式追求增长,对服务业而言是一个风险性问题,不过风险的大小则因情况而异。越偏重于"以人为基础"的服务,风险就越大。而在"以人为基础"的服务中,凡是由专业人才或高度技术性人员提供的服务,风险性就更大。因此,任何企业要收购服务企业的话必须有办法能争取到熟练的、具有服务导向的经理来经营才行。

(六)对其他决策的影响

在企业中,生产策略和人事策略是分不开的。不同部门所做的替代性决策及其产生的互动效应必须取得相关者的理解。事实上,企业不同功能部门的相互关系在服务业中会较为密切。

如在企业为提高生产效率而用设备取代人力时,反而可能会降低营销效率。因为顾客可能会视这种改革为:个人服务的量减少后,服务质量便会全面降低。这种后果可能会加剧,顾客也会认为这种改变是服务本身性质的改变,他们会重新考虑这种服务满足其需要的程度。

三、服务消费行为

随着人们服务消费的逐年增长,消费者的服务消费行为日益频繁。服务消费行为及消费者的心理活动是企业有效地制定服务营销策略和开展推广活动的重要依据。服务消费行为不同于有形产品的消费行为。其服务购买过程及其决策过程受消费者购买服务时的心理状态的影响,也有别于一般有形产品的购买过程及决策过程。研究消费者的服务消费行为及购买心理是企业营销活动中不可忽视的重要环节。

(一)服务消费及购买心理

1. 服务消费趋势

在新世纪,随着社会经济的发展和人民生活水平的提高,服务消费呈现出以下发展趋势:

(1)服务消费在消费结构中所占的比例呈上升趋势。

与我国城乡居民的恩格尔系数下降的趋势相一致,人们用于基本物质消费的比重呈下降的趋势,而用于服务消费的比重则呈上升的趋势。

与温饱型消费不同,小康型消费的消费结构、高生活质量的需求日益旺盛,老百姓逐步成为服务消费的主体。就普通家庭而言,日常的服务消费就相当可观,如一部电话月支出几十元;请保姆或钟点工支出几千元;请家教又是一笔开销等。此外,休闲、娱乐、旅游、保健等开销都属于服务消费。

(2) 服务消费的领域呈多元化扩大的趋势。

服务消费已经不仅仅局限于购买产品的过程或之后所享受的种种待遇,也不只停留在传统的服务业所提供的消费,而是扩大到社会各种领域,包括社会文化娱乐、人际交往、社会组织系统、高新科技领域等。如随着改革的深入,后勤服务社会化势在必行,这也为进一步开拓服务消费提供了前所未有的机遇。在计划经济体制下,企业办社会是普遍现象,职工的生老病死统统由企业包揽,使企业不堪重负。如今,企业为了适应市场经济的要求,为了减轻负担,纷纷走后勤服务社会化之路,将内部医院、食堂等机构剥离出去,推向社会。顺应后勤服务社会化的这一改革趋势,社会服务可以发挥重要作用。

(3) 服务消费市场是一个巨大的潜在市场,服务消费品呈不断创新的趋势。

服务性行业是劳动力密集型产业,是容量最大的吸纳劳动力的场所。发展服务消费,对于缓解目前巨大的就业压力、促进改革、维护社会稳定具有特别重大的意义。在发达国家,第三产业的从业人员超过70%。如同实物消费品生产需要不断开发新产品一样,服务消费品也在不断创新。凡是在日常生活中人们感到不方便、不称心或需要提供帮助的地方,都是服务消费的潜在市场,只要企业认真加以开发,就能创造出许多新的服务品种来。

(4) 服务消费正在向追求名牌的境界发展。

随着消费者自我保护意识的增强,服务消费进入追求名牌服务产品消费的阶段。现在,服务消费市场秩序较乱,缺乏规范,欺诈性行为时有发生,严重损害了消费者的利益,以致让消费者望而生畏。这种现象在娱乐业尤为突出。这个问题不解决,服务消费就不可能有大的发展。物质产品要创名牌,服务产品也要提倡创名牌。许多的企业正借鉴国外服务企业的先进管理经验和经营方式,努力提高从业人员的素质,逐步形成一批服务规范、信誉好、消费者信得过的名牌服务企业,以推动整个服务消费市场向更高境界发展。

2. 服务消费者的购买心理

消费者日益提高的生活质量和消费水平导致消费者对商品及服务的需求、购买心理多样化,呈现出下述基本特征:(1) 追求时髦,喜欢新奇;(2) 讲究保健,崇尚自然;(3) 突出个性,倾向高档;(4) 注重方便,讲究情趣。

中国是一个大国,消费者的收入水平、支付能力和购买习惯仍然存在差异性,表现在市场上,消费者对商品和服务的需求呈现出多层次、多样化的发展趋势。据有关部门对百名消费者的问卷调查显示,消费者购买商品和服务大致有以下七种倾向:

(1) 追求质量。

有的消费者在购买商品时把质量放在首位,即使价格偏高或式样普通也愿意选购质量好的商品。特别是在购买一件数千元的大件耐用商品时,顾客必须慎重考虑质量问题,因为产品的质量好可以免去选购后发生退换、维修等烦恼。

(2) 追求实用。

在购买商品时,有的消费者追求实际使用价值,不过分挑剔新颖、美观、色调等特性。如在购买电冰箱时,虽然是普通型的,但顾客要求冷冻室大、节电、不容易出故障,实用即可。

(3)追求方便。

在购买商品时,有的消费者注重使用方便、维修便利,以方便省时为标准。如为了日常生活的方便,消费者在购买商品时愿意选择售后服务好、跟踪安装、跟踪调试、跟踪维修的企业的产品。

(4)追求价廉。

有的消费者以价格低廉的商品为购买目标,这些顾客多为中老年人和低收入人群。他们在观念上保持着俭朴的传统,对款式、花色、功能等均无过多的要求,在同类商品的选择中多以价格低廉的商品替代价格较高的商品。

(5)追求信誉。

有的消费者对商品的生产企业及其信誉很重视,对质量好、信誉高的商品长时间保持使用,有的商品几乎已经成为他们的习惯性消费品,如护肤类、鞋类、洗涤类、牙膏等。

(6)追求新奇。

有的消费者在购物时追求新颖新奇,注重新花色、新款式、新产品。这些人往往对广告联展的促销活动很敏感,容易接受新事物,这一消费群体多为青年人。

(7)追求名牌。

有的消费者在购买商品时注重名牌、高档、豪华,希望以昂贵的奢侈品来显示自己的身份。该消费群体多为民营企业、合资企业、独资企业的白领阶层。

产品及服务市场上消费者表现的上述种种心理状态是多样的、变化的,服务营销的决策者、管理者及营销人员要善于具体问题具体分析,并采取有针对性的措施。

(二)服务产品的评价

1. 服务评价的依据

消费者购买服务产品一般是理智行为,即购买前要对有关信息进行收集、评价、比较和选择。这个过程与购买有形产品没有什么区别,但两者在依据条件和具体评价程序及把握上存在明显的差异。总体来说,对服务产品的评估较之对有形产品的评估复杂而困难,这是由服务产品的不可感知性决定的。区分消费者对服务过程和有形产品评价过程的不同的主要依据是可寻找特征、经验特征、可信任特征。

(1)可寻找特征。

可寻找特征是指消费者在购买前就能够确认的产品特征,如价格、颜色、款式、硬度和气味等。像服装、家具和珠宝等产品有形有质,具有较强的可寻找特征,度假、理发、餐饮则不具备可寻找特征而只具备经验特征。

(2)经验特征。

经验特征是指那些在购买前消费者不能了解或评估,而在购买后通过享用该产品才可以体会到的特征,如产品的味道、耐用程度和满意程度等。如食品只有被人品尝后才知其味,理过发后才知理发师的技术和服务水平。

(3)可信任特征。

可信任特征是指消费者购买并享用之后很难评价,只能相信服务人员的介绍,并认为这种服务确实会为自己带来期望所获得的技术性、专业性好处的服务特征。如当事人进行诉讼要寻找律师,当事人无法准确地判断律师的服务水平。其他技术性、专业性服务如家电维修、汽车修理、保健等都具有这类特征。

2. 产品与服务评价过程的差异

消费者购买产品与服务评价过程的差异性主要表现在以下七个方面:

(1) 信息搜寻。

消费者购买有形产品通常从两类渠道获取信息:一是人际渠道;二是非人际渠道,即产品本身、广告、新闻媒介等。消费者购买服务产品则更依赖于人际渠道,具体原因如下:

① 大众媒体多适合于传递有关有形产品可寻找特征方面的信息,服务产品多为经验特征和可信任特征,只适合于消费者向社会相关群体获取;

② 服务提供者往往是独立机构,它们不会专为生产者的产品做经验特征的广告,而生产商与中间商所采用的联合广告往往侧重于产品本身的性能、质量,而不会专门为服务做广告;

③ 消费者在购买服务之前很难了解服务的特征,为了避免购买的风险,他们乐意接受相关群体口头传播的信息,以为这样的信息可靠性强。

服务信息的收集并不完全排斥非人际渠道,如电视、电影、戏剧等文化服务,广告及其他新闻媒体的宣传往往是消费者采取购买行动的重要原因。

(2) 质量标准。

在购买有形产品时,消费者可以凭借产品的款式、颜色、商标、包装和价格等多种标准来判断产品的质量。而在购买服务时,消费者只局限于价格和各种服务设施等方面。如在管道维修、楼房管理、草坪剪修等服务行业,消费者在购买服务之前只能获得价格方面的信息,只能通过价格的高低来判断服务的质量;而对于理发、法律咨询和健身等服务,消费者则可以根据有形的服务设计包括办公室、场所、人员及其设备等来判断服务的质量。服务质量判断标准的单一性或连带性容易造成假象,对消费者形成误导。在许多的情况下,服务质量不一定与价格成正比关系,服务场所的设计和设备也不一定会形成良好的服务质量。

(3) 选择余地。

消费者购买服务的选择余地较之购买一般消费品的选择余地要小,这是由于以下原因造成的:

① 服务品牌单一,它不像零售店陈列的消费品那样琳琅满目;

② 在同一个区域中,限于需求的有限性,不可能同时有很多的提供同种服务的不同企业可以选择,如银行、干洗店、画廊等都很有限;

③ 消费者在购买服务前所获得的相关信息也是有限的,这也限制了选择余地。

(4) 创新扩散。

创新扩散的速度取决于消费者对创新特征的认识,创新特征包括相对优势、兼容性、可沟通性、可分离性和复杂性。一般来说,一个创新产品如果比现有产品具有较高的比较优势和兼容性,并且容易进行演示和介绍,其扩散速度就会快。反之,一个产品的结构和性能较为复杂且难以操作,则它的扩散速度就会慢一些。由于服务具有不可感知的特征,很难被演示、讲解和相互比较,而且每个消费者对同一项服务的看法和感受又各不相同,所以服务比较复杂。另外,新的服务可能同消费者现有的价值观和消费行为不可兼容,因为许多的消费者可能已习惯于自我服务。

(5) 风险认知。

消费者购买商品和服务都要承担一定的风险,相比之下,消费者购买服务所承担的风险更大,消费者对风险的认知更难,具体原因如下:

① 服务的不可感知性和经验特征,决定了消费者在购买商品之前所获得的有关信息较少,信息越少伴随的风险就会越大;

② 服务质量没有统一性标准可以衡量,消费者在购买产品过程中的不确定性增强,故而风险更大;

③ 通常情况下,服务过程没有担保和保证可言,即使顾客在消费过程中或消费后感到不满意,也会因为消费过服务而无法重新更改或退换;

④ 许多的服务都具有很强或较强的技术性或专业性,有时即使在享用过服务之后,消费者也缺乏足够的知识或经验来对其进行评价。

(6) 品牌忠诚度。

消费者购买服务较之购买商品对品牌的忠诚度更高,这取决于转移品牌的成本、替代品的适用性、购买风险、以往的经验等因素。

消费者购买服务受获取服务信息困难的影响,难以全面了解有关替代品的情况,对替代服务能否比现有服务更能增强满意度亦无把握,因而不如仍选择原有的服务。同时,消费者转移对服务产品品牌的选择也会增加更多的费用支出。如病人到第一家医院看病可能首先要进行系列的身体检查,如果中途想换另一家医院,那家医院可能又会要求病人重新作一次身体检查,这样病人作为消费者增加了不必要的开支。而且,消费者知道,购买服务将要承担更多的风险,他们当然不会轻易地转换服务产品品牌,而只能忠实于原有服务产品品牌。在消费服务过程中,消费者往往心存由于老顾客的身份而获取更多优惠的侥幸,服务提供者要充分利用消费者的这种心理来稳定老顾客,与老顾客建立良好的合作关系。

(7) 对不满意的归咎。

消费者对购买的商品不满意,不是归咎于中间商,就是归咎于生产企业,一般不会归咎于自己。但是,购买服务则不然,由于顾客在很大程度上参与了服务的生产过程,他们会觉得自己对服务后果的不满意负有一定的责任,或是后悔选择对象不当,或是自责没有给服务提供者讲清要求,或是为没能与服务提供者配合好而自责。服务质量既是服务提供者的事,也取决于消费者的认同与看法,这为企业引导和调动消费者配合完成服务过程提出了更高的要求。

宝衣仓:做足用户购买体验①

一、价格竞争是恶性循环

宝衣仓创立于2009年6月,通过4年的不断转型,到2013年年底,宝衣仓已经发展为儿童时尚品牌孵化的在线平台,旗下拥有0—3岁轻奢婴儿时尚品牌(Ponie Conie)、3—12岁轻奢简洁男童时尚品牌(Pili Pala)和3—12岁轻奢简洁女童时尚品牌(Lamex)等三大品牌。

宝衣仓曾参与过电商价格战。当然,这中间宝衣仓曾感受过打折多所带来的销售规模提升的惊喜,但屡次价格战更多的还是让宝衣仓开始反思自身核心竞争力的问题。在品牌同质化的背景下,价格竞争只会是恶性循环。对于电商来说,长远的战略布局一方面是要通过技术手段提升用户的购买体验,另一方面就是要在供应链上营造优势。尤其是在移动电商时代,只有做足用户购买体验的电商才有未来。而宝衣仓能在短短4年实现超过4000万元人民币的营业额,很重要的因素就是他们坚持的这种厂家直接设计、生产、垂直销售的模式,让顾客体验了快速的商品流通和较低的价格。

未来,在注重用户体验的细节上,宝衣仓还将更多地向移动前端应用扩展。比如,通过移动APP收录客户的小孩最新的身高、体重。然后,当客户看中宝衣仓的某款服装时,就通过虚拟技术显示出客户的小孩穿上这款衣服后的模拟效果。由此,既为客户带来许多的购买乐趣,又可以帮他们避免一些盲目购买。

又如,宝衣仓还将重视产品的"微设计"。如果一个客户看到某个设计元素或设计面料非常好,感觉可以作为一个素材创意,那么这个客户就可以通过宝衣仓开发的移动APP拍下来,并上传数据。由此,客户在获取会员积分的同时,也与品牌设计师进行了互动,未来这些元素说不定很快就真地会被设计师应用到设计创作中去。

二、前端应用创新的背后是供应链支撑

用户体验是前端应用。前面提到的任何一个成熟的前端应用或者说一个理想化的前端设计应用,其背后必须要有一个强大的信息化系统的支持,尤其是快速、实时的供应链系统的支撑。

宝衣仓所有的产品经过内部设计后,部分品牌工艺直接外包、直接采购衣物成品;还有部分品牌采用完整自主运营的方式,即向供应商采购原材料,委托各专业化成衣工厂加工后,进行对外销售。因此,传统服装企业有的部门,宝衣仓都有;传统服装企业所有的模式,宝衣仓也都涵盖,如采购、裁衣、经销、委外加工等。所以,在信息系统的选择上,宝衣仓最看重的是财务业务一体化和销售行为分析这两大方面。

从PC端电商到移动端电商,电商的渠道越来越细化。单是PC端,现在就有天猫渠道、亚马逊渠道、京东渠道等多个渠道。所有这些渠道产品销售的数据,全部汇总到后

---

① http://subject.yonyou.com/jryy/124/article.asp?id=482,有改动。

台的时候,非常需要一个强大的信息系统来处理。比如,在供应链方面,需要从头到尾分析产品从进仓库到出仓库,周转是多少,销售是多少。产品预售的时候,还要随时分析到底能不能调动供应链资源,以确保按时在承诺的销售时间做出产品。这时候,业务系统与财务系统的无缝集成就显得尤其重要,因为一体化可以将业务数据直接转换为财务凭证,能精确成本,减少人为调整。

从另一个角度来讲,电商企业也都非常重视通过内部分析进行商品企划和营销,如分析哪些产品有更好的市场,哪些产品有更大的潜力可挖等。而这些必须通过售罄率、周转率等传统的指标来衡量。这些指标的分析也要通过后台系统来完成。特别是电商订单中心的业务非常复杂,这么多渠道、这么多折扣,还有满减、满件、满金额,甚至还有赠品等,而且这些都还涉及最后如何计算每单的毛利的问题。这也是为什么宝衣仓要打通财务环节、打通供应链环节、打通订单中心的原因。

讨论题

1. 请你谈谈电商营销中的客户体验对消费者行为的影响。

2. 良好体验背后的支持因素有哪些?请查找资料提炼出某一电商的营销支撑体系并阐述其在营销效率提升上的作用。

第十一章　文化营销策划

在工业经济时代，人们依靠不同的技术和质量来区别不同的产品。但是，在今天，先进技术的扩散速度越来越快，企业之间产品质量和特色的趋同化程度越来越高，依靠产品本身的物理特性已经很难把不同的产品明确地区分开来。没有个性的产品就无法获得真诚、稳定的顾客。企业依靠什么创造个性呢？文化作为一种精神内涵，赋予产品个性和灵魂。被赋予文化个性的产品在顾客的眼中是活的，是含义丰富的，是吸引眼球的，是聚焦偏好的，是无法替代的，是难以讨价还价的。企业要创造出产品在顾客心中的个性定位，就必须进行文化营销，将文化注入产品、价格、渠道和促销之中。

第一节　文化营销概述

一、文化营销的概念

文化营销，简单地说，就是利用文化力进行营销，是指企业的营销人员及相关人员在企业核心价值观念的影响下所形成的营销理念，以及所塑造出的营销形象，两者在具体的市场运作过程中所形成的一种营销模式。

▌阅读材料 11-1

企业营销的实质

企业卖的是什么？麦当劳卖的仅是面包加火腿吗，答案是否定的，它卖的是快捷、时尚、个性化的饮食文化[QSCV 形象，即质量（Quality），服务（Service），清洁、卫生（Cleanliness），价值（Value）]。柯达公司卖的仅是照相机吗？不是，它卖的是让人们留住永恒的纪念。中秋节吃月饼吃的是什么，难道只是吃的它的味道吗？不是，人们吃的是中华民族的传统文化——团圆喜庆。端午节吃的是粽子吗？不是，端午节人们是在吃历史文化。过生日吃的是蛋糕吗？也不是，吃的是人生的希望与价值。喝百事可乐喝的是它所蕴含的阳光、活力、青春与健康，喝康师傅冰红茶喝的是它的激情、酷劲与时尚。

沃尔沃、奔驰和丰田三家汽车制造商的制造技术不相上下但营销文化却各不相同。沃尔沃的营销文化是安全第一、豪华第二、省油第三,奔驰的营销文化是豪华第一、安全第二、省油第三,丰田的营销文化是省油第一、安全第二、豪华第三。它们不同的营销文化确立了它们不同的追求和不同的资源优化配置排序,形成企业不同的个性和产品不同的核心竞争力。它们产品的垄断力和卖点来自营销文化个性而不是技术优势,因为它们各自的技术优势和产品个性是追求营销文化个性的结果而不是原因。这三家汽车制造商的卖点不是汽车而是文化个性:安全、豪华和省油。追求安全个性的是沃尔沃的顾客,追求豪华个性的是奔驰的顾客,追求省油个性的是丰田的顾客。没有营销文化,企业就没有产品定位,就没有品牌,就没有目标顾客。

总之,通过以上例子我们可以看到在产品的深处包含着一种隐性的东西——文化。企业向消费者推销的不仅仅是单一的产品,产品在满足消费者物质需求的同时还要满足消费者精神上的需求,给消费者以文化上的享受,满足他们高品位的消费。这就要求企业转变营销方式进行文化营销。

物质资源是会枯竭的,唯有文化才能生生不息。文化是土壤,产品是种子,营销好比是在土壤里播种、耕耘,培育出品牌这棵幼苗。可口可乐只是一种特制饮料,和其他的汽水饮料也没有太大的差别,但它之所以能够成为全球知名品牌,并有100多年的历史,是因为它与美国的文化有紧密的联系,可口可乐的每次营销活动无不体现着美国文化,使其品牌成为美国文化的象征,因此,喝起它常常会让人有一种享受美国文化的感觉。

二、文化营销的内涵

(一) 构建核心价值观念

由于人类的活动都带有一定的目的性,因此传统的营销基本都是有意识的营销活动。但由于这些活动的出发点和落脚点并不是达到与消费者价值的共鸣,所以它们不能称为文化营销。真正的文化营销是建立在营销核心价值观与消费者价值观高度吻合的基础上的。如本田汽车的广告词"HONDA LEGEND 灵敏过人,与你配合无间,难怪备受推崇,缔造了一个以智慧和人性价值为基础的崭新系统,在追求驾驶乐趣的道路上,人与车从未如此融合无间",充分体现了该公司文化营销的力度。这些铿锵有力的阐述表达了部分消费者的价值取向,从而能引起价值的共鸣,最终达成了促销目的,完成了文化营销的历程。

(二) 追求顾客满意度

顾客满意度是文化营销的一个重要概念,不过文化营销是强调通过顺应和创造某种价值观或者价值观念的集合来达到某种程度的满意。如美国速溶咖啡面市之初,企业在广告中竭力渲染速溶咖啡方便、省时和省力的特点,却遭到美国家庭主妇的冷落。企业经过调查才知道因为这种宣传内容与传统家庭主妇的价值观念相冲突,购买者害怕被人视为懒惰。后来,广告宣传以味道为特色,并增加开启难度,速溶咖啡才被人们广泛接受。因此,价值观念的认同会从根本上提高顾客满意度。

文化营销的关键是核心价值观念的构创,只有通过发现顾客的价值群,并加以甄别和培养,或企业顺应需求,努力创造核心价值观念才会使文化营销得以成功。如松下电器"让所有的产品都像自来水那样用之不竭,那样便宜",顺应了经济潮流,为广大的消费者所接受,使企业获得了巨大的成功。

三、文化营销的层次

从文化营销的角度来看,现代市场营销应是物化营销和文化营销的结合。不同的营销形态,两者的比例是不同的。企业在实施文化营销的过程中表现为产品文化营销、品牌文化营销和企业文化营销三个层次(如图11-1所示)。

图 11-1　营销的结构与层次

(一)产品文化营销

从文化营销的角度来看,产品仅是价值观的实体化。产品文化营销包括产品的设计、生产和使用各个方面。如时任哈尔滨三九龙滨酒厂厂长的庄玉坤认为,白酒是中国传统的文明象征。喝酒喝的是文明和风格。喝酒讲酒德,敬酒不劝酒,劝酒不逼酒,逼酒不灌酒。他在电台主持了一个很受欢迎的直播节目——《老庄话酒》,以其语重心长的话语在东北酒坛刮起了一股文明酒风。这一做法光大了中国酒文化,也取得产品文化营销的成功。

(二)品牌文化营销

品牌文化营销是产品文化营销的进一步发展。品牌文化包括整个社会对品牌的信任和保护,包括消费者用名牌的行为,反映了消费者的价值选择,也包括企业创立名牌、生产名牌的行为,作为生产者同品牌文化营销有着密切的关系。企业创造名牌的过程,就是不断积累品牌文化个性的过程。当品牌竞争在质量、价格和售后服务等物质要素上难以有所突破之时,给品牌注入文化的内涵,其身价就不仅仅是物质因素的总和,也不是原来意义上的竞争,而是更高境界上的较量。如劳斯莱斯公司的"好车子无论多少年都会保持下去"的价值观正表现了该品牌的文化,迎合了消费者的价值观念。

(三)企业文化营销

企业文化营销的核心就在于企业寻求为顾客所接受的价值信条作为立业之本,从而促进顾客对整个企业包括其产品的认同。如 IBM 公司的经营宗旨是：尊重人、信任人、为用户提供最优服务及追求卓越的工作业绩。IBM 公司的价值观曾经具体化为 IBM 公司的三原则，即为员工利益、为顾客利益、为股东利益。后来，"三原则"又发展为以"尊重个人""竭诚服务""一流主义"为内容的"三信条"，成为 IBM 公司的核心和灵魂，并为企业树立了良好的企业形象。

第二节　文化营销在传统营销中的应用

文化营销与传统营销策略的有机结合会为企业的营销活动带来画龙点睛的营销效果。

一、文化定价

文化产品不同于单纯的实体产品，对文化产品的定价在一定程度上依赖于文化产品受益者在产品消费或者体验过程中的价值感知。因此，消费者在进行文化消费的时候，对价值的价格认定取决于影响文化消费的诸多因素。

有诸多因素会影响产品定价，文化因素是影响产品定价最重要的因素。这是因为企业的文化个性是产品定位和品牌建设的决定因素，而产品定位和品牌优势又是产品定价的决定因素。下面水井坊的案例就是企业进行文化定价的一个典型案例。

有 600 余年历史的水井街酒坊是迄今为止发现的中国白酒的最早源头，"水井坊"品牌被称为中国白酒业的"活文物"，包括川酒文化、窖址文化和原产地域文化三个内容。水井坊公司分析了大量的调研材料，最后发现应定位于高档白酒的消费群体，他们具备大部分相同的消费特征：中年男子、收入丰厚、社会地位较高、有炫耀心理。水井坊上市之初定价就比茅台、五粮液等高档白酒高出 30%～50%。在很多人对中国市场能否消费得起如此昂贵的白酒产品深表怀疑时，"水井坊"系列的市场表现迅速令业内人士刮目相看。可以说，水井坊开辟了中国较高档白酒市场。

二、产品文化化

产品文化化是指企业通过对产品进行文化植入，赋予产品企业文化个性和精神内涵，增加顾客对产品的独有感知价值。在文化营销的视野中，产品不仅要满足消费者的物质使用要求，而且还需满足其文化精神的需求。企业对产品的包装、命名、品牌、造型等均需增加文化品位、文化气息与文化氛围，从而建立起产品与文化需求的联系。促使消费者购买的因素主要有购买功能、形象、服务、品牌等，文化营销不仅是企业建立个性优势的主要源泉，而且也是企业吸引顾客、获得价格溢价的主要途径。如耐克运动鞋不再是耐克公司生产的，而是由别的生产商贴牌生产的，如果没有耐克公司的钩形标，就不会卖到耐克专卖店的价格。这正是文化个性在产品中的价值体现。

品牌延伸是文化横向复制的典型代表，即在同一个品牌名称下生产系列产品，共享品牌文化内涵。如索尼的品牌从最初的收音机、随身听延伸到其他领域的产品，包括视频游戏机、数码相机、数码摄像机、电视机、投影机、智能手机等。索尼公司主张以"技术"为产品的象征,建立"全球化"优势,形成"媒体"平台。"全球化""媒体"和"技术"是索尼公司的核心竞争力。索尼公司的国际形象:这牵涉到索尼公司一向的品牌形象,除了本身是一个具有日本色彩的科技公司以外,也结合了西方的各种要素,在产品的包装及行销上希望营造出一种"国际性"的产品形象。对于美国跟欧洲来说,索尼可能被视为一家日本公司,然而在日本国内,索尼公司又营造出国际化的形象。因此,要将索尼公司这样的企业进行归类是相当困难的,在本质上索尼公司可以被视为一个全球化的混血儿。然而,索尼公司的产品之所以具有如此结合东西方的混杂特性,是有其历史背景的。索尼公司将个性特征附加于产品之上,使用最先进的技术,令产品拥有最流行的外观和色彩,并赋予产品与索尼公司的企业文化相匹配的内涵,使得消费者一如既往地相信索尼公司的产品都是优质的。

文化的纵向复制是指企业把某种品牌个性只局限于某种特定的产品,并努力扩大产品的销售量。如耐克公司的商标只应用于运动服装产品,但是耐克运动鞋已经遍布世界的各个角落。相对于横向复制,文化的纵向复制的好处是可以较好地保持品牌文化的原始含义。

三、渠道文化化

渠道文化化是指企业通过对产品进行文化植入,赋予渠道企业文化个性和精神内涵,增加顾客对产品的独有感知价值。随着技术的变化、直接营销和网络营销的巨大发展,对于营销渠道的性质和渠道设计都有非常深远的影响。不管技术如何变,万变不离其宗,营销渠道的选择离不开文化。

1984年,戴尔公司成立,它的成功建立在直销模式的基础上,这种模式革命性地改变了整个计算机产业。根据戴尔公司的分析,中国市场跟美国市场非常相似,其技术成熟度整体上可能稍稍落后于美国。但中国市场如此之大,能与美国技术同步的那部分市场依然占有一个非常大的市场份额。戴尔公司所选择服务的也正是这部分市场,其技术和用户成熟度与世界其他地区非常接近,而这些用户与美国市场并没有太大的不同。如戴尔公司70%的产品卖给了在中国的跨国企业,如花旗银行、摩托罗拉、通用电气、强生等。使用戴尔计算机的人跟欧美等国的用户一样,使用的是同样的软件,因为这些企业是国际性的公司,它们用的是国际性解决方案。这些用户的成熟度与西方国家基本相同。

多数产品都适用直销模式,而且在当今世界上越来越多的人愿意接受直销。之所以这样说,是因为直销不仅仅指面对面的销售。它可以通过其他的途径,如国际互联网、电话与顾客建立一种互动关系。所有的大众化标准产品都有机会实现直销模式。实现了直销模式,企业可以节省很多原本用于销售渠道、代理商、展厅等方面的开支。这样,产品就有可能更便宜,或者企业可以提供更多更有成本效益的产品。直销这种模式具有很强的吸引力,但由于中国市场的特殊情况,戴尔公司在前进的道路上也面临着诸多的挑战。

四、促销文化化

促销文化化是指企业通过对促销进行文化包装,赋予促销企业文化个性和精神内涵,增加顾客对产品的独有感知价值。作为整合营销传播的重要组成部分,促销是产品在短时间内,迅速提高销售量,扩大市场占有率,有效压制竞争对手的利器。

在促销过程中,文化起着十分重要的作用。在一定的促销方式中,塑造一个特定的文化氛围,在向消费者传递文化特质的同时,突出企业产品的文化性能,以文化推动消费者对企业的认识,就能够使企业形象和产品在消费者的心目中留下长久、深刻的印象。在促销活动中,企业搞好"主题行动",可以使营销过程始终贯穿一条成功的主线。

目前,市场上各种商品所进行的包装赠送、游戏抽奖以及给消费者附赠的商品都比较缺少文化内涵,一般还都处在只是在附赠的商品上打上商品名称或企业名称,这其实都是有点一厢情愿的做法,因为站在消费者的角度,好像没有更多的理由对其产生更多的热情。促销本身的同质化加剧了企业之间的竞争,同时也令消费者对促销活动本身热情不再。正是在这样一个大背景下,诸多促销行为还在进行这种"老鼠赛跑"的游戏,一方面令促销本身成本上升,另一方面由于形式陈旧使得促销效果大大下降。

而麦当劳在促销方面做得非常成功,其营销策略的成功不得不归功于灵活多样的促销方式,而其促销方式的核心是"文化"。当时,广州的麦当劳为促销推出了新款太空型的"史努比"公仔,引来一番抢购热潮。其促销内容其实很简单,顾客只要购买一份麦当劳的套餐,再加 10 元就可以得到一个新款史努比公仔。如此简单的促销形式并没有超越《麦当劳促销手册》的范围,只不过是其争取新顾客的促销形式的一种。这种简单的促销形式却引起一些学生的抢购,甚至一些"非相关"的大人也排队抢购。

有人说麦当劳既是世界上最大的汉堡制造商,同时又是世界上最大的玩具制造商,在不断销售汉堡的同时,麦当劳也在想尽办法为汉堡附加一种文化,以便让汉堡更具有灵性,而这种附加最重要的方式是促销,内容是玩具本身的文化性,如"史努比"公仔的推出,在探寻与人们精神深层次的沟通方面发挥了巨大的作用。之所以能够把麦当劳、史努比、促销与品牌四个要素放在一起,是因为它们有一个核心背景——文化促销。综观当前市场上的一些促销行为,与麦当劳作一下对比,则显得缺少了很多的文化味道,这可能也是为什么不能引起消费者的共鸣,在促销时不能有效积累品牌资产的原因之一。

文化定价可以满足顾客的需求,以消费者获得的总价值与让渡价值为基准并能够使企业找到属于企业自身的个性。产品文化化不仅能满足消费者的物质使用要求,而且还需要满足消费者文化精神的需求;渠道文化化是供应商企业文化的一种延展;文化促销能够推动消费者对企业的认识,使企业形象和产品在消费者的心目中留下长久、深刻的印象。由此可见,只有把文化营销有效地运用于传统营销策略,企业才能够获得持久的市场竞争优势。

> 阅读材料 11-2

星巴克"第三空间"文化营销对"4Ps"的影响[①]

关于人们的生存空间,星巴克似乎很有研究。霍华德·舒尔茨曾这样表达星巴克对应的空间:人们的滞留空间分为家庭、办公室和除此以外的其他场所。第一空间是家,第二空间是办公地点。星巴克位于这两者之间,是让大家感到放松、安全的地方,是让人有归属感的地方。20世纪90年代兴起的网络浪潮也推动了星巴克"第三空间"的成长。于是,星巴克在店内设置了无线上网的区域,为旅游者、商务移动办公人士提供服务。

星巴克选择了一种"非家、非办公"的中间状态。霍华德·舒尔茨指出,星巴克不是提供服务的咖啡公司,而是提供咖啡的服务公司。它提供一份浪漫享受,调动一切感觉,在店内营造一种全方位的体验。咖啡的芳香、味道,家具摆设给人的感觉,壁画的装饰,音乐的旋律等无不在传达着其品牌。

一、产品

"第三空间"这个星巴克始终遵循的第一价值观,要求在产品、服务上创造自己的独特价值。在星巴克,为顾客冲奉一杯咖啡前的每一个步骤都严格把关,具体地讲,就是挑选最好的阿拉伯咖啡豆,很好地运输和储藏,将咖啡豆烘焙至特定的程度,然后以高标准磨碾、冲泡并高标准地提供最后一道程序——服务。

二、价格

星巴克在中国的价格同星巴克在本土市场的销售价格是一样的,仅仅是美元兑换成人民币,去零凑整。消费星巴克的有两种人:一种是来自海外的旅行者,他来到中国,在酒店附近散步,突然发现有一间以前就熟悉的星巴克,于是进来看一下,换算一下汇率,哎,这儿的价格同国内一样,那么就来上一杯。反过来,如果价格不同,倒是会引起困惑。另一种是国内人士,毫无疑问,消费的推动力是基于文化上的某种认同。星巴克是咖啡,同时也是文化符号。

三、渠道

正是有了"第三空间"这样的品牌个性,星巴克似乎并不担心合作伙伴不能调配出可口、美味的咖啡,而是担心"不卖咖啡卖服务"的核心品牌利益不能很好地被逐利者所领会。因此,星巴克为自己坚持直营的战略给出的理由是:品牌背后是人在经营,星巴克严格要求自己的经营者认同企业的理念,认同品牌,强调动作、纪律、品质的一致性;而加盟者都是投资客,他们只把加盟品牌看作赚钱的途径,可以说,他们唯一的目的就是为了赚钱而非经营品牌。

30多年来,星巴克对外宣称其整个政策都是:坚持走公司直营店,在全世界都不要加盟店。所有的星巴克咖啡店一定是星巴克合资或授权的当地公司的直营店。业

---

① http://finance.sina.com.cn/leadership/mxsgl/20090303/17065925728_3.shtml,有改动。

内人士分析说,如果星巴克像国内多数盟主那样采用"贩卖加盟权"的加盟方式来扩张,它的发展速度肯定会比现在要快得多。当然,并不一定比现在好得多。

四、促销

星巴克认为,在服务业,最重要的行销渠道是分店本身,而不是广告。如果店里的产品与服务不够好,做再多的广告也吸引不来客人,也只是让他们看到负面的形象。星巴克不愿花费庞大的资金做广告与促销,但坚持每个员工都拥有最专业的知识与服务热忱。"我们的员工犹如咖啡迷一般,可以对顾客详细解说每种咖啡产品的特性。透过一对一的方式,赢得信任与口碑。这是既经济又实惠的做法,也是星巴克的独到之处!"

星巴克的创始人霍华德·舒尔茨意识到员工在品牌传播中的重要性,他另辟蹊径开创了自己的品牌管理方法,将本来用于广告的支出用于员工的福利和培训,使员工的流动性很小。这对星巴克"口口相传"的品牌经营起到了重要作用。

第三节 文化营销应注意的问题

文化营销不是喊口号,不是玩花拳绣腿。它不只是一个形式的问题,更是一个内容的问题;它不是企业心血来潮时的一时冲动;它不是东施效颦,也不是邯郸学步。企业在进行文化营销时应注意以下两个方面:

一、处理好内容与形式的关系

内容决定形式,形式是内容的体现,两者是辩证统一的关系。企业在进行文化营销时往往只重视形式却忽略了内容。有的企业只注重产品的包装不重视产品的质量;有的企业在文化建设中只提出一些口号但在实际中并不执行;有的企业只知道做广告做宣传,只重视构建企业的视觉识别系统,不强调企业理念和企业行为的建设,造成了"金玉其外,败絮其中"的结果。

二、要用系统的观点对待文化营销

企业的文化营销是一个整体、一个有机的系统。它包括三个方面的含义,企业不能断章取义,只抓一点不及其余,而要把三者有机结合起来。企业文化建设是企业文化营销的前提和基础,企业没有良好、健康、全面的文化建设,文化营销就成了无源之水、无本之木。企业分析和识别不同环境的文化特点是文化营销的中间环节和纽带,在企业文化建设的基础上,只有对不同环境的文化进行分析才能制定出科学的文化营销组合策略;制定文化营销组合策略是前两者的必然结果。企业在进行文化营销时往往忽视了前两者,只重视了文化营销组合策略的运用,结果是收效甚微。

第四节 文化营销的发展趋势

一、传统复兴

未来市场将不仅是商品策略和价格策略的竞争,而且是企业营销活动融入的文化竞争。以文化吸引顾客,以文化保持顾客,将成为企业重要的竞争手段。在企业的文化活动中,对传统文化进行吸收和利用,突出文化的民族特点和历史内涵,将在 21 世纪给企业带来新的竞争优势。如"红豆"服饰的成功在于它利用王维千古绝句的广泛知名度和传统文化的内涵,移植于企业的产品名牌,使品牌有了同样的文化意义。

二、概念创新

创新不仅意味着与生产技术和管理方法相联系,而且还意味着创造产品新的文化内涵、选择新的顾客和采用新的营销手段。21 世纪的文化营销趋势之一即创新概念。如索尼公司过去创造"Walkman"一样,人们对音乐的时刻需要产生了一种特殊产品,而当产品行销全球之时,它也就成为"将音乐带在身边"文化概念的象征。

三、伦理制胜

伦理制胜是企业在 21 世纪进行文化营销的一个制高点。企业伦理随着不同时代人们的观念和社会思想的进步而不同,即应该符合社会、企业和个人三者共同利益的经营思想的体现。松下公司的创始人松下幸之助非常注重在经营中树立企业伦理的思想。他认为"和谐协调,共存共荣"是人与人、企业与企业、企业与社会相处的基石。而 21 世纪对社会问题的关注使得伦理成为企业进行新世纪文化营销的重要内容。

四、全球经营

经济全球化已经使全球经营成为企业经营发展的必然趋势。在全球经营中,全球任何一个国家和地区都可能成为企业总部的所在地,企业员工不局限于某一个国家或地域。而能融合各类不同文化价值观差异,形成一体化组织文化的企业,将在竞争中处于领先地位。全球经营的文化整合是 21 世纪文化营销的又一趋势。

 案例研究

美发界的星巴克[①]

当许多从事美发生意的商家还在一门心思地琢磨"洗剪吹"大法时,美国一家名为 Drybar 的美发沙龙却另辟蹊径,靠一把电吹风将年营收做到 7000 万美元。

---

① http://www.sohu.com/a/107320682_361471,有改动.

不剪发,不烫染,也不做面部护理,只为顾客提供吹头发服务的Drybar凭什么在竞争激励的美发市场胜出?

一、新造一个细分市场

星期天的下午,纽约曼哈顿的Drybar门店,高亢激昂的音乐与电吹风发出的呼呼声交织在一起,发型师们正在熟练地为女顾客吹头发。

20分钟后,发型师将顾客的座椅转向身后的镜子,让她们欣赏新吹的发型。

"简直太棒了,今晚的舞会一定很美妙",女顾客艾米丽看上去精神焕发,对新吹的发型非常满意。

来Drybar吹头发的女顾客,年龄在20—50岁,很多都是常客,她们愿意为这种专业的吹头发服务埋单。

2010年,美发师艾莉·韦布在洛杉矶富人区布伦特伍德开设了第一家Drybar门店。

开业前,艾莉·韦布利用电子邮件进行营销,告诉女性顾客这里有一家专门吹头发的门店,不剪发,不烫染,看不到满地落发,也闻不到刺鼻的化学染发剂味道。

很快,Drybar门店就收到1000位客人的预订,表示愿意尝试这种吹头发服务。

"祖母那代人每周去一次理发店,多半是为了吹一个蜂窝头",事实上,艾莉·韦布之所以决定打造一家只提供吹头发服务的门店,是来源于她对女性消费心理的分析。在艾莉·韦布看来,对于女性,剪发并不是高频消费,也许两三个月才进行一次,而烫发和染发间隔的时间更久。

但是吹头发不同,出门吃饭、购物逛街和参加社交活动都需要,女性需要通过吹头发来打造一个完美形象。

果然,Drybar门店一开业,顾客就踏破了门槛,每天都拥入上百名顾客,忙坏了艾莉·韦布和发型师们。眼看生意不错,半年后,艾莉·韦布又在加州连续开设了3家门店。

然而,Drybar门店的迅速扩张让其投资人之一,艾莉·韦布的哥哥迈克尔·兰道非常担心,他怀疑这种商业模式无法复制到其他的地方。

"当时我真的以为,布伦特伍德的女性只是太闲、太有钱,而且太在意自己的外表了"。

结果,他发现,天底下的女人都是一样,因为,新开的3家Drybar门店生意同样红火。

Drybar门店成功的第一步在于,它"制造"了一个新的细分市场。在此之前,吹头发只是美发服务中最简单、最基础的一个环节,从来没有人意识到可以把它单独拎出来,做成一项专门的生意。

二、吹"发"求疵

尽管Drybar门店"制造"了一个新的细分市场,但要想真正有钱可赚,还得把不起眼的吹头发变得与众不同。

事实上,在Drybar门店吹头发的价格并不便宜,吹一次要花35~50美元,与全套洗剪吹的价格相仿。为了让顾客心甘情愿地掏钱,艾莉·韦布在Drybar门店做足了体验感和场景感。

从一开始，艾莉·韦布就把 Drybar 门店定位成一个"吧"，而不是美发店。各个店面的装修风格，以纯白色调为主，显得现代、整洁，整个环境柔和而温暖。比起传统的美发店，Drybar 门店看上去更像是一个苹果手机体验店和酒吧的综合体。

艾莉·韦布试图传递这样一个信息：让外表变得性感美丽会是一种社交性的日常爱好，这点跟去酒吧的体验类似。

围绕这一点，在 Drybar 门店为顾客提供的发型设计中，艾莉·韦布将每种发型都以鸡尾酒或女性饮料命名，比如，"曼哈顿"代表时髦而柔顺的发型，"宇宙"指松散的波浪发型。在吹头的过程中，顾客可以品尝香槟，看看浪漫爱情电影，或者一边听着流行歌曲，一边用脚踩拍子。

一名忠实顾客这样描述 Drybar 门店："我们在吹头过程中获得了放松和宠爱，沉浸在爱情电影或是名流杂志那种带有负罪感的快乐里。"

相比传统的美发店，Drybar 门店另一个别出心裁的地方就是把所有的镜子安装在顾客的身后。也就是说，在整个吹头发和造型的过程中，顾客的面前并没有镜子，她们只需看电视或杂志，等待发型师完成服务。

这其实源于艾莉·韦布对女性心理的洞察和研究，大多数女性并不喜欢坐在镜子前审视自己，因为头发又湿又乱，没有女神的感觉。

为此，Drybar 门店为顾客制造了一个大惊喜，当头发吹干定型后，发型师会将顾客的座椅往后旋转面向镜子，让她们迎接"尖叫时刻"。

"如果不是我们所创造的这种体验，Drybar 门店和其他女性美发沙龙没什么两样"。Drybar 门店出售的不只是吹头发服务，更重要的是一种感觉和体验。

正是凭借这些经过精心设计的消费体验，Drybar 门店成为许多爱美女性青睐的消费场所。目前每个月有超过 10 万名女性使用 Drybar 门店的服务，其中 30% 的顾客每周要消费两次。

三、美发界的星巴克

Drybar 门店依靠第一个进入细分市场的优势和讨人喜欢的消费体验，很快就迎来了快速发展。

2012 年，Drybar 门店获得了一家私募股权投资公司 1600 万美元的投资，并借此迅速进行扩张。艾莉·韦布算过一笔账，Drybar 门店每开设一家新店的初始成本大概在 50 万美元左右，大多数门店在一年之内就能收回初始成本。

由于不提供任何剪发和染色服务，Drybar 门店可以保持较低的运营成本，平均净利润超过 15%，高于普通美发店的 10%。

目前，Drybar 门店在加州、佐治亚州、德克萨斯州、亚利桑那州、纽约州、华盛顿特区等地共开设了 60 多家连锁店，并计划进军加拿大和英国市场。

在建立了品牌影响力之后，Drybar 门店做起了周边产品的生意，不仅在美国电视购物频道 QVC 推出了一条定制化设计的电吹风产品线，还通过与丝芙兰合作，在美国境内销售专属美发护发产品。

另外，Drybar 门店还提供 O2O 服务，顾客只需在官网和移动应用上进行预约，就可以在家里坐等发型师上门服务。

2015 年，Drybar 公司的年营收已经超过 7000 万美元，预计 2016 年将达到 1 亿美元。然而，这个细分市场一家独大的局面正在改变，一些女性美发沙龙也开始纷纷效仿 Drybar 模式。

它们提供的吹头发服务大同小异，有的只是采取了不同的收费模式，如主打 24 小时营业的 Hair Party 24hr 是根据到店时间收费，顾客去得越晚，收费就越高；Blowout Bar 的收费标准则取决于顾客头发的长度和浓密程度。

事实上，吹头发生意的门槛并不高，任何一个美发店都能做，Drybar 门店要想一直保持差异化并不容易。面对竞争，艾莉·韦布并不担心。

在她看来，与其他的女性美发沙龙相比，Drybar 门店有着鲜明的辨识度，特别是在消费体验上，对手很难模仿。

"无论街上开设了多少家咖啡店，但星巴克仍然是星巴克"，艾莉·韦布说，Drybar 门店的目标是成为美发界的星巴克，让女性通过方便快捷和独一无二的体验，享受吹头发后焕然一新的精神面貌。

如今，越来越多的女性将吹头发服务作为一种社交标配，Facebook 和自拍风潮也起到了推波助澜的作用。

对于她们来说，频繁地更换发型更能在社交媒体上引起注意，而这种星巴克式的"快餐吹头"显然是一个不错的选择。

讨论题

请你谈谈对体验营销的认识。

第十二章 网络营销策划

> 据2018年中国互联网络信息中心发布的《第41次中国互联网络发展状况统计报告》显示：截至2017年12月,中国网民人数达到7.72亿人,全年共计新增网民4074万人。互联网普及率为55.8%,较2016年年底提升2.6个百分点。我国手机网民规模达7.53亿人,较2016年年底增加了5734万人。
>
> 这组数据意味着什么？意味着随着互联网的普及,网民数量的不断增多,网络营销这一潜力巨大、尚待摸索的营销模式将会越来越发挥重要的市场推动作用,将成为一个新的销售增长点。那么,企业应该如何通过网络营销来扩大营销业绩呢？

第一节 网络营销概述

一、网络营销的概念

网络营销(On-line Marketing 或 Cyber Marketing)的全称是网络直复营销,是指企业以电子信息技术为基础,以计算机网络为媒介和手段而进行的各种营销活动(包括网络调研、网络新产品开发、网络促销、网络分销、网络服务等)的总称。网络营销属于直复营销的一种形式,是企业营销实践与现代信息通信技术、计算机网络技术相结合的产物。

网络营销根据实现的方式有广义和狭义之分。广义的网络营销是指企业利用一切计算机网络(包括企业内部网、EDI行业系统专线网及国际互联网)进行的营销活动,而狭义的网络营销专指国际互联网络营销。

作为一种全新的营销方式,网络营销与传统的营销方式相比具有明显的优势：

第一,网络媒介具有传播范围广、速度快、无时间地域限制、无时间版面约束、内容详尽、多媒体传送、形象生动、双向交流、反馈迅速等特点,有利于提高企业营销信息传播的效率,增强了企业营销信息传播的效果,降低了企业营销信息传播的成本。

第二,网络营销无店面租金成本,且能实现产品直销,能帮助企业减轻库存压力,降低经营成本。

第三,国际互联网覆盖全球市场,通过它企业可以方便快捷地进入任何一国市场,为企业架起了一座通向国际市场的绿色通道。

第四,在网上,任何企业都不受自身规模的绝对限制,都能平等地获取世界各地的信息,平等地展示自己,这为中小企业创造了一个极好的发展空间。利用互联网,中小企业只需花极小的成本就可以迅速建立起自己的全球信息网和贸易网,将产品信息迅速传递到以前只有财力雄厚的大企业才能接触到的市场中去,平等地与大企业进行竞争。从这个角度来看,网络营销为刚刚起步且面临强大竞争对手的中小企业提供了一个强有力的竞争手段。

第五,网络营销能使消费者拥有比传统营销更大的选择自由。消费者可以根据自己的特点和需求在全球范围内不受地域、时间的限制,快速寻找满足品,并进行充分比较,有利于节省消费者的交易时间与交易成本。此外,互联网还可以帮助企业实现与消费者的一对一沟通,便于企业针对消费者的个别需要,提供一对一的个性化服务。

当然,万物各有所长,也各有所短。作为新兴的营销方式,网络营销具有强大的生命力,但也存在某些不足。如网络营销尤其是网络分销无法满足消费者个人社交的心理需要,无法使消费者以购物过程来显示自身的社会地位、成就或支付能力等。尽管如此,网络营销作为21世纪的营销新方式势不可挡,已成为全球企业竞争的锐利武器。

二、网络营销的理论基础——长尾理论

长尾理论最早是由《连线》杂志的总编辑查理斯·安德森提出的。尽管最早发现它的存在是在网络音乐下载中,但经研究发现它可以延伸至整个商业经营领域。

(一)长尾理论的内涵

长尾理论是指当商品存储流通的场地和渠道足够宽广,商品的生产成本大幅下降以至于个人都可以进行生产;商品的销售成本大幅降低,几乎任何以前看似需求极低的产品,只要有人卖,都会有人买。这些需求和销售量不高的产品所占据的共同市场份额,可以和主流产品的市场份额相匹敌,甚至更大。即众多小市场汇聚成可与主流大市场相匹敌的市场能量(如图12-1所示)。

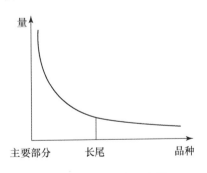

图12-1 长尾理论示意图

如一家大型书店通常可以摆放10万余本书,但亚马逊网络书店的图书销售额中有1/4来自排名10万名以后的书籍。这些所谓"冷门"书籍的销售比例会以较高的速度成长,预计未来可能占整个书市的一半。这说明消费者在面对无限的选择时,真正想要的东西和想要获取的渠道都出现了重大变化,一套崭新的商品营销模式随之崛起。

(二)长尾理论的产生背景

1. 互联网技术的发展降低了产品的搜寻成本

在传统商品零售时代,消费者要想从琳琅满目的货架或商品目录中找到自己想要的商品是一件很费神的事情。为了提高效率,消费者往往选购一些企业拟订的所谓"热门商品"或"促销商品",做出这样的选购并非完全出自消费者的本意。网络技术为人们提供了搜索引擎这一划时代的商品搜索工具,通过搜索引擎消费者可以细查数之不尽的各种商品,然后选择最适合自己的商品。传统商品销售中的"货比三家"在互联网时代可以达到"货比百家",甚至被"货比千万家"来替代,这一切都降低了消费者的搜寻成本,使得消费者各种各样的需求基本上都能够被满足,基本实现了"只要有卖的就有买的"。产品搜寻成本的降低为商品的多样性提供了必要条件,使得产品的"尾巴"可以拖得越来越长。

2. 全球供应链体系的建立降低了产品的存储成本

在物质世界里,零售商如果没有足够的货架存储空间将无法销售更多的商品。受货架存储空间的限制,分销商必须提高每个货架所产生的利润,因而选择"热门商品"来进行销售无疑是非常正确的营销策略,使得同样的投入带来了最大的收益。随着全球供应链体系的逐步建立,越来越多的企业尽可能地让存货集中进行销售,如沃尔玛、家乐福等大型连锁超市;著名的亚马逊公司已经向"虚拟存货"模式扩展,将产品放在合作伙伴的仓库中,这些仓库分布在世界各个角落,随时可以为消费者提供丰富的商品。

3. 知识经济的发展提高了信息沟通的效率

当今,知识经济的发展使得消费者拥有更多的获得信息的渠道,部分降低了生产者和消费者之间的信息不对称,使得消费者更加追求个性,追求与别人不同的消费价值观,网络技术的发展更加凸显了知识经济对商品营销模式的效果。个体的崛起、信息沟通效率的提高都使得消费者的个人意识增强,导致了其对"长尾"商品的需求;网络时代下的个性化需求最终催生了多样化的产品生产和设计,使得更多的商品和服务以及提供这些商品和服务的小企业进入了市场。

三、"长尾"营销

长尾理论至今尚无正式的定义,查理斯·安德森认为,最理想的"长尾"定义应解释"长尾理论"的三个关键组成部分:(1)热卖品向利基市场(Niches)的转变;(2)富足经济(The Economics of Abundance);(3)许许多多小市场聚合成一个大市场。

(一)是什么导致了"长尾"

查理斯·安德森认为,只要存储和流通的渠道足够大,需求不旺或销售量不佳的产品共同占据的市场份额就可以和那些数量不多的热卖品所占据的市场份额相匹敌甚至更大。实际上,这个理论是存在很大的扩展空间的,长尾理论的要点应该是"许许多多的小市场聚合成一个大市场"。

然而,这许许多多的小市场是怎么兴起的?通常认为搜索引擎起到了重要作用。但它并不是创造者,而是发现者。

"长尾"的产生不单是因为富足经济,而应该是知识经济。知识工作者(他们可以是技术人员、专业人士或企业的白领等靠专业知识为生的人)的增多,使生产关系发生了本质的变化,知识工作者掌握了劳动工具(知识),他们和资方的关系和以前的蓝领工人完全不一样。知识工作者比蓝领工人更加追求个人价值,也拥有更多的独立性和与别人不同的价值观。

网络使得知识工作者的意见得以彰显,并且,网络也使得知识不再只属于精英阶层,它也可以属于大众。它的本质是个人能力得到增强,意见不再像以前一样被精英阶层所垄断,意见与价值观都愈来愈趋于多元化,个人的独立意见也愈来愈少地受到压制。正是个体的崛起导致了"长尾"的产生。

(二)"长尾"在市场上的投射

多品种、小批量的趋势在传播上的投射就是:畅销书依然存在,但是远不如以前,出版物的品种却越来越多,与过去的"大众"读者相比,目前的读者群更为"小众";广告由"广告"时代逐渐进入"窄告"时代,传播的技术越来越复杂,制造大热点越来越难;媒体从大众媒体进入到"小众媒体"或是"分众媒体",博客的本质也是一种自助媒体,无数的业余人士自己制作评论、新闻、小道消息、见闻、感想、视频或是别的一些什么,这些正在聚合并上升为能和大众媒体抗衡的力量。

对于产品和服务市场,"长尾"也出现了端倪。尽管货架是稀缺资源(按照查理斯·安德森的理论,这是以前没有发现"长尾"的一个重要原因)。但这并不代表"长尾"不存在。新产品的上市速度,现在不是慢了而是更快了。尽管它们不能一下子全部被摆上货架,但通过一段时间的变化,这依然是一种"长尾"。畅销产品根本无力把这些新产品全部消灭,后者总是会不断冒出来,占据尽管不大但却有一定份额的市场。

(三)大品牌策略并不是未来趋势

大品牌所对应的是一个大众流行的时代,而在一个"长尾"的时代,它却面临挑战。现在出现的一些反对麦当劳、皮草衣服、非环保产品等的组织,实质上正是反映了对大众流行品牌的盲目迷信和崇拜的时代已经过去,再大的品牌也有坚决的反对者。

坚决反对的另一面一定是对某些品牌的坚决推崇,但这种推崇一定是多样化的。多品牌也不代表每个品牌只会剩下很小的一个销售量。实际上,品牌越来越多的是表现出一种安全、信任和承诺,大品牌也许还将存在,但它将更多起到"背书"的作用,而它下面的子品牌则将承担起今天所谓"市场细分"的功能。如同样是洗发水,海飞丝正是因为有了宝洁的"背书",其成功的速度要比其他的品牌快得多。这就是品牌给予其所有产品的强大"背书"功效,一种强有力的背景支持。国际产品大都有这种"背书",而中国的产品却很少,中国的企业本身还缺少这种"背书"的能力,特别是中小企业更是如此。靠简单的大品牌延伸恐怕很难再聚合和以前一样多的消费者了。

(四)民意就是品牌的一切

民意也具有"长尾"模式。舆论在以前通常掌握在精英分子的手中,这是源于媒体的精英化和局限性。所有大企业的品牌如果遭遇到什么危机,往往可以通过公关运作来进行化解。这实际上是对舆论的收买,也是一种把信息过滤的方式。大多数媒体的软文都有半公开的价码,软文运作也被看作是"品牌建设"的一种重要方式。

但消费者已经学得聪明了,而且通过网络,他们也可以发表自己的意见。在最近几年所出现的品牌危机事件中,网络起到了很大的推波助澜作用。品牌商也很难阻挡网络的传播。

网络民意就是民意的"长尾",它们是由无数小民意所聚合成的大民意。它们虽然难以见诸报端,却分散存在于各种网站。借助各种搜索工具,人们关心的某个事情的网络民意就可以轻易找到。

如网易以前有句广告词叫作"网聚人的力量",这是很有道理的。网络民意之所以已经逐渐上升为能和主流媒体相对抗的力量,乃是因为它的无限广度和无局限性。这些非主流的集合就形成了真正的主流,也决定了一个品牌的成败。

(五)"长尾"营销不只是属于卖的学问,应该也是营销的学问

"长尾"是从"卖"的统计中所得出的理论,但它不应该只是属于卖的学问,它应该也是营销的学问。菲利普·科特勒提出了"4Ps"的替换理论"CCDVTP",即创意(Create)、沟通(Communicate)、传达(Deliver)、价值(Value)、目标市场(Target Market)与利润(Profit),也完全能运用到"长尾"营销之中。事实上,"长尾"所反映的也正是市场环境的变化。

企业的创意来源于市场和消费者,企业也需要通过各种更加圈子化与多元化的沟通渠道与消费者进行沟通并传递品牌的精神,并基于这种传播与消费者共建品牌的核心价值,市场愈发显示出更多元化、利基化的趋势,需要企业在营销方式上也做出相应的改变,而利润正是这种营销方式所循环而产生的最终结果。

四、"长尾"营销的发展

"长尾"营销的核心内容就是回避市场竞争已经饱和的20%大热门领域,在其余的80%未开发领域中,经营一个只有自己能够进入和维持的利基,通过小批量多品种的方式,回避价格战,寻求稳定而高端的利润。

长尾理论更多地被网络一族们用来寻找商业模式的理论支点。

人类一直在用"二八定律"来界定主流,计算投入和产出的效率。它贯穿了整个生活和商业社会。这是1897年意大利经济学家帕累托归纳出的一个统计结论,即20%的人口享有80%的财富。当然,这并不是一个准确的比例数字,但表现了一种不平衡关系,即少数主流的人(或事物)可以造成主要、重大的影响。以至于在市场营销中,为了提高效率,企业习惯于把精力放在那些有80%客户去购买的20%的主流商品上,着力维护购买其80%商品的20%的主流客户。

在上述理论中被忽略不计的80%就是长尾。查理斯·安德森说:"我们一直在忍受这些最小公分母的专制统治……我们的思维被阻塞在由主流需求驱动的经济模式下。"但是,人们看到,在互联网的促进下,被奉为传统商业圣经的"二八定律"开始有了被改变的可能性。这一点在新闻传播业和娱乐业尤为明显,经济驱动模式呈现出从主流市场向非主流市场转变的趋势。

> 阅读材料

小钱赚大钱的商业模式[①]

一、亚马逊/当当网：书籍尾巴的长度

图书出版市场规模的日益庞大自是不必多说，而读书对于人成长的意义更是被从小灌输。在教育普及的前提下，不同阶层、不同社会角色的人都会有自己的可读之书、感兴趣之书，因此，在图书资源充足的情况下，阅读的个性化是人在选择书籍时的鲜明特点。互联网打破地域局限，不需要考虑售书架展示空间的巨大限制，彻底改变了图书的售卖方式，可以充分满足个体的读书需求，也增加了整体的阅读总量，也就是书籍尾巴的长度增长明显。因此不管是亚马逊还是国内的当当网，最初都是运用书籍长尾的巨大价值来构建自己的电商王国。

在亚马逊网上书店成千上万的商品书中，一小部分畅销书占据总销量的一半，而另外绝大部分的书虽然个别销量小，但凭借种类的繁多可以积少成多而占据总销量的另一半。一个前亚马逊公司的员工精辟地概述了公司的"长尾"本质：我们所卖的那些过去根本卖不动的书比我们所卖的那些过去可以卖得动的书多得多。长尾现象或者说长尾效应，警示我们"二八定律"在互联网世界里的光彩褪色。

同样的长尾也塑造了当当网。这条尾巴不但对于书籍有价值，而且也带来了其他商品销售的价值联动。按照某电商行业观察者"东哥解读电商"的观点，图书电商平台可以吸收优质的在线客户。图书用户通常都是高价值的用户，当当网超过50%的在线市场份额，意味着一半线上买书的用户都绕不过当当网。这种大比例用户的使用黏性让当当网在其他百货零售电商布局上轻松不少。

二、出境游尾单平台：旅游尾巴的长度

排除掉尾单陷阱的因素，旅游尾单是指一个团队马上发团，但突然有几个人因事不能随团出发，为了不影响团期而临时以低廉的价格招徕游客以应急充数。如果团位尚未收满，商家根据最后不同的剩余时间，将会进行相当大幅度的降价来吸引消费者来快速购买。

随着新《旅游法》的出台，以往通过强制购物、擅自增加自费项目等隐性方式赚钱的旅行社纷纷调高旅游产品的价格，于是货品积压成了不少旅行社亟待解决的问题。同时，伴随着人民币的持续升值，出境游的性价比凸显。2013年4月25日，中国旅游研究院在北京发布《中国出境旅游发展年度报告2013》显示，人口红利与政策红利推动出境旅游规模持续扩展，中国已经成为世界第一大出境旅游消费国。而官方数据亦显示春节黄金周国人出境游意愿高涨，首次超过跨省游。同时，2014年将是OTA（Online Travel Agency，在线旅行社）移动端市场井喷的一年，也为Last Minute的概念添了一把好柴。就如同某OTA巨头近期大肆推广的那句广告词的后半部分"说走就走"，边旅行边规划的旅行方式会日益流行。

[①] http://fj.qq.com/a/20140211/013279.htm，有改动。

因此，依照关于决定尾巴长度的两个主要因素——市场容量大小和个性化需求强弱的衡量标准，出境游尾巴的长度值得期待。一边是旅游货品的积压，一边是国人出境游情绪的持续爆发，"说走就走"的背后是商机的应运而生。于是，我们看到"来来会""爱旅行""明天去旅行""麦途"等出境游库存特卖平台的疯狂逐鹿。在"旅游尾单"平台上，用户将会以远低于市场水平的价格进行订购，旅行社可以快速消化剩余库存，从整条线路产品来看也能达到效益最大化。

三、唯品会：时尚零售尾巴的长度

传统时尚零售行业由于长期存在信息不对称的状况，导致了巨大的商品溢价空间，也推高了消费者的消费成本，同时形成了过季产品的大量积压，这是传统时尚零售业面临的顽疾。唯品会是一家专门经营大幅折扣名牌商品的 B2C 企业，它执行的闪购模式其实并不复杂，核心就是帮助品牌商处理过季尾货，同时在互联网上利用限时特卖的方式，刺激和调动消费者的冲动型消费。

因为专营折扣商品，唯品会一度被业内人士诟病为清理库存的下水道，而其实时尚零售库存价值巨大。定位于时尚的行业有两大特点不容忽视，一个是产品的个性化特别强，一个是产品的时效性特别强。用时尚衡量商品，一方面导致过时产品容易惨遭"淘汰"的厄运，另一方面个性化的时尚选择让过时产品也有可能咸鱼翻身，在质量过硬的条件下，平民消费者对于时尚零售折扣产品还是会产生极大的个性化需求。

唯品会定位于品牌特卖，除了填补了为有时尚化个性需求的消费者提供集中打折商品的市场空白以外，同时还为众多时尚品牌商提供了一个体面地处理库存的平台，从而保证了货源的足够供给，真正是将时尚的两大特性运用精到。2012年，中国服装品牌的库存危机浮出水面，品牌供应商和唯品会之间的互利共赢关系更加紧密。而更为重要的是，时尚零售业的库存问题本就是一个常态问题，一个品牌从设计、采购、生产、流通的时间很长，一般需要12—18个月，周期如此长，因此库存会永远存在，这就意味着处理时尚零售尾单是一个巨大的市场。可以说，唯品会选择"时尚品牌特卖"这片蓝海是其成功的关键起步。创立于2008年的唯品会，成立5年多来实现了爆炸式的增长，从上市破发受质疑到现在被业界称为"中概股之王"，唯品会可以说是中国最不可思议的电商之一。

第二节　网络营销的方式

网络营销发展到现在出现了许多新的模式和方式，取得了较好的效果，以下介绍六种主要模式：

一、在线商店

在线商店的代表如亚马逊。在在线商店，消费者可以在线检索自己需要的商品，订购、支付货款并通过在线商店的物流系统把商品送到最终消费者的手中。产品或按品种,或按品牌,或按制造商进行分类以方便消费者选购。目前,适合这种模式的商品多集中于电商,特点是价格比较低,使用功能比较单一,不需要现场检验产品品质。其利润来源是商品价差、广告费。

另外一类在线商店是由生产企业直接设立的,如戴尔公司主要是通过网络直接销售自己生产的产品,因此商品流通渠道大大缩短,并节省了商品的销售费用。其利润来源主要是产品销售利润和广告费。

二、网络商品交易中心

网络商品交易中心的代表如阿里巴巴。这种模式主要是为企业之间进行交易提供一个平台。不同的企业借助于这个平台发布供求信息,寻找合作伙伴,甚至谈合同、签合同都可以在此进行。其主要利润来源是企业所交的会员费和广告费。

同时,借此平台开展商业活动(Business to Business,B2B)已成为很多企业的行为,这种模式不仅拓宽了市场空间,扩大了交易范围,而且也易解决传统商务中一些无法解决的问题。其主要利润来源是企业的销售收入。

三、网上拍卖

网上拍卖的代表如 eBay。实际上这种模式更多表现出商务模式的创新,给刚刚发展起来的"拍卖理论"提出了新的研究课题,现在正引起许多博弈论专家和商法专家的学术研究兴趣。因为这种网络拍卖模式涉及许多"市场设计"和"机制设计"以及交易程序合法性的问题,而且拍卖程序和拍卖规则引起对在线拍卖软件的市场需求,有"英式拍卖"出价从低到高,"荷兰式拍卖"出价从高到低,"封闭式拍卖"参加竞标的竞拍者互相并不知道其他竞拍者的出价,"威克力拍卖"中标者不是按最高的出价支付标的物而是按次高出价支付,还有"组合式拍卖""采购拍卖"等。这些都需要有不同的软件设计来完成和实现,这是一个巨大的软件工业的潜在市场,这也是最精致的市场机制和市场经济理论与计算机技术的结合。其主要利润来源是手续费和广告费。

四、购物搜索

购物搜索的代表如拉拉手团购网。这种模式实际上是通过面向普通消费者提供产品—价格—品质的搜索信息服务,完成买卖必不可少的一个程序——货比三家,他们并不实际向消费者提交他们要买的产品,即没有自己的物流业务。其主要利润来源是广告收入。

五、网络门户

网络门户的代表如 hao123。这种模式是人们比较熟悉并讨论较多的,它的目录和搜索引擎可以很方便地移植用于消费者买卖服务、检索产品和供应商、比较价格和产品品质。其主要利润来源是广告费。

六、搜索引擎

搜索引擎的代表如谷歌。这种模式把关键词搜索与产品广告和产品目录整合在一起,它们有关键词列表、产品目录列表、产品供应商列表等,还有基于各种算法的匹配、搜索应用程序,以便用来定位用户发出的各种搜索请求。谷歌现在面临商业盈利和满足客户要求的矛盾,它要把基于算法的搜索结果提交给用户,而企业要求他们把付费的广告尽可能排在搜索结果靠前的位置,这可不是无关紧要的,这是一个"是生存还是灭亡"的问题,人们正拭目以待。

第三节　网络营销的策略组合

网络营销与传统营销的区别是显而易见,但营销目的却是一样的,即提供给目标顾客最大的价值让渡,为企业创造价值等。

一、产品策略

(一)产品/服务

一般而言,适合在互联网上销售的产品通常具有下述特性。

1. 具有高科技感或与电脑相关

由于网上用户在初期对技术有一定的要求,因此网上销售的产品最好是与高科技或与电脑、网络有关。一些信息类产品(如图书、音乐等)也比较适合进行网上销售。还有一些无形产品(如服务)也可以借助网络的作用实现远程销售(如远程医疗)。

2. 以网络族为目标市场

在传统营销中,企业进行目标市场划分的标准很多,但是在网络市场上的一个共同标准是这个目标市场的成员都具备上网的基本知识。

3. 市场需要涵盖较大的地理范围

网上市场是以网络用户为主要目标的市场,在网上销售的产品要适合覆盖广大的地理范围。换句话说,产品的覆盖范围内一定要有相应的物流配送体系相配合,否则,远距离的消费者购买产品就会出现无法配送的尴尬局面。

4. 不太容易设店贩卖的特殊商品

不太容易设店贩卖的特殊商品,比如体积、重量较大的,物流成本较高且不易反复搬运的商品。

5. 网络上销售的费用远低于其他的渠道

作为信息传递工具,互联网在发展初期是应用于学术交流的,所以共享和免费是它的特点,这样的习惯使得网上用户比较认同网上产品的低廉特性。由于通过互联网进行销售的成本低于其他渠道的产品,所以在网上销售产品一般宜采用低价位定价。

6. 网络的虚拟性

网络的虚拟性使得顾客可以突破时间和空间的限制,实现远程购物和在网上直接订购,这也使得网络购买者在购买前无法尝试产品或只能通过网络来尝试产品。

7. 产品式样

通过互联网对全世界各个国家和地区进行营销的产品要符合该国和地区的风俗习惯、宗教信仰和教育水平。同时,由于网络购买者的个性化需求,网络营销产品的式样还必须满足他们的个性化需求。

8. 产品品牌

在网络营销中,品牌同样重要:一方面企业要想在网络浩如烟海的信息中获得浏览者的注意,就必须拥有明确、醒目的品牌;另一方面,网络购买者可以面对很多的选择,同时由于网上的销售无法进行购物体验,所以他们对品牌比较关注。

除了将产品的性能、特点、品质以及顾客服务内容充分加以显示以外,更重要的在于信息的交互对消费者的影响,它能以人性化与顾客导向的方式,针对个别需求做出一对一的营销服务。这种交互的功能包括以下八个方面:

(1)利用电子布告栏或电子邮件提供线上售后服务或与消费者做双向沟通;

(2)提供消费者与消费者、消费者与企业在网络上的共同讨论区,企业可借此了解消费者需求、市场趋势等,以此作为企业改进产品开发的参考;

(3)提供线上自动服务系统,可以依据顾客的需求,自动在适当的时机经由线上提供有关产品与服务的信息;

(4)企业各部门人员可以经由网络进行线上研发讨论,将有关产品构想或雏形在网络上进行公告,以引发全球各地有关人员的充分讨论;

(5)通过网络对消费者进行意见调查,借以来了解消费者对产品特性、品质、包装及样式等的意见,协助产品的研发与改进;

(6)在网络上提供与产品相关的专业知识以进一步为消费者服务,此举不但可以增加产品的价值,而且同时也可以提升企业形象;

(7)开发电子书报、电子杂志、电子资料库、电子游戏等信息化产品,并经由网络提供物美价廉的全球服务;

(8)企业可以利用消费者在网络上设计产品需求,提供个性化的产品与服务,如顾客可以在线上选择服装样式与花色的组合,购车者可以在网络上决定所需汽车的颜色与配件等。

(二)网络营销产品的分类

上述网络营销产品的特点是由于网络的限制,使得只有部分产品适合在网络上销售,随着网络技术的发展和其他科学技术的进步,将有越来越多的产品将会在网络上进行销售。在网络上销售的产品,按照产品性质的不同,可以分为实体产品和虚体产品(参见表12-1)。

表 12-1 网络营销产品的分类

产品形态	产品品种		产品
实体产品	普通产品		消费品、工业品等实体产品
虚体产品	软件		电脑软件、网络游戏等
	服务	普通服务	远程医疗、法律援助、网上订购火车票等
		信息咨询服务	股市行情分析、资料库检索、电子新闻等

1. 实体产品

实体产品是指具有物理形状的物质产品。在网络上销售实体产品的过程与传统的购物方式有所不同。在这里已经没有传统的面对面的买卖方式,网络上的交互式交流成为买卖双方交流的主要形式。消费者或客户通过卖方的主页考察其产品,通过填写表格来表达自己对品种、质量、价格、数量的选择;而卖方则将面对面的交货改为邮寄产品或送货上门,这一点与邮购产品颇为相似。因此,网络销售也是直销方式的一种。

2. 虚体产品

虚体产品与实体产品的本质区别在于虚体产品一般是无形的,即使表现出一定的形态也是通过其载体体现出来,但产品本身的性质和性能必须通过其他的方式才能表现出来。在网络上销售的虚体产品可以分为软件和服务两大类。软件包括电脑软件和网络游戏等。网上软件销售商常常可以提供一段时间的试用期,允许用户尝试使用并提出意见。好的电脑软件能够很快地吸引顾客,让他们爱不释手并为此慷慨解囊。服务通常有物流、维修、培训等。

二、价格策略

目前,网络营销产品的定价一般都是低价甚至是免费,企业以求在迅猛发展的网络虚拟市场中寻求立足机会。网络市场分为两大市场,一个是消费者大众市场,另一个是工业组织市场。消费者大众市场属于成长市场,企业在面对这个市场时必须采用相对低价的定价策略来占领市场。对于工业组织市场,购买者一般是商业机构和组织机构,其购买行为比较理智,企业在这个网络市场上的定价可以采用双赢的定价策略,即通过互联网技术来降低企业、组织之间的供应采购成本,并共同享受成本降低带来的双方价值的增值。

(一) 网络营销的定价基础

从企业内部来说,企业产品的生产成本总体呈下降趋势,而且成本下降趋势越来越快。在网络营销策略中,企业可以从降低营销及相关业务管理成本费用和降低销售成本费用两个方面来分析网络营销对企业成本的控制和节约。

1. 降低采购成本费用

采购过程中之所以经常出现问题,是由于过多的人为因素和信息闭塞造成的,通过互联网可以减少人为因素和信息不畅通的问题,最大限度地降低采购成本。

第一,企业利用互联网可以对采购信息进行整合和处理,统一从供应商订货,以求获得最大的批量折扣。

第二,通过互联网实现库存、订购管理的自动化和科学化,企业可以最大限度地减少人为因素的干预,提高了采购效率,节省了大量的人力,避免了人为因素造成不必要的损失。

第三,通过互联网可以与供应商进行信息共享,可以帮助供应商按照企业生产的需要进行供应,既不影响生产又不增加库存产品。

2. 降低库存

利用互联网将生产信息、库存信息和采购系统连接在一起，可以实现实时订购，企业可以根据需要订购，从而最大限度地降低库存，实现"零库存"管理，其好处是一方面减少了资金占用和减少仓储成本，另一方面可以避免价格波动对产品造成的影响。企业正确管理存货能为客户提供更好的服务并降低经营成本，加快库存核查频率会减少与存货相关的利息支出和存储成本。减少库存量意味着企业现有的加工能力可以更有效地得到发挥，更高效率的生产可以减少或消除企业和设备的额外投资。

3. 生产成本控制

企业利用互联网可以节省大量的生产成本。首先，利用互联网，企业不仅可以实现远程虚拟生产，在全球范围寻求最适宜的生产企业来生产产品，而且可以大大节省生产周期，提高生产效率。其次，使用互联网与供货商和客户建立联系使企业能够大大缩短从前用于收发订单、发票和运输通知单的时间。有些部门通过增值网（VAN）共享产品规格和图纸，以提高产品设计和开发的速度。互联网发展和应用将进一步减少产品生产时间，其途径是通过扩大企业电子联系的范围，或是通过与不同的研究小组和企业进行的项目合作来实现。

（二）网络营销的定价策略

为了有效地促进产品在网上进行销售，企业就必须针对网上市场制定有效的价格策略。目前，企业常用的网络价格策略主要有以下五种：

1. 低价定价策略

企业借助互联网进行销售，比传统销售渠道的费用低廉，因此，网上销售价格一般来说比流行的市场价格要低。由于网上的信息是公开和易于搜索、比较的，所以网上的价格信息对消费者的购买起着重要作用。根据研究，消费者选择网上购物，一方面是因为网上购物比较方便，另一方面是因为从网上可以获取更多的产品信息，从而可以以最优惠的价格来购买商品。低价定价策略的具体形式有以下三种：

（1）直接低价定价策略。

直接低价定价策略是指企业在定价时大多采用成本加一定的利润，有的甚至是零利润的策略。这种定价方式在企业公开价格时就比同类产品要低。它一般是制造企业在网上进行直销时采用的定价方式，如戴尔公司的电脑定价比同性能的其他公司的产品低10%~15%。企业采用低价定价策略的基础是通过互联网来开展经营，由此可以节省大量的成本费用。

（2）折扣定价策略。

折扣定价策略是指企业以在原价基础上进行折扣来定价的策略。这种定价方式可以让顾客直接了解产品的降价幅度以促进顾客的购买。这类价格策略主要用在一些网上商店。如当当书店的图书价格一般都进行打折销售，有的折扣价格达到3~5折。

（3）促销定价策略。

如果企业为了拓展网上市场，但产品价格又不具有竞争优势时，就可以采用网上促销定价策略。由于网上的消费者面广泛而且具有很强的购买能力，许多企业为打开网上销售局面和推广新产品会采用临时促销定价策略。促销定价除了前面提到的折扣策略以外，比较常用的是有奖销售和附带赠品销售。

2. 定制生产定价策略

定制生产定价策略是在企业能实行定制生产的基础上，利用网络技术和辅助设计软件，帮助消费者选择配置或者自行设计能满足自己需求的个性化产品，而生产出该个性化产品所花去的所有成本加上企业的利润便形成了该商品的价格。如戴尔公司专门针对中国市场推出的定制定购业务（如图12-2所示）。

图12-2　戴尔公司的定制定购业务

在戴尔公司的网站中，用户可以了解到某型号产品的基本配置和基本功能。如果用户对配置不满意想增加功能或者提高产品性能时，就可以根据实际需要和愿意承担的价格，配置出自己最满意的产品。这样做的结果不仅使消费者能够一次性买到自己中意的产品，而且消费者也同时相应地选择了自己认为合适的价格，因此对产品价格有了比较透明的认识，增加了企业在消费者面前的信用。但目前这种允许消费者定制定价订货还只是初级阶段，消费者只能在有限的范围内进行挑选，还不能完全要求企业满足自己所有的个性化需求。

3. 使用定价策略

在传统的交易关系中，产品买卖是完全产权式的，顾客购买产品后即拥有对产品的完全产权。但随着经济的发展，人民的生活水平提高，人们对产品需求越来越多，而且产品的使用周期也越来越短，许多产品在购买后使用几次就不再使用，这是非常浪费的，因此制约了许多顾客对这些产品的需求。为了改变这种情况，企业可以在网上采用类似租赁的按使用次数定价方式。所谓按使用次数定价，就是指顾客通过互联网注册后可以直接使用某个企业的产品，顾客只需要根据使用次数进行付费，而不需要完全购买产品。这样既减少了企业为完全出售产品进行不必要的大量生产和包装浪费,同时还可以吸引过去那些有顾虑的顾客使用产品,从而扩大市场份额。顾客每次只是根据使用次数付款,既节省了购买产品、安装产品、处置产品的麻烦,又可以节省不必要的开销。企业采用按使用次数定价,一般要考虑产品是否适合通过互联网进行传输,是否可以实现远程调用。目前,比较适合的产品有软件、音乐、电影等产品。对于软件,如用友软件公司推出了网络财务软件,用户在网上注册后可以直接处理账务,而无须购买软件和担心软件的升级、维护等非常麻烦的维护事务;对于音乐产品,用户通过网上下载后可以使用专用软件进行点播;对于电影产品,用户则可以通过视频点播系统来实现远程点播。另外,采用按次数定价对互联网的带宽提出很高的要求,因为许多的信息都要通过互联网进行传输,如果互联网的带宽不够将影响数据传输,势必会影响顾客的租赁使用和观看。

4. 拍卖竞价策略

网上拍卖是目前发展比较快的领域,经济学认为市场要是形成最合理价格,拍卖竞价是最合理的方式。网上拍卖主要是消费者通过互联网轮流公开竞价,在规定时间内出价最高者获得产品。目前,国内外比较有名的拍卖网站有eBay、易趣和淘宝。商品公开在网上拍卖,拍卖竞价者只需要在网上进行登记即可,拍卖方只需将拍卖品的相关信息提交给拍卖公司,经审查合格后即可上网拍卖。

随着互联网市场的拓展,将有越来越多的产品将通过互联网拍卖竞价。在消费者市场中,个体消费者是目前拍卖市场的主体。因此,采用拍卖竞价并不是企业目前主要的定价方法,因为拍卖竞价可能会破坏企业原有的营销渠道和价格策略。比较适合采用网上拍卖竞价的产品是企业的一些库存积压产品;也可以是企业的一些新产品,通过拍卖展示起到促销效果,许多的企业将产品以低廉的价格在网上进行拍卖,以吸引消费者的关注。如康柏公司将其推出的新产品电脑通过网站进行拍卖,结果拍卖的价格比公司预定的价格要高,让康柏公司感到很担心,因为这样会影响产品的推广效果。

上述定价策略是企业在利用网络营销拓展市场时可以考虑的四种比较有效的策略。但并不是所有的产品和服务都可以采用上述定价策略,企业应根据产品特性和网上市场的发展状况来决定定价策略的选择。不管采用何种定价策略,企业的定价策略应与其他的营销策略相配合,以保证企业总体营销策略的实施。

5. 免费价格策略

互联网作为特殊的载体,免费概念是互联网最深入人心的竞争策略,许多的企业都获得了巨大成功。

(1) 免费价格策略的内涵。

免费价格策略就是将企业的产品和服务以零价格的形式提供给顾客使用,以满足顾客的需求。

(2) 免费价格的形式。

形式一是产品和服务完全免费,即产品和服务从购买、使用和售后服务的所有环节都实行免费,如《人民日报》的电子版在网上可以免费使用。

形式二是对产品和服务实行限制免费,即产品和服务可以有限次数的使用,超过一定期限或者次数后,取消这种免费服务,需要消费者付款才能继续使用,如万能五笔输入法在最初推出时就使用该法。

形式三是对产品和服务实行部分免费,如果消费者要获取全部成果就必须付款成为企业的客户,如一些著名研究公司的网站免费公布部分研究成果,而要获取全部则需要消费者付款。

形式四是对产品和服务实行捆绑式免费,即消费者购买某种产品或服务时赠送其他的产品或服务。

(3) 免费产品的特性。

网络营销中产品实行免费价格策略是要受到一定环境制约的,并不是所有的产品都适合于免费价格策略。作为全球性开放网络,互联网可以快速实现全球信息交换,只有那些适合互联网这一特性的产品才适合采用免费价格策略。一般来说,免费产品具有易于数字化、无形化、零制造成本、成长性、冲击性、间接收益等特点。

三、渠道策略

(一) 网络营销渠道的功能

分销渠道亦称分销途径,是指产品从生产企业向消费者或用户转移时所经过的环节和通道。一个完善的网络营销渠道应有订货系统、结算系统和配送系统。

1. 订货系统

订货系统为消费者提供了产品信息,同时方便企业获取消费者的需求信息,以求达到供求平衡。一个完善的订货系统可以最大限度地降低库存,减少销售费用。

2. 结算系统

消费者在购买产品后可以有多种方式方便地进行付款,因此企业应提供多种结算方式。

3. 配送系统

一般来说,产品分为有形产品和无形产品。对于无形产品,企业可以直接通过网上进行配送,而有形产品的配送则涉及运输和仓储等问题。国外已经形成了专业的配送公司,如美国联邦快递公司,业务覆盖全球,实现全球快速的专递服务,以至于从事网上直销的戴尔公司将美国货物的配送业务都交给该公司来完成。

(二) 网上营销渠道的策略

目前,网上营销渠道的策略主要有网络直销、网络间接销售和双道法三种。

1. 网络直销

网络直销是指企业通过网络分销渠道直接销售产品,中间没有任何形式的网络中间商介入其中的模式,其交易关系如图 12-3 所示。

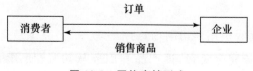

图 12-3 网络直销形式

网络直销主要表现为企业自建网站。企业在互联网上建立自己独立的站点,申请域名,制作主页和销售网页,由相关人员专门处理相关产品的销售事务。

2. 网络间接销售

网络间接销售是指企业利用网络交易中间商来销售商品的模式,其交易关系如图12-4所示。网络交易中介机构的存在简化了市场交易过程。网络交易中间商主要有商品或服务经销中间商和网络信息中间商两大类。企业利用网络交易中间商的目的就在于他们能够更加有效地推动商品广泛地进入目标市场。从整个社会的角度来看,网络交易中介机构凭借自己的经验、专业知识以及掌握的大量信息,在把商品由生产者推向消费者方面将比生产企业自己推销更简化,也更经济。

图 12-4　网络间接销售形式

3. 双道法

双道法是指企业同时使用网络直接分销渠道和网络间接分销渠道以达到销售量最大目的模式。在西方众多企业的网络营销活动中,双道法是最常见的方法,在买方市场的情况下,企业通过两条渠道推销产品比通过单一渠道更容易实现"市场渗透"。企业在销售产品时选择哪一种渠道要结合自身的具体情况。

四、促销策略

网络促销是指企业利用现代化的网络技术向虚拟市场传递有关产品和服务的信息,以启发需求,引起消费者的购买欲望和购买行为的各种活动。

网络促销主要有网络广告、站点推广、销售促进和公共关系营销四种形式。其中,网络广告是主要的网络促销形式。

(一) 网络广告

网络广告是指企业在互联网上发布、传播的广告信息。它是互联网作为市场营销媒体最先被开发和利用的营销技术。网络广告的形式有按钮型广告、旗帜型广告、主页型广告、列表分类播发型广告、电子杂志广告、新闻式广告、链接广告和综合型广告。网络广告的发布途径有主页形式、网络内容服务商、专类销售网、免费的互联网服务、黄页形式、企业名录、网上报纸或杂志、虚拟社区和公告栏和新闻组几种形式。

(二) 站点推广

站点推广是指企业利用网络营销策略来扩大站点的知名度,以吸引网上流量访问网站,从而起到宣传和推广企业以及企业产品的效果。站点推广主要有两类方法:一类是通过改进网站内容和服务,吸引用户访问,起到推广效果;另一类是通过网络广告来宣传推广站点。前一类方法的费用较低,而且容易稳定顾客访问,但推广速度比较慢;后一类方法可以在短时间内扩大站点的知名度,但费用不菲。站点推广的方法主要有以下七种:

1. 搜索引擎注册

根据调查显示,网民在寻找新网站时主要是通过搜索引擎来实现的,因此企业在著名的搜索引擎进行注册是非常必要的,而且在搜索引擎进行注册一般都是免费的。

2. 建立链接

企业与不同的站点建立链接,可以缩短网页间的距离,提高站点的被访问概率。一般建立链接有在行业站点上申请链接、申请交互链接、在商务链接站点申请链接几种方式。

3. 发送电子邮件

电子邮件的发送费用非常低,许多的网站都会利用电子邮件来宣传站点。企业利用电子邮件来宣传站点时,首要任务是收集电子邮件地址。为了防止网站发送一些令人反感的电子邮件,企业在收集电子邮件地址时要非常注意。企业可以利用站点的反馈功能来记录愿意接收电子邮件的用户的电子邮件地址。另外一种方式是企业通过租用一些愿意接收电子邮件信息的通信列表,这些通信列表一般是由一些提供免费服务的企业收集的。

4. 发布新闻

企业应及时掌握具有新闻性的事件(如新业务的开通),并定期把这些新闻发送到行业站点和印刷品媒介上,将站点在公告栏和新闻组上加以推广。互联网使得具有相同专业兴趣的人们组成成千上万的具有很强针对性的公告栏和新闻组。企业比较好的做法是加入这些讨论,让邮件末尾的"签名档"发挥推广的作用。

5. 提供免费服务

企业提供免费服务在时间上和精力上的代价都是昂贵的,但其在增加站点流量上的功效可以得到回报。应当注意,企业所提供的免费服务应是与所销售的产品密切相关的,这样所吸引来的访问者同时也就可以成为良好的业务对象。企业也可以在网上开展有奖竞赛,因为人们总是喜欢免费的东西。如果企业在站点上开展有奖竞赛或者是抽奖活动,那么将可以产生很大的访问流量。

6. 发布网络广告

企业利用网络广告推销站点是一种比较有效的方式。比较廉价的做法是企业加入广告交换组织,广告交换组织通过不同站点的加盟后,在不同的站点交换显示广告,起到相互促进的作用。另外一种方式是企业在适当的站点上购买广告栏发布网络广告。

7. 使用传统的促销媒介

企业使用传统的促销媒介来吸引消费者访问站点也是一种常用方法,如一些著名的网络公司纷纷在传统媒介发布广告,这些媒介包括直接信函、分类展示广告等。对小型工业企业来说这种方法更为有效。企业应当确保各种卡片、文化用品、小册子和文艺作品上包含有自己的网页地址。

(三)销售促进

销售促进是企业利用可以直接销售的网络营销站点,采用一些销售促进方法(如价格折扣、有奖销售、拍卖销售等方式)来宣传和推广产品。

（四）公共关系营销

公共关系营销是借助互联网的交互功能来吸引顾客与企业保持密切关系，以此培养顾客忠诚度，提高顾客的收益率。公共关系营销的形式有企业与网络新闻媒体合作、宣传和推广产品、建立沟通渠道。企业在开展网络营销时，对促销策略要进行有效的组合，以取得最好的效果。

第四节 网络营销的成功因素

由于网络营销与传统的营销方式相比具有明显的优势，因此自20世纪90年代中期开始，越来越多的企业纷纷投入资金建设商务网站，开展网络营销。然而，并非所有的网络营销活动都取得了期望的效益，只有少数企业充分挖掘出网络营销的潜力，获得了网络战场的胜利。成功者的经验告诉我们，网络营销要想取得成功，除了合理制定营销策略充分发挥网络营销的独特优势以外，还必须注意以下三个方面：

一、创建并推广商务网站

商务网站是网络营销最基本、最重要的工具，几乎所有的网络营销活动都与企业的网站密不可分，这是因为：商务网站是信息传播最有效的载体，能够把产品各个层次的价值迅速、准确地传达给消费者；商务网站能够有效地整合各种营销手段，综合运用各种推广工具和推广形式，提升和拓展品牌的形象和价值。由于商务网站具有强大的营销功能，因此合理规划、设计符合企业营销目标的商务网站并进行推广，是网络营销成功的关键因素。

企业建设商务网站要遵循以下几个原则：

（1）以营销为目的——网站的主要内容、功能以及版面设计都要紧紧围绕企业的营销目标；

（2）应由经营人员和信息技术人员共同创建和管理；

（3）内容要充分考虑消费者的个性化需求——个性化服务在改善顾客关系、培养顾客忠诚度以及增加网络销售方面具有明显的效果；

（4）能够充分展示企业的经营理念和营销策略；

（5）将网络的各种新技术与企业的主营业务紧密结合——任何一项技术自身都不会给企业带来经济效益，只有将新技术与企业的具体业务相结合才能够创造商机。

商务网站建成之后，企业需要调动一切可能的手段对商务网站进行宣传和推广，真正的网络营销工作是从网站推广开始的。一个企业的商务网站无论内容多么丰富、功能多么完善，如果没有用户来浏览和应用，也就成为摆设，根本起不到营销的作用，这就是把网站推广作为网络营销首要职能的原因。网站推广有许多方法，常用的有：将企业的商务网站提交给搜索引擎；购买付费网络广告；发送新闻邮件；与其他的网站建立友情链接；通过传统媒体宣传域名等。其中，最重要的是利用搜索引擎进行网站推广。根据佐治亚技术研究院的调查：80%准备购买物品的顾客使用搜索引擎来查找他们想要的产品信息。搜索引擎在网站网址推广方面的作用是毋庸置疑的。在美国，搜索引擎已经成为一种成熟的网站推广工具。当客户输入关键字时，实际上是在主动告知相关产品销售者自己的需求。消费行为调查显示，一般用户会点击搜索结果前50名的链接。实践证明，排名位置的不同对搜索营销效果的影响非常大。在成千上万条搜索结果中，企业网站出现的位置直接关系到客户接收企业的产品信息的概率。

在实际应用中，一些企业并不重视商务网站的建立，有的企业虽然建立了商务网站，但是却不为人所知，甚至搜索不到；有些站点由于缺乏专业人员的维护管理，于是呈现给浏览者的网站内容往往数年如一日，用户的咨询邮件也不给予回复，这样的企业网站没有发挥应有的作用，也就不足为怪了。所以，企业创建商务网站并对站点进行推广、运作和维护，是企业开展网络营销过程中必须重视的问题。

二、网上营销与网下交易相结合

网络营销发展初期，很多企业认为进行网络营销就是要通过网站销售产品。然而，大量的事实告诉我们，成功的网络营销不一定要进行网上销售。网上购物受到消费者的购物习惯、消费心理、网上支付的安全性和实物配送等因素的制约，发展相对缓慢，在国内已克服了曾经的网上支付和配送的困扰。而网上营销与网下交易相结合的方式，即能够发挥网络营销的优势，同时也能够使企业避开网上销售的制约因素。

世界知名的婴儿食品生产企业亨氏公司的网络营销就是一个成功的范例。亨氏公司自1996年就开始投入资金建设自己的商务站点，但至今不仅没有通过网站直接销售过任何产品，而且也没有刻意宣传和推销自己的产品。亨氏公司网站的营销策略是通过宣传婴儿科学喂养知识来吸引用户，在吸引用户访问的同时，将亨氏公司的企业形象与科学喂养的理念联系起来，一起植根于消费者的头脑里。这样不仅提高了消费者对亨氏品牌的认知度，而且同时在一定程度上能够引导公众的消费理念，让科学喂养的观念深入人心。通过企业网站，亨氏公司有效地扩展了品牌知名度，宣传了自己的经营理念，从而能够锁定客户、增加顾客忠诚度，最终达到促进销售的目的。从表面上来看，网络营销并没有给亨氏公司带来直接的效益，但实际结果是亨氏公司的产品在网下市场上销售量猛增，给企业带来的经济效益远远超过在线销售。

类似的成功范例有很多，如可口可乐、麦当劳、耐克等知名企业虽然都建有自己的商务网站，但是并不出售任何商品。这些企业网站以各具特色的站点结构和功能设置、鲜明的主体立意和网页创意开展网络营销活动，其目的都是为了扩展和延伸企业的品牌价值。美国广告专家莱利·莱特预言：未来的营销是品牌的战争。拥有市场比拥有工厂更重要。拥有市场的唯一办法，就是拥有占市场主导地位的品牌。随着互联网的出现，不仅给品牌带来了新的生机和活力，而且推动和促进了品牌的拓展和扩散。上述企业的实践证明：互联网不仅拥有品牌、承认品牌而且对于重塑品牌形象，提升品牌的核心竞争力，打造品牌资产，具有其他媒体不可替代的效果和作用。

三、整合网络营销与传统营销

虽然网络营销与传统营销从营销的手段、方式、工具、渠道以及策略都有很大的区别,但营销目的都是为了促进销售、宣传商品和服务、加强和消费者的沟通与交流等。同时,网络营销本身也存在一定的劣势,如网络营销理论不够完善;很多企业开展网络营销的目的不明确,缺少计划性;企业自身的网络营销技术还不能满足营销要求;消费者对网络营销的信任程度不强等。网络营销作为一种新的营销模式,并没有能力完全取代传统营销模式独立运作,网络营销理论也不可能脱离传统营销理论的基础。因此,整合网络营销与传统营销,进行优势互补,是网络营销的成长之道。用传统方式来推广网站本身和树立企业品牌,而通过企业网站发布大量、详细的信息,将网络营销与传统营销相整合,发挥各自的优势才能获得最大的营销效益。

如国泰航空公司曾举办过一个大型抽奖活动,并在各大报纸上刊登了一个赠送 100 万里行程的抽奖广告。但是,这个广告除了几个斗大的字"奖 100 万里"及公司网址以外没有任何关于抽奖办法的说明,消费者要想了解抽奖办法只能登录公司的网站。在这次活动中,国泰航空公司以平面印刷广告结合网络媒体的做法,充分运用了传统营销与网络营销各自的优势。与传统的做法相比,这种整合的运作方式在时效上和效果上都强化了许多,同时也会更经济。另外,从长远的角度来看,通过这种方式该公司一方面增加了企业网站的知名度和消费者登录企业网站的积极性,另一方面收集到为数众多的电子邮件地址和顾客信息,这为企业开拓市场提供了绝佳的资源。

网络营销为企业提供了一种崭新的营销模式,尽管在初期还存在很多问题,但是,其无可争议的强大生命力和营销优势是其他任何方式都无法比拟的。每个企业都应从自身的经营范围和经营特点出发,在借鉴他人经验的基础上,采取措施充分发掘网络营销的互动性、个性化、低成本等优势,这样才能在 21 世纪的网络时代取得赢得市场、赢得客户、赢得竞争。

打造完整的客户服务生态体系[①]

京东现已快速成长为中国最大的自营电商平台,除了物美价廉以外,优秀的客户服务也发挥着重要的作用。客户服务,作为京东与客户直接接触的人员,肩负保障优质服务体验的重要使命。因为重要,所以京东在客户服务上面投入了大量的资源,如 2012 年京东的订单量从 48 万涨到 2014 年 130 万的同时,客服的数量也从 2600 人增长至近 6000 人。从数据可以看出,为持续保障客户体验,京东采取的策略是增加资源。资源的增加意味着成本的增加,面对持续的高增长,京东应采取什么样的策略来控制成本的无

---

① http://www.chinaz.com/manage/2015/0826/438621.shtml,有改动.

限增长,又能继续为客户提供优秀的服务体验呢?

一、站位更高

在京东的订单中,自营订单占比75%,POP类订单占比25%。目前,京东客服处理POP类问题的流程为京东的客服受理—京东的客服发工单给商家—商家回复工单—京东的客服外呼告知客户结果。每一次处理,京东将至少投入2次客服资源。那么,如何优化流程,将处理POP类问题的客服资源释放出来,并能继续让客户感受到京东贴心的服务呢?这就要求京东的客服在商家、客户的关系链中,站在最高的位置,扮演裁判的角色。在此基础上,通过将POP订单的咨询向商家分流,实现商家自主服务。这样,客户只有在商家的服务过程中遇到纠纷才会找到京东的客服。如此,京东的客服资源才会投入进来,帮助客户解决问题。

二、知识转移

那么,如何让客户知道自己的订单是POP类的订单?POP类的订单出现问题如何联系商家?商家的服务不好,如何找京东的客服进行"仲裁"?这就需要京东在用户可能会遇到问题或需要帮助的时候,告诉客户京东的服务是什么、服务流程是什么、客户应该怎么做。让客户了解、学会解决问题的办法,这就是知识转移的过程。例如,京东211限时达服务,通过广告、商品详情页、帮助中心的宣传,客户已经学会了京东的服务内容:上午下单,下午送达。

三、自助服务

当客户了解了京东的服务政策和服务流程后,就可以开始培养客户自己动手解决问题的能力。在提供丰富的自助服务的基础上,京东的客服可以引导客户自己去操作,自己动手解决问题,如自己申请退换货,自己取消订单,自己提交补开发票申请。通过自助服务,客户就不必找到客服才能解决问题。

四、社会化资源利用

当客户没有学会京东的服务,要寻求人工帮助时,就可以让云客服来帮助客户解决问题。云客服不是京东的员工,而是愿意帮助他人的京东用户或合作高校的大学生。云客服可以突破地域、时间的限制,这样京东不仅拥有了充足的客服资源,而且还使客户服务成本变得更低。

五、智能机器人客服

让客户自己帮助自己,让社会资源帮助客户,京东还可以让智能机器人来帮助客户。京东现在已经有了在线机器——JIMI和语音机器人——智能IVR。JIMI目前可以帮助客户解答基本咨询类问题,智能IVR可以引导客户完成回电预约。上述两种机器人在智能上还有很大的进步空间。真正的智能机器人应该在收到客户的服务请求后,引导客户完善服务请求,然后满足客户的服务请求。如客户对智能机器人说"我要退货",那么此时智能机器人不应该告诉客户售后服务的政策,而是要询问客户"请问您的订单号是多少"。在客户表明订单号后,智能机器人应该判断是否符合退货条件,如果符合应自动为客户提交售后服务单。

六、非即时性服务

虽然京东客服整体处理量降下来了,但是遇到618、双十一大促期间,服务请求量会成倍增长,处理日常服务工作的资源肯定不够用。此时,京东会采取一定的策略,使客户服务请求量在大促期间依然保持有序和平衡。这个策略就是将即时性服务转变为非即时性服务。如继续完善预约服务,预约服务可以将集中的事件打散,使京东更加灵活地调度资源。

七、主动式服务

上述介绍的都是客服在受理客户的服务请求,是被动的。若在系统自动识别异常后,主动地向客户提供服务,对客户体验的提升将是质的飞跃。如客服在知道货物出现异常不能及时送达时,主动联系客户告知情况,并提供相应的解决方案。久而久之,客户可能不会打电话给客服了,因为在客户的认知里,在没有收到客服电话的情况下,订单肯定是正常的,因为订单出了问题,客服会第一时间告诉自己。主动式服务还能帮助京东改善流程,尽量避免问题的出现。

讨论题

1. 京东为提升客户服务质量才用了哪些营销服务工具?
2. 京东的客户服务生态体系应该如何改进与完善?

参 考 文 献

[1] 陈佰强.Marlboro创意制胜[J].销售与市场,2000.
[2] 陈涛,赵军.中国企业营销渠道冲突与管理战略研究[J].商业经济与管理,2004.
[3] 巩南,武艺,吴毓皓.品牌助理的传播创意取向[J].销售与市场,2000.
[4] 龚文祥.战略性品牌管理:一个新职业的出现与兴起[J].销售与市场,2001.
[5] 贺立,李桂花.论分层品牌发展策略[J].内蒙古统计,1999.
[6] 纪宝成.市场营销学教程[M].第4版.北京:中国人民大学出版社,2008.
[7] 林峰.玻璃瓶装可口可乐——家庭渠道拓市反思[J].销售与市场,2003.
[8] 吕一林,冯蛟.现代市场营销学[M].5版.北京:清华大学出版社,2012.
[9] 潘惠德.产品价值的挖掘与创造[J].广告世界,2001.
[10] 庞鸿藻.国际市场营销[M].北京:对外经济贸易大学出版社,2006.
[11] 孙仕敏.市场营销策划概论[M].北京:煤炭工业出版社,2003.
[12] 孙月强,牟军.品牌助理——企业的全程伙伴[J].销售与市场,2000.
[13] 王方华.市场营销学[M].上海:复旦出版社,2001.
[14] 许以洪,严辉武,杨卫丰,周爱香.市场营销调研[M].武汉:武汉理工大学出版社,2006.
[15] 郑彬,王在峰.小型企业"长尾营销"应用研究[J].商场现代化,2008.
[16] 张昊民.营销策划[M].3版.北京:电子工业出版社,2015.
[17] 张圣亮.名牌误区种种[J].企业管理,1999.
[18] 张先冰.抢滩品牌美誉度[J].销售与市场,2007.
[19] 杨汉东,邱红彬.营销调研[M].武汉:武汉大学出版社,2004.